講談社選書メチエ

687

# 〈海賊〉の大英帝国

掠奪と交易の四百年史

薩摩真介

MÉTIER

# まえがき

十六世紀から十九世紀までのヨーロッパ、とくに海洋国イギリスの歴史を知る上で、海上での掠奪《りゃくだつ》（略奪）行為の役割を理解することが重要であると聞くと驚く人もいるだろう。海での掠奪といえば海賊行為のことではないのか。それは単なる犯罪行為ではないのか、と。あるいは、映画などに出てくるロマンチックな「カリブの海賊」を連想して、あの海賊たちが歴史上重要な役割を果たしていたのかといぶかる人もいるかもしれない。このような疑問が次々と出てくるのも、一つには現代の我々の持つ「掠奪」という語の理解や解釈が、歴史上存在した多様な掠奪行為の形態からすると、ずいぶんと狭いものになっているからである。

まず、「海での掠奪」イコール「海賊行為」ではないことには気をつけなくてはならない。現代の我々は海での掠奪と聞くと即、海賊行為を連想しがちであるが、十九世紀半ば以前には、私人が行う掠奪のすべてが当時の法に照らして違法な海賊行為というわけではなかった。たしかに海賊行為も広い意味での「掠奪」に含まれるが、なかには私人が政府の認可のもとで行う掠奪もあった。前近代の「掠奪」は現代の我々が考える以上に幅広く多様な概念だったのである。

こう聞くと、イギリスの歴史に詳しい人ならばこう思うかもしれない。そういえば十六世紀のエリザベス女王は海賊行為を公認していたというのを聞いたことがある。スペインと戦うときにフランシス・ドレイクなどの「海賊」が活躍したのではなかったか、と。これも部分的には正しいが、いささか不正確である。当時、違法な掠奪と合法的な掠奪の区別は実態としては曖昧な場合も多かったが、少なくとも法的には線引きされており、エリザベス女王の政府が当時の基準での「海賊行為」を、(黙認することはあっても)公認していたわけではなかった。本書で後に詳しく見るように、前近代のヨーロッパにおける掠奪行為には、海賊行為とは別に、公的、私的なアクターが政府などの公的権力の認可を得て行うものも存在し、それらは少なくとも当時の法では、犯罪行為としての海賊行為とは区別されていたのである。

では、掠奪行為がこのように多様であったとして、いったいなぜそれを知ることがヨーロッパ、とくにイギリスの歴史を理解するうえで重要だと言えるのだろうか。ひとつはこのような掠奪が、とくにイギリスの場合、その大西洋地域への進出やグローバルな貿易活動の展開とも密接に結びついていたからである。この意味で、掠奪行為はイギリス帝国形成の歴史を考える上では決して無視できない役割を担っていたと言える。スペイン、ポルトガルのイベリア両国による十五世紀末からの海上進出と「新大陸」への入植をへて、ヨーロッパの貿易活動は徐々に大西洋世界やインド洋世界にも拡大していく。現代につながる世界のグローバル化の端緒とも言える現象である。このような貿易活動の拡大を追って、それに従事する商船を襲う掠奪活動も、その範囲をヨーロッパ近海から広げていった。とくにイギリス(より正確にはイングランド)の場合、いまだ海軍力が十分でなかった十六から十七世紀半ばまでの時期においては、海賊を含む私的なアクターによる掠奪活動が、大西洋世界への進出を、少なくともその初期の段階において一部手助けした面もあった。その意味で海上での掠奪行為の歴史を見ることは、近世以降の海上貿易のグローバル化と、それと並行して起こっていたヨーロッパ諸国、とくにイギリスの海外拡張と帝国形成の過程を理解するうえでは欠かせないと言えよう。

海上での掠奪行為の歴史を見るもうひとつの重要な意義は、それが現代の我々には想像し難くなった前近代の戦争の重要な一側面を伝えてくれるからである。第一次世界大戦より前の時代、とくに十八世紀以前の時代において、敵船に対する政府の認可を受けての掠奪行為は戦争中の軍事活動の一環としても行われていた。掠奪活動はイギリスをはじめとするヨーロッパの主権国家間の戦争、とりわけ海での戦いの中に深く埋め込まれ、その一部をなしていた。この意味でも海上での掠奪は、少なくともヨーロッパの歴史上、無視できない役割を果たしていたのである。

では、たとえそれが当時は海賊行為とされていなくとも、なぜそのような行為がおおっぴらに認可されていたのだろうか。これも現代人の我々からすると、いささか理解しがたいことかもしれない。その理由を知るには、十九世紀以降に徐々に抜け落ちていった前近代の戦争の特徴の一つに目をやる必要がある。

戦争が凄惨な総力戦と化す第一次世界大戦より前の時代、とくに十八世紀以前の時代には、戦争、とりわけ海での戦いは、広い意味での経済的な利益を得る期待と直接的間接的に結びついていた。もちろん、軍事力の行使を通じて得られる諸々の利権や天然資源、それに市場が間接的に利益をもたらしうるという期待は（前近代と違い、もはや政治的指導者層によって公言されることはないものの）いまでも水面下では根強く存在し続けていると言えよう。しかし、前近代のヨーロッパでは、より直接的な形での経済的利益の獲得も戦争の重要な一部分を構成していた。海での戦いの場合は、軍艦や私掠《しりゃく》船が敵国の商船などから積荷を奪って売却し、利益をあげるという行為がそれにあたる。それどころか海での戦いは、むしろこのような掠奪を通じて富を蓄える機会とみなされていた面もあったのである。このような利益獲得の側面は、長らくイギリスを含むヨーロッパの、(そして、おそらくは人類の)戦争の重要な一側面を構成していたものであった。そのひとつである海上での掠奪の歴史を見ることは、前近代の戦争について我々が持つイメージを塗り替えることにもつながるのである。

もっとも、近世の主権国家同士の戦争とも結びついていたこの掠奪活動も、やがて、それが拡張を手助けした近世以降の貿易の発展とグローバル化自体によって、そして、その結果生じたヨーロッパ諸国の経済的発展によって変容することになる。なぜならば、本書でも見るように、やがて起こった戦時の中立通商の保護を求める声や、自由貿易思想の興隆、啓蒙思想の影響も受けた戦争観の変化などが、貿易活動を阻害する掠奪行為を統制し、ついには禁止する方向へとヨーロッパ諸国を向かわせたからである。

こうして十九世紀後半までには、ヨーロッパ、そして世界の多くの国や地域で、現代の我々の価値規範につながっていくような、海上での私人による掠奪は禁止されるべき野蛮で違法な行為であるという意識がおおむね定着する(ただしその後も海軍による拿捕《だほ》行為は、海上封鎖とも結びついて、ある意味では掠奪の最も洗練された形態として二十世紀中頃まで続いていく)。こうして掠奪という側面は近現代の戦争からはほぼ脱落し、その結果、「合法的な掠奪」という観念自体が、もはや現代の我々には理解しがたいものになっている。そのため、冒頭で述べたように我々の多くは、海での掠奪と聞くと犯罪行為としての海賊行為をただちに連想してしまうのである。

しかし、このように我々の中に深く根差している現代の価値規範や常識だけで過去を判断することは、過去の世界を理解することを妨げ、それを不可解なものとして片づけてしまうか、あるいは逆に現代的価値観を過去の世界に投影して、それを過度に理想化してしまう危険性を孕んでいる。それはひいては未来を見る目も曇らせてしまうことにもなるだろう。

掠奪行為の歴史もそうである。歴史上の海上の掠奪者、とくに海賊を扱う読み物では、国家など政治権力と掠奪者の歴史的関係をセンセーショナルに指摘してそれを糾弾したり、あるいは逆に掠奪に従事した人々を権力への抵抗者として英雄的に描くということがしばしばなされてきた。しかし、本書の目指すところはそのどちらでもない。海での掠奪行為自体は海洋における人類の活動の一環として古代から存在し、世界の諸地域で広く見られた活動であった。本書はこの掠奪を、近世から二十世紀初頭までのイギリスの歴史という具体的な歴史的文脈の中に位置づけ、それが近世以降の貿易のグローバル化と戦争の変容の過程の中で果たした役割を再検討するものである。そのためにも、まずはいったん現代の価値観や常識という眼鏡を脇に置いて、歴史学という時空を超える望遠鏡で過去の世界をのぞいてみよう。

目次

# 序章 海洋と掠奪

## 1　「掠奪」とは何か

### 合法的な「掠奪」

一七一〇年七月、イギリスの海軍士官ジョン・ジェニングズは、友人の海軍士官に宛てたと思われる手紙の中でこう記している。

「貴殿の［ミノルカ島の］ポート・マホンからの五月二十六日付けの手紙を受け取りました。二隻のフランス船を拿捕したという幸運を伝えているものです。私はそれについて非常に喜ばしく思っています。そしてお戻りになる前に、貴殿が当地に残した額を二倍にすることを願っています。というのは今ほど金《かね》が役に立つときはないからです……。[1]」

当時イギリスは、ブルボン朝のフランスやスペイン内のブルボン家支持派を相手に、スペイン継承戦争を戦っていた。ジェニングズはこの手紙で、別の艦で勤務する友人の士官が敵国フランスの船を首尾よく拿捕したことを祝福しているのである。前半部分だけ読むと、現代の我々にはこれは単に同僚の戦功を称えているだけの手紙に思えるかもしれない。しかしなぜジェニングズは突如金銭の話を持ち出しているのだろうか。「額を二倍にする」とは、いったいどういうことなのだろう。

実は、ジェニングズの同僚が行ったのは、現代のような純然たる軍事作戦の一環としての敵船の拿捕ではなかった。この時代、海軍の士官を含め戦争中に敵船を拿捕した者は、その積荷や船体を売却して個人的に利益を得ることができたのである。このような場合の「敵船」は軍艦とは限らず、敵国の一般の商船もまたしばしば格好の標的となった（ジェニングズが手紙の中で触れているフランス船も商船である可能性が高い）。

このような海上での広義の「掠奪」行為は、近世のヨーロッパでは海賊行為から海軍による制度化された拿捕行為まで、当然のことのように行われていた。イギリスの場合も、掠奪はすでに十六世紀以前から生業の一環や商業活動の一環として、イギリス諸島近海で活発に行われていた。イングランド（のちにはイギリス）政府はやがてこの掠奪行為を管理統制して、大西洋世界への進出や他のヨーロッパ諸国との重商主義的抗争において利用しようとする。一章でも触れるドレイクら十六世紀後半の掠奪者はしばしば「シードッグ」とも形容されるが、その表現を借りるならば、政府は、イギリス近海の海原を獰猛な野犬のごとくに暴れまわっていた掠奪行為を手なずけ、法の鎖で縛り、役に立つ猟犬として飼い馴らしていったのである。それは他の多くのヨーロッパの海洋諸国も同様であった。こうして十八世紀までにはいったんは馴致された掠奪行為であったが、新技術の登場と第一次世界大戦における戦争のあり方の変化によりその鎖は砕け散る。そしてこの頃から掠奪自体の性格も大きく変質し、別物へと変容していったのである。

本書では、これから、数世紀にわたるこのイギリスと掠奪の関係の変遷の過程を辿っていく。しかし、海と掠奪の歴史をめぐるこの航海に出発する前に、まずは本書に登場するいくつかの鍵となる概念――いわば航海に必要なもろもろの船具にあたるもの――を点検しておこう。

そもそも「掠奪」とは何なのだろうか。一般的には掠奪という語は、単に強引に奪うという意味から、暴動での集団的強奪まで、様々な行為を指して使われる。しかし本書で扱う歴史上の様々な掠奪を包括しうる定義を考えるならば、それは、「何らかの武装をした集団が暴力的手段を用いて他者の財産をその意に反して計画的に奪う行為」となるだろう。このような行為に従事する者を、本書では「掠奪者」と総称する。

「武装をした集団」としたのは、本書で扱う掠奪を、一人ないし少人数による単発的な強盗行為と区別するためである。また「計画的に」としたのは、暴動時などに発生する突発的な掠奪を除外するためである。このような行為も一般的な意味では「掠奪」に含まれるであろうが、本書の扱う掠奪行為はこれらと完全に切り離されているわけではないものの、やはり異なるものである。

さらにもう一つ、ヨーロッパの（そして世界の他地域の）掠奪の歴史を考える際に注意すべき重要な点がある。「まえがき」でも述べたように、現在に生きる我々の多くは「掠奪」と聞くとそれをすべて違法な行為と考えがちである。しかし歴史学者の山内進が掠奪行為についての先駆的研究である『掠奪の法観念史』で明らかにしているように、前近代のヨーロッパにおいてはそれは必ずしも非合法な行為ではなかった。中・近世のヨーロッパでは経済活動はしばしば「暴力」と密接に結びついており、掠奪はそのような連関がもっとも端的に表れたものであった。そしてそれは当時の法観念では正当な行為、場合によっては名誉な行為とすらみなされていたのである。[2]

山内が分析の対象としたのは主として陸上での掠奪であるが、これは海での掠奪についても同様である。海上での掠奪は中近世のヨーロッパでは広く見られ、近代にも残っていたが、それらがすべて違法な行為とされていたわけではない。もちろん処罰の対象になりうる違法な掠奪もあったが、そうでないものも存在したのである。冒頭で見たジェニングズの同僚の海軍士官による拿捕とそれを通じての個人的蓄財も、当時の文脈では全く合法的な行為であった。

## 海賊行為／私掠／拿捕

この近世以降のイギリスを含めたヨーロッパの掠奪行為は、主として三種類に分けられる。海賊行為、私掠行為、そして海軍による拿捕行為である。このうち海賊による掠奪は、十六世紀以降は（実際に取り締まられるかどうかは別として）少なくとも法的には犯罪行為とされていたのに対し、後の二者は一定の制限内で行われる限りは合法的行為とみなされていた（なお本書では、「拿捕」ないし「捕獲」の語を、海賊による「非合法」な掠奪と対比しての、海軍や私掠者による合法的掠奪の総称として用いる）。

では、それぞれの行為はどのようなものだったのだろうか。まず、三者のうち我々の持つ犯罪行為としての掠奪のイメージに最も近いのが、「海賊行為（piracy）」である。近現代の法的定義ではなく、本書で扱う近世以降のヨーロッパ史の分析概念としての海賊行為を定義するならば、それは「公的権力の認可を得ずに船舶に対し無差別に行われる掠奪」と言える。「海賊」（pirate）とはそのような掠奪を行う者である。海賊の歴史を紹介する概説書などではしばしば、十六世紀後半のエリザベス女王の政府が、このような海賊行為を次に述べる「私掠」の装いのもとで認可していたように説明されることもある。しかし、すでに十六世紀でも公的権力の認可を得ての掠奪（厳密にいえば私掠ではなく後述する「報復的拿捕」にあたる）と、認可を受けない掠奪は区別されていた。そして後者は、実際には黙認されることも多かったが、法的には違法な行為とされていたのである。[3]

次に「私掠（行為）」（privateering）を見てみよう。これは現代ではもはや行われていない活動であるため、我々の多くにとっては耳慣れない言葉であろう。この私掠とは、海軍など公的機関に属さない私人の船が、戦時に公的権力の認可を得て、敵国（ときには中立国）の船舶に対して行う掠奪である。また「私掠者」（privateer）はこの私掠に従事する者である（ただし、英語の privateer は私掠を行う船舶、すなわち「私掠船」を指すこともある）。

この私掠制度は、イギリスでは近世以降に徐々に発展してきたものであった。その源流の一つが中世以来の「報復的拿捕」の慣行である。これは元来は戦争状態にはない平時に、他者から掠奪の被害を受けた私人が、国王など公的権力の認可を得て損害を実力で回復するためのものであった。たとえばA国の商人の船が平時にB国の船によって掠奪され、司法あるいは外交的手段では補償が得られない場合、公的権力の認可の下、同額の積荷をB国の船（加害者と同一の船でなくともよい）から奪うことで、受けた損失を取り戻すのである。[4] この報復的拿捕などいくつかの先行する慣行を基にして、イギリスでは私掠の制度が十六世紀後半から、とくに十七世紀半ば以降に発展していった。私掠を活用したのはイギリスだけではない。フランス、スペイン、オランダ、スウェーデンなどヨーロッパの主要な海洋国も私掠を認可していたのである。

この私掠は、私人が商船などを襲って積荷を奪い、それを売却して利益を上げるという実際の活動面では、一見したところ海賊行為と大差ないように見える。しかし、政府など公的権力が掠奪の許可を与え、戦争中に敵国（および一部の中立国）の船に限って拿捕を許すという点では、海賊行為とは大きく異なっていた。これが本書で私掠を合法的掠奪と呼んでいる所以である。また、私掠の合法性は単にそれぞれの国が勝手に主張していたわけではない。主要な海洋国同士は一定の法的枠内で行われる限りは、他国の私掠船による拿捕の合法性を承認していたのである。このことは私掠船員が敵船に捕まった際の処遇にも表れている。海賊は、拿捕者の国籍を問わず、捕まった場合は通常犯罪者として死刑になったが、私掠者は敵船に捕まっても戦争捕虜として扱われたのである。このように私掠は十九世紀半ばに世界の大半の国で廃止されるまで、戦時の合法的行為とされていたのだった。

もっとも、このような合法的私掠と非合法な海賊行為の区別は、本書が扱う時期の初期には、法的には峻別されていても、実態としては必ずしも明確に分かれていたわけではない。これまでもたびたび指摘されてきたように、とくに十七世紀末までの大西洋海域では、両者の区分は実態としてはしばしば曖昧であり、私掠者が認可の範囲を超えた掠奪を行って海賊に転じたり、法的根拠の疑わしい認可状に基づき掠奪が行われたりすることもまま見られたのである。このことをもって私掠と海賊行為は紙一重であり、私掠者は国家公認の海賊に過ぎないと説明されることもある。しかし、このような表現はある時期の掠奪についての一種の比喩としては言い得ても、歴史学的にはいささか雑駁《ざっぱく》な理解と言えよう。なぜなら後に見るように、私人による掠奪を管理し、この法的区分に実効性を持たせようという動きが、近世以降、イギリスを含めたヨーロッパ諸国で起こり、その結果、海賊と私掠者は十八世紀にはおおむね実態としても分離していったからである。時代や地域によって両者の境が曖昧であったことに留意するのも重要であるが、本書では同時に、近世以降進んでいった掠奪行為を管理統制しようとする試みの結果、両者が法的にだけでなく実態としても分離していったそのダイナミクスにも焦点を当てたい。

掠奪の歴史を見る際にもう一つ忘れてはならないのが、冒頭でも見た海軍による拿捕行為である。合法的な掠奪は私人によって行われていただけではない。近世ヨーロッパの海上での戦争では、正規の海軍もまた、しばしば商船を含む敵船の掠奪（拿捕）に従事していたのである。その重要性は十八世紀には徐々に私掠を上回っていくことになる。そして私掠が廃止された十九世紀半ば以降も、海軍による拿捕は海上での敵国の封鎖作戦と連動する形でその重要性を保ったのだった。その意味でも、掠奪の歴史を考えるうえで、海軍の拿捕行為を無視することはできない。

イギリスをはじめとするヨーロッパ諸国の海上での掠奪行為を扱った従来の通史的な文献では、海賊行為に焦点を当てつつも、私掠にも言及するものも少なくない。[5] 日本でもこのようなものとして、中南米地域に視点を据えつつ、主に十六、十七世紀の掠奪を扱った増田義郎の著作が挙げられる。[6] 一方、海軍の拿捕の研究は近年ようやく本格化しつつあるが、これらは通例、私掠や海賊の研究とは別個に行われている。[7] 例外として、海軍による拿捕とともに私掠も扱った海軍史家トレイシーによる通商破壊戦の通史的研究があるが、海賊行為は対象外となっている。[8] しかし本来はこの三種類の掠奪行為をあわせて見ないと、海洋における掠奪活動とイギリスの歴史的関係を理解することはできない。掠奪を扱ったこれまでの文献と比べての本書の特徴の一つは、私掠、海賊行為に加え、海軍による拿捕もあわせて掠奪の歴史を総体的に把握しようとする点にある。

## 軍事と経済、二つの側面

近世以降のヨーロッパの海洋諸国の掠奪行為は、以上のように海賊行為、私掠、海軍による拿捕に分類できるが、その性格を考える際にもう一つ重要な点がある。それはこのような掠奪は二つの異なる側面を併せ持つ行為であったということである。すなわち、1．暴力の行使、そして、2．それを通じての富の獲得という二面である。本書ではこのうち前者の側面を「加害的側面」、後者を「獲得的側面」と呼ぶことにしよう。

まずこのうちの加害的側面を見てみよう。これは広義での「軍事的」側面と言い換えることもできる。掠奪と言っても私掠のように公的権力がその正当性を保証している場合、掠奪は敵国経済の弱体化を目的とする軍事活動の一環という性格を帯びることもあった。また、海賊のように公的権力の認可を受けていない集団であっても、正規の海軍が十分発達していなかった時代には、公的権力が敵対国に対するその掠奪を黙認することで、これを一種の非公式の軍事力として利用することもあった。このように、私掠者や海賊など海軍以外の集団による掠奪も、敵対国の海上貿易を妨害しその経済に打撃を与えるという点で、一種の軍事活動にもなりえたのである。このような掠奪を行う者はまた、近世における主権国家などの政治体にとっても、海軍を代替ないし補完する海上の軍事力として有益であった。もっともイングランドでは十七世紀半ば以降、海軍力が発展するにつれ、海賊や私掠者の持つこのような代替的補完的軍事力としての有用性は低下していくことになる。

この掠奪の加害的側面、広義の軍事力としての側面を考える上で重要なのが、政治学者ジャニス・E・トムソンの議論である。トムソンは近代国家による暴力（広義の軍事力）の独占に関するマックス・ヴェーバー（ウェーバー）や歴史社会学者チャールズ・ティリーの議論を踏まえつつ、国家の正規軍とは異なる暴力行使の主体に注目して、海賊や私掠者を、陸の傭兵などとともに「非国家的暴力」の一種ととらえた。そしてそのような非国家的暴力が、次第に台頭する近代主権国家間の相互交渉を通じて、結果的に非合法化され、鎮圧されていく見取り図を描いたのだった。[9]

トムソンの議論は、正規軍以外で軍事力を有していた私的アクターにも光を当てた点で重要であるが、同時にいくつか問題点もある。トムソンのように海賊や私掠者をもっぱら近代国家による暴力独占の図式の中に埋め込み、それを「非国家的暴力」という暴力行使の主体の一形態とみなすことで、それらのアクターが行う掠奪活動のもう一つの側面、すなわち、「獲得的側面」が見えにくくなってしまうからである。

掠奪とはあくまで経済的利益の獲得を目的とする暴力の行使であった。掠奪に従事していた私掠者や海賊といった私的アクターが、一種の海上の軍事力としての役割を果たしていた点も重要であるが、それらのアクターは奪うことで自分が富を獲得するという経済的動機に基づき行動していたという点を忘れてはならない。私掠はそれに従事する者にとってはひとえに経済活動であった。また海賊行為も暴力的手段によって物品を入手するとはいえ、それを売却あるいは交換する必要がある以上、一種の経済的営為であった。この点で掠奪は、政治的動機やイデオロギー的な動機に基づき破壊活動を行うテロ行為とも区別しうる。

海賊や私掠者による掠奪活動を同時代の文脈の中で理解するには、このような「加害的側面」と「獲得的側面」の両方を見る必要がある。それは海軍による拿捕の場合も同じである。掠奪は単なる利益目的の窃盗とも、はたまた純粋な軍事力の行使とも異なるものであった。それは近世ヨーロッパの軍事活動に深く組み込まれていると同時に、経済活動でもあったのである。

## 2　ヨーロッパの掠奪行為の特徴

### 世界各地の掠奪行為

では、このようなイギリスを含む近世ヨーロッパの海洋諸国の掠奪行為を、より広くグローバルな観点から見た場合、どのような特徴が指摘できるだろうか。海上で、あるいは海から行われる掠奪は、本書で扱う北西ヨーロッパだけでなく、古代の地中海世界から現代のソマリアやインドネシア近海に至るまで、世界の様々な時代や地域で行われてきた。地中海世界では、すでに紀元前八世紀後半のものとされているホメロスの『オデュッセイア』に、「海賊」とも訳しうるleisteresの語が登場する。もっともこの語は当時必ずしもネガティヴな意味合いを持つものではなく、両義的な意味を持つものであった[10]。このように世界各地にみられた歴史上の、海上での、あるいは海からの掠奪に従事する者はしばしば「海賊」という呼称で括られ、その掠奪も「海賊行為」とされてきた。しかし、その実態はきわめて多様であり、近年の諸研究が明らかにしているように、実際にはそのような呼び方がふさわしくない場合も少なくない[11]。

たとえば「海賊」という語でしばしば日本人が連想する、八世紀末から十一世紀に活動していた

「ヴァイキング」、すなわち、ヴァイキング行（掠奪遠征）に従事したスカンディナヴィア人掠奪者を見てみよう。北欧史家の熊野聰の研究が明らかにするように、これらの人々は実際には海賊ではなく、農民、より正確には、しばしば家人（奴隷や奉公人、従士）も含む独立した農場世帯の主人であった。確かに彼らは掠奪遠征に従事したが、それは夏期や若者時代などの一時期に行う活動に過ぎなかった。また、そのような遠征では、掠奪だけでなく状況次第で交易も行われた。彼らがこのような活動に従事した主な理由は、軍事力でもある従士団の維持に必要な小麦、ワイン等の物資や、自らの威信を示すため他者に贈る毛皮などの奢侈《しゃし》品を得るためであった。これらの品は自身の農場では生産できないため、入手を外部に頼らざるを得なかったのである。遠征も交易も、外部からこれらの品を獲得するための一種の補完的な経済活動であった。このような人々を、違法な掠奪を行う犯罪者という現代的な意味での「海賊」とみなすことには大きな問題があろう。[12]

また、十八世紀末から十九世紀前半のマレー海域では、ブギス人など様々な集団が時に掠奪を行っていたが、それらの集団を単純に海賊とみなすことにもやはり問題がある。これらの人々は掠奪以外にも貿易や海産物の採集といった様々な活動に従事しており、また掠奪自体も彼らの間では必ずしも恥ずべき行為とはみなされていなかったからである。さらに、掠奪は王位継承をめぐる争いなど現地の有力者間の戦争の一環として行われることもあった。このような場合、それはむしろヨーロッパの私掠者や海軍による拿捕に近いものであったと言えよう。しかし、当時この地域に権益を有していたオランダなどヨーロッパ諸国の現地の行政官は、これらの人々を「海賊」同然の貿易の阻害者とみなして、十九世紀前半に鎮圧作戦の対象としたのだった。[13]

では、我々にもなじみの深い、日本の瀬戸内海で中世後期に活躍した村上氏や河野氏などのいわゆる「海賊衆」はどうだろうか。これも現代的な意味での「海賊」として片づけることはできない。なぜならば、これらの海賊衆も特定海域で船を襲う掠奪者という以外にも様々な顔を持っていたからである。すなわち、その海域の通行料礼銭や護衛代（警固料）を徴収する土着勢力でもあり、また時には水軍として室町幕府や戦国大名への海上軍事力の提供者にもなったからである。[14]

このように歴史上、世界各地で見られた海上の掠奪者の内実は多様であり、それを現代的な意味での「海賊」とみなすことは適切でないケースも少なくない。また、ヨーロッパ外地域、とりわけヨーロッパ諸国と接触した十九世紀以降の東南アジアなどの掠奪者について考える場合は、当時「海賊」とされていた集団が誰の目から見て「海賊」だったのかという点にも留意する必要がある。それが敵対勢力に対する一種の政治的レッテル張りに使われることもあったからである。[15]

## ヨーロッパの掠奪行為の特徴

では、このような世界の諸地域の多様な掠奪活動と比べた場合、ヨーロッパの近世以降の掠奪にはどのような特徴があったのだろうか。ここでは次の二つの点を指摘したい。ひとつ目は掠奪活動の範囲のグローバル化とでもいうべき現象がみられたことである。ヨーロッパ人掠奪者の活動範囲は十六世紀前半からヨーロッパ近海を越えて徐々に拡大し、十七世紀末までには太平洋やインド洋も含む、文字通りグローバルな規模で展開した。

経済史家の玉木俊明はその著書『海洋帝国興隆史』において、ウォーラーステインの「近代世界システム論」の問題点を指摘する中で、近世以降のヨーロッパ人のヨーロッパ外地域への拡張を考える際に、それが海運を通じなされたことの意味により目を向けるべきであると訴えている。また、近世にはヨーロッパだけでなくアジアも経済成長していたことを強調する近年の研究動向に言及しつつ、東アジアや南アジアの船舶が近世にヨーロッパの海上に進出したわけではなかったことを指摘し、この点でのヨーロッパの拡張の特異性を強調している。[16]

同様のことは掠奪の歴史についても言える。二章で見るように、北アフリカに拠点を構えるバルバリア私掠者がアイスランドやカリブ海まで航海した事例はあるものの、基本的には本書で扱う十六世紀以降の時代に、ヨーロッパ外地域の掠奪者、とくに東アジアや東南アジア、南アジアの掠奪者がヨーロッパに来航して襲撃したという事例はほとんどない。このことを考えれば活動範囲が地球規模で拡大したことは、近世ヨーロッパの掠奪活動の大きな特徴の一つと言える。本書で見るように、このような掠奪のグローバル化はイギリスをはじめとするヨーロッパ諸国の対外拡張と軌を一にしていた。それはその拡張を手助けするとともに、またその拡張によっても後押しされていたのである。

二つ目の特徴は、ヨーロッパ諸国が掠奪を管理統制するための共通の制度を構築していったという点である。各国は掠奪を統制するため、それぞれ別個に捕獲法や海事裁判所などの制度を発展させていったが、それらは使用する法や二国間条約などを通じて他国の制度とも結ばれていた。海洋における中立国の役割を論じた古典的研究で知られるクルスラッドが述べるように、このような拿捕の利用・統制の制度は、個々の国や地域による違いや齟齬《そご》はあるものの、特定の一国だけでなく、ヨーロッパの海洋諸国がある程度共有していた「ヨーロッパ」の制度だったのである。[17]

イングランドの場合、そのような制度の中心的機関は、十五世紀初頭までに成立し、戦時には捕獲物を審査する裁判所としても機能した高等海事裁判所であった。この裁判所にはイングランド内の他の多くの裁判所と異なる特徴があった。それはこの裁判所が用いる海事法が、国内の裁判で用いられる慣習法「コモン・ロー」ではなく、「大陸法」（Civil Law）に基づくものであったという点である。この法の淵源は古代の「ロード海法」、「ローマ海事法」、「オレロン海法」などにあると言われ、他のヨーロッパ諸国の海事法とも共通点の多いものであった。拿捕に関する取り決めが二国間条約に組み込まれていたことに加え、イングランドの海事裁判所がこのような大陸法由来の海事法を使用していたことは、イングランドの制度をフランスなど他国の同様の制度と連結することを可能にしたのである。

十六世紀以降、イングランドがカリブ海や北米に進出すると、それにともないこの拿捕統制の制度も進出先に徐々に移植されていく。アメリカ植民地では、十七世紀後半からジャマイカなどに設置された副海事裁判所が本国の高等海事裁判所と似た役割を担っていった。[18] また、同様の制度の発展は、フランスやオランダ、スペインの植民地帝国においても見られた。歴史学者ベントンは、このようなヨーロッパ諸国の植民地帝国における拿捕統制のための制度の変容は、捕獲法を十八世紀半ばまでにヨーロッパ諸国間の一種の緩やかな国際的規制の法的枠組みにしていったと論じている。[19]

このように合法的拿捕を管理するシステムが整備されていく一方、イングランドでは海賊行為に関する法制度の整備や取り締まりも進んでいった。その結果、ヨーロッパ近海では十七世紀半ばまでに、アメリカ海域でも十八世紀初頭までには、平時に海賊行為が多発するような状況はほぼ終焉を迎える。こうして十八世紀初頭までに、海軍や私掠者による拿捕は、散発的な違法行為はあるものの、一定の制度化された法的枠組みの中で行われる、いわば「管理された掠奪」になっていたのである。前述の『掠奪の法観念史』の中で山内は、陸上での掠奪について近世には軍隊の国家的規律化の思想が有力になりつつも、掠奪自体は認可に基づくものである限りは禁止されず、むしろその国家（管理）化が目指されたと指摘しているが、同様の管理化は海上での掠奪についても言えた[20]。それどころか海上での管理された掠奪（拿捕）は、形を変えつつも、陸上のそれよりも長く、二十世紀前半までその命脈を保ったのである。

このように管理された掠奪は、近世ヨーロッパの主権国家間の重商主義的戦争の中に組み込まれ、その一部となっていった。一章で見るように、中世後期には認可を受けた私人による掠奪は、報復的拿捕という形で平時にも行うことができた。しかしこの慣行が衰退すると、十七世紀半ば以降は認可を受けた掠奪は、原則的には戦時にのみ行いうる活動になっていく。こうして、海軍や私掠者による合法的掠奪は、主権国家間の戦争と平和のサイクルに同期していったのである。

イギリスを含む近世ヨーロッパの海洋諸国の掠奪は、世界の他地域の掠奪と比べると以上のような特徴を持っていたと言える。なお、誤解を避けるために言っておくと、これらの特徴、とくにヨーロッパの海洋諸国が掠奪を管理する法的枠組みを構築したと指摘することで、ヨーロッパが「優れて」いたと主張したいわけでは毛頭ない。他地域では掠奪の禁止は必要とされても、それを管理下に置いて利用するための制度を作る必然性がさほどなかったということに過ぎない。

また、上述の特徴はイギリスの海上での掠奪の歴史において、中世の掠奪と近世以降の掠奪を分ける点であったとも言える。すなわち、中世後期にはイギリス諸島近海で（法的規制は存在しながらも）実際には野放図に行われていた海上での掠奪は、十六世紀半ば以降はその範囲がグローバルな規模で拡大していくとともに、以前よりもいっそう管理された活動として、近世以降、次第に権力を凝集していく主権国家間の軍事活動に組み込まれていったのである。

**本書の構成**

では、近世以降のイギリスの海洋と掠奪の歴史を紐解く前に、本書の構成を概観しよう。はじめの三章は中世後期から十七世紀末までの掠奪のグローバル化や管理化が進んでいった時期を扱う。中世後期まではもっぱらイギリス近海に留まっていたイングランド人の掠奪活動は、十六世紀半ばから大西洋世界へと拡張を開始する。一章では、ドレイクに代表されるこの時期のスペインやその植民地相手の掠奪に焦点を当てる。

その後、イングランド人の掠奪活動は、イングランドの貿易活動の範囲拡張を追うようにして地中海やインド洋にも広がっていった。二章では、まず十七世紀初頭の北大西洋の海賊や地中海のバルバリア私掠者に加わったイングランド人掠奪者の活動を見る。十七世紀後半には再びカリブ海が掠奪の中心舞台となるが、この章では、この時期スペイン領の襲撃に従事していた掠奪者集団バッカニアの活動も検討する。十七世紀末には、掠奪活動の範囲はインド洋にまで及ぶ。三章では、この時期に北米の北部・中部植民地に拠点を構え、インド洋や紅海で掠奪を行っていた「紅海者」の活動を見る。

このようにグローバルな規模で拡大していく掠奪活動であったが、その中には認可を得ない掠奪や認可自体の法的根拠の疑わしいものも少なくなかった。このような掠奪は、しばしばその被害を受けた国や地域との貿易活動の阻害要因になったため、十七世紀末からイングランド政府や植民地当局による掠奪管理化の動きが本格化していく。

四章から六章では、この管理化の動きが進み、掠奪が法的枠組みのもとである程度統制された状態で行われるようになった十八世紀の掠奪を扱う。まず、四章では十八世紀初頭のスペイン継承戦争後の海賊の大量発生とその鎮圧を検討する。これは十七世紀後半から本格化した掠奪統制の動きの一つの到達点であった。これ以降、私掠と海賊行為は実態としても切り離され、私掠は基本的には戦時の合法的掠奪ビジネスになっていく。この時期の私掠を扱うのが五章である。十八世紀に掠奪（拿捕）行為に従事していたのは海軍も同様であった。海軍は十七世紀半ば以降、それまで戦力の一翼を担っていた武装商船を押しのけて海上での中心的軍事力として確固たる地位を築いていくが、その活動には十八世紀にも掠奪的要素が依然として色濃く残っていた。六章では、この十八世紀のイギリス海軍による拿捕活動に焦点を当てる。

たとえ当時は合法であったとはいえ、これらの拿捕行為、とくに私掠に対してはすでに十八世紀から批判が見られた。十九世紀になると自由貿易思想の興隆を背景に、私掠はますます非難の対象となり、欧米諸国間の駆け引きとも結びついて、やがて一八五六年のパリ宣言によって世界の大半の国で禁止される。こうして成立した戦時の掠奪を規制するパリ宣言体制は、様々な批判にさらされながらも十九世紀後半を通じて続いていく。この過程を検討するのが七章である。その後、十九世紀末から二十世紀初頭にかけては、ヨーロッパの大国間での軍拡競争が過熱する一方、戦争が貿易にもたらす悪影響を防ごうとする動きも盛り上がりを見せた。しかし、その試みは新たな時代の海上における戦争のあり方の変化に十分対応することはできなかった。その結果、終章で見るように、やがて勃発した第一次世界大戦では、欧米諸国を中心に構築された掠奪統制の法的枠組みはいったん瓦解することになる。

以上が本書の構成である。最後に、本書で使用する「イギリス」という国名について一言触れておきたい。日本でイギリスと呼ばれている現在の「連合王国（ユナイテッド・キングダム）」は、その名が示すようにイングランド、スコットランド、ウェールズ、北アイルランドという、主に四つの国や地域からなる連合体である。本書では、「イギリス」という語は基本的にはこの連合王国か、あるいはイングランド、スコットランド、ウェールズのある「グレート・ブリテン島」という地理的範囲を指す語として用いる（なお、このグレート・ブリテン島とアイルランド島、およびその周辺の島々をあわせた地理的区分を指す語として、本書では「イギリス諸島」の語を用いる）。連合王国を構成する個別の国や地域を区別する必要がある場合は、「イングランド」、「スコットランド」、「ウェールズ」などと呼び分ける。このうち、イングランドとスコットランドは一七〇七年に合同（合邦）し、その後、一八〇一年にアイルランドと合同するまで「グレート・ブリテン王国」を形成したため、歴史学ではこの時期の国名を「ブリテン」と呼ぶこともある。しかし本書では専門家以外の読者の便宜に供するため、この一七〇七年から一八〇一年までの「グレート・ブリテン王国」を指す場合にも、一般的に馴染みのある「イギリス」の語を用いることにする。

それでは、いよいよともづなを解き、海洋での掠奪の歴史をめぐる航海に出発しよう。

# 第一章　掠奪者たち、大西洋に乗り出す

## ——中世後期からエリザベス期の掠奪行為

イギリス諸島の歴史において、十五世紀末から十六世紀にかけての時期は、時代が中世末から近世へと移っていく転換期であった。同時にそれは、イギリス諸島を拠点とする掠奪行為にとっても大きな転換点であった。掠奪行為の一部はすでに君主間の海上での抗争に利用されていたが、しばしば野放図に行われていたこれらの掠奪を統制するための組織や法制度がこの頃に創られ、徐々に稼働しはじめていく。また、掠奪活動の地理的範囲が飛躍的拡大を見せたのもこの時期である。中世後期にはもっぱらイギリス諸島近海で行われていた掠奪は、十六世紀後半からスペイン、ポルトガルの中南米地域への進出を追ってその活動範囲を劇的に拡張し、大西洋世界へと広がっていったのである。後の時代により顕著になる掠奪の管理化やグローバル化の動きが始まったのが、この時期なのであった。それでは、まずそのような転換期を迎える前の掠奪行為、すなわちまだイギリス諸島近海を中心に荒れ狂っていた頃の掠奪活動から見てみることにしよう。

## 1　掠奪に沸く英仏海峡

イギリス諸島における中世後期の掠奪活動は二種類に分けられる。一つは、スコットランドの高地地方やアイルランドのゲール系住民による生活サイクルの一部としての掠奪である。これは前章で触れたスカンディナヴィア人による掠奪に近いもので、主に越冬用の家畜や衣類などを手に入れるため、また氏族の首長の威信を増し、戦利品の分配を通じて従者の忠誠心を維持するために行われた。

**地図1**　十六世紀後半のイギリスとその近海

用いられた船も、ヴァイキングの伝統を引くロングボートであった。このような掠奪は十七世紀初頭まで存続したと考えられている。

一方、十六世紀以降の近世の掠奪につながっていくのは、もう一つのタイプ、すなわち商業的活動としての掠奪である。これは生活物資の獲得ではなく、掠奪品の売却による利益獲得を目的とするもので、イングランド南部や南西部、ウェールズ、スコットランド低地地方、それにアイルランドで当時イングランド王権の直接支配が及んでいた「ペイル」と呼ばれる地域で見られた。標的となったのは、主として英仏海峡を行き交う商船である。

この後者の商業的掠奪に拍車をかけたのが、君主や貴族間の抗争における「報復的拿捕」の慣行の活用である。序章で見たように、これは本来、私人が受けた損害を公的権力の認可のもと実力で奪還することを目指すものであった。しかし、当時の君主には掠奪を統制する十分な力がなかったこともあり、この慣行は容易に濫用された。その結果、はやくも百年戦争中の十四世紀末から十五世紀初頭には、商人や貴族、ジェントリ（地主）層も参加してのビジネスとしての掠奪が見られるようになった。またバラ戦争（一四五五～八五）中の一四五〇年代や六〇年代には、敵対勢力の貿易を妨害する手段としても活用されるようになった。

この報復的拿捕の活用は、それに対する新たな報復的拿捕や、そのような法的体裁すら取らない海賊行為を誘発した。一四七〇年代、八〇年代にはイングランド、ウェールズ、アイルランド人による掠奪活動が活発となり、アイルランド南部やイングランド南部・南西部を根拠地とする掠奪者が、報復的拿捕の応酬に便乗して英仏海峡を行き交う船を襲った。それはまた新たな報復的拿捕の呼び水にもなった。こうして君主間の抗争が起こるたびに、報復的拿捕やそれに対するさらなる報復、そして海賊行為が混然一体となった掠奪活動が過熱化した。かくして英仏海峡は掠奪の応酬に煮えたぎる海となったのである。[1]

このような状況を打開すべく、一四八五年に即位したヘンリ七世は報復的拿捕認可状の発行を抑制する。それもあってか、王の治世の間は英仏海峡での掠奪活動は沈静化した。しかし次のヘンリ八世期に掠奪は再び活性化する。その主な原因は、王が一五一〇年代前半と二〇年代前半に行った対仏戦であった。さらに、当時和平状態にあったはずのスコットランドの掠奪者までもが仏側に加勢してイングランド船を襲ったことも、事態をいっそう複雑にした。一五二五年に英仏間の戦争はいったん終結するが、英仏海峡ではフランス人による掠奪が依然として続いたほか、イングランド側の海賊行為も治まることはなかった。

このようなパターンは十六世紀中葉にも繰り返される。すなわち英仏間で戦争が勃発するたびにイングランド人、フランス人、さらにはスコットランド人も加わっての報復的拿捕の応酬が行われ、それに便乗した海賊行為も多発したのである。さらにハプスブルク家とフランスのヴァロワ家の抗争など、イングランドが直接関与していない抗争でもその船が標的になることがあり、これがイングランド側の報復的拿捕やそれに名を借りた海賊行為を誘発した。掠奪はさらにアイリッシュ海にも飛び火し、そこでもアイルランド船やその他の外国船がイングランド人やスコットランド人に襲われた。

イングランドの掠奪活動の転機となったのは、ヘンリ八世が一五四二年に再開した対仏戦、そしてその翌年からの対スコットランド遠征である。ヘンリはこの戦争において臣下による報復的拿捕を奨励したが、このことは地方都市の船主や商人だけでなく、ロンドン商人や廷臣も参加してのより大規模で組織化された掠奪活動を生み出すことになった。またこの時期からはヘンリの結婚解消問題に端を発する宗教改革を背景として、プロテスタント対カトリックという宗派対立の要素も掠奪に加わり始めた。これによりフランス船だけではなく、敵対していないはずのスペインの船までもが、カトリックの牙城とみなされていた同国への敵愾《てきがい》心から標的とされたのである。この時期の掠奪者の中には、高額の積荷とともに植民地から戻ってきたスペイン船をイベリア半島近海で拿捕したサウサンプトンのロバート・リネガーのように、後の大西洋海域でのスペイン相手の掠奪の先駆けとなる者もいた。[2]

一五五八年にエリザベス一世が王位につくと、フランスとの抗争はやがていったんは収束する。しかし、イングランドが一五六二年から六四年までフランス内のカトリックとユグノー（フランスのカルヴァン派プロテスタント）間の宗教的内乱であるユグノー戦争に介入したことは、報復的拿捕の名目での組織化された掠奪の復活をもたらした。もっともこの時期には、その主な標的はフランス船から、スペイン船やポルトガル船、それにスペイン支配下のフランドル地方（現在のベルギー西部、オランダ南西部、フランス北東部にまたがる地域）の船へと移りつつあった。それらの船は、フランスの商品を積んでいるとの理由でしばしば掠奪の対象とされたのである。

一五七〇年代半ばにはイングランドが一時スペインとの融和路線に転じたため、イングランド船が仏蘭の掠奪者の標的になるケースも見られた。しかし、八〇年代に再びスペインとの緊張が高まると、イングランド人はポルトガル王位の僭称《せんしょう》者ドン・アントニオから拿捕認可状を得て、再びスペイン船を襲うようになる。もっとも、その場合でもフランスなど無関係な国の船が餌食になることもあった。一五八五年のスペインとの戦争の開始後も、イングランド人はフランスやオランダ、デンマーク、ハンザ諸都市などスペインとの貿易を続ける友好国や中立国の船舶を標的とした。このような認可の範囲を超えた掠奪は、外交上の軋轢《あつれき》やさらなる報復を引き起こした[3]。

十六世紀にはこのような国を跨いでの掠奪が行われる一方、より地域に根差した小規模な掠奪活動も続いていた。その拠点となったのは、デヴォンやコーンウォールなどのイングランド南西部、ウェールズ南部、アイルランド南西部などの地域である。掠奪者たちは、コーンウォールのキリグルー家やウェールズのサー・ジョン・ペラットなど地元のジェントリや商人の支援を受けて小型船を繰り出し、英仏海峡や北海、アイリッシュ海で他国の沿岸交易船や漁船を襲撃した。その後、奪った積荷を持ち帰り、掠奪品市場で売却すると、出資者と乗組員で利益を分け合ったのである[4]。

## 統制の試み

このように、十六世紀のイギリス諸島近海では、報復的拿捕の体裁をとった掠奪から純然たる海賊行為まで、また国を跨いでの掠奪から地域社会に根差した掠奪まで、公的認可の有無や性格も様々な掠奪が、諸国間の紛争にも刺激され間歇《かんけつ》的に荒れくるうという状況が続いていた。この混沌とした状況に対して、イングランド政府が腕をこまねいていたわけではない。すでにこの時代から、掠奪を報復的拿捕のような認可を受けた合法なものと、認可を受けない、あるいは認可の範囲を超えた違法なものとに峻別して、しかるべき統制のもとで前者の活用を図りつつ後者の取り締まりを目指すという、後の時代に顕著になる掠奪の管理化の動きが見られたのである。

報復的拿捕などの認可を受けた掠奪は、それがしばしば認可の範囲を超えた掠奪を誘発することから、管理の強化が試みられた。その方策のひとつが、拿捕を通じて得られる捕獲物を審査する組織の整備である。まず十四世紀末から十五世紀初頭に、海事問題の裁判を担当する中心機関としてロンドンに高等海事裁判所が設立される。その活動は設置後も長らく低調であったが、ようやく一五二〇年代にその一部門として捕獲物の審理を行う捕獲審検裁判所が出現した。一五八九年には拿捕した物の正当性を認める判決のうち、現存する最初のものが確認されている。こうして高等海事裁判所は、捕獲物の審査を担う中心機関としての地位を次第に確立していった。

また、このような組織の整備と並行して、認可状申請の際に自身が受けた損害の証明や誓約を義務付けるなど、報復的拿捕に従事する者の違法行為を防ぐための諸規則も導入された。さらに、イングランド人がしばしば外国船の一員として掠奪を行うことが見られたため、一五七五年、エリザベスは臣民が許可なく他国の君主のために勤務することを禁じる布告を出した。[5]

こうして十六世紀末までに、公的認可を受けた掠奪を統制する制度の基本的枠組みは整いつつあった。しかし、制度が存在するということと、それが現実に機能しているということは別である。罰則はあってもその施行が困難であったため、中立船に対する不当な掠奪や捕獲物の勝手な売却などの不正行為が止むことはなかった。他方で、規制を行うべき側が利益目的で制度を恣意的に運用することもままみられた。たとえば大海軍卿は、しばしば自身が私掠の出資者であったため、収入の確保を狙って高等海事裁判所の判決に干渉することもあった。さらにヘンリ八世期の対仏戦では、報復的拿捕の奨励のため、損害の証明などの要件を不要にして王権自体が制度を骨抜きにしてしまうケースもみられた。このように拿捕統制の枠組みは存在したものの、この時代にはそれが十全に機能しているとは言い難い状況であった。[6]

一方、十六世紀には海賊行為の取り締まりも試みられた。ヘンリ八世期の一五三六年には海賊行為に関する重要な法律が制定され、大陸法に基づくそれまでの裁判の欠陥の是正が図られた。従来の規定では、本人の自白か証人の証言なしには死刑を宣告できなかったが、海上で行われる海賊行為の場合、そのような証人を得ること自体が難しかった。そのため、この法律により海賊裁判は特別に設置される法廷で、コモン・ローに則って陪審員とともに行いうるとされたのである。ヘンリ八世期にはまた、沿岸部副海軍卿が任命され、沿岸諸州の海賊取り締まりを担当することになった。しかしその多くは任務には熱心でなく、もっぱら難破物の分け前の徴収などを通じた蓄財に専念していた。[7]

海賊取り締まりの試みは、十六世紀後半のエリザベス一世の時代にも引き継がれる。エリザベスの政府は海賊問題を国内の治安問題であるとともに、他国との外交摩擦を生む問題として懸念していた。とくに治世前半、のちに敵国となるスペインとの関係がまだ悪化していなかった時分には、スペイン船やフランドル船に対する掠奪が外交問題化しつつあったため、政府は違法な掠奪の抑制や被害者への補償に努めた。また既存の役職や機関があてにならないため、一五六五年、そして七七年にも現地の有力者を海賊取り締まり委員に任じて、海賊行為や密貿易の監視にあたらせた。[8]

しかし、これらの方策は海賊の時折の逮捕にはつながったものの、海賊行為を抑止するまでには至らなかった。その理由のひとつには、当時の政府が貿易の保護や取り締まりを効果的に行うための十分な海軍力を欠いていたということがある。十六世紀には、イングランド王室所有の艦隊の規模は時期により大きく増減した。ヘンリ八世は艦隊の増強だけでなく平時におけるその維持にも努めたため、一五四七年に王が死去した時点では、王室所有の艦船は五十隻を越えるまでになっていた。しかしそれもエリザベス期までには縮小し、女王即位後まもなくの一五五九年には、王室の艦船のうち修理なしに航海しうる船の数は二十一隻にまで減っていた(もっとも女王は、一五八八年のアルマダ海戦時のように、戦時には臣民の武装商船をあてにすることができた)[9]。

また、各地域の官吏や有力者からの支援が不十分であったことも一因であった。取り締まりの成否は海賊が拠点とする地方の港や周辺部自治体の有力者の協力にかかっていたが、中には政府からの干渉を嫌って取り締まりに非協力的な態度をとる自治体もあった。また、沿岸部副海軍卿はじめ、海賊を捕えるべき官吏が海賊と結託し、掠奪品から利益を得ていることもあった。そのような場合、海賊たちは逮捕されてもしばしば陪審によって無罪とされるか、逃亡してしまったのである[10]。

こうして、度重なる取り締まりの試みにもかかわらず沿岸部での掠奪は続いた。しかし、エリザベスの治世末期にはこのような沿岸部での海賊行為は衰退していた。その原因としては、海賊の庇護者であったキリグルー家などのジェントリの没落や、スペイン戦の開始に伴う海賊たちの私掠者への転向などが指摘されているが、まだ不明な点も多い[11]。

一方、十六世紀半ばからは掠奪に新たな変化が見られるようになる。活動範囲の劇的な拡大である。掠奪の舞台は一五四〇年代にイングランドの沿岸部から東大西洋へと徐々に広がり、六〇年代になるとカリブ海や中南米沿岸部を含む大西洋世界全域へと拡大する。その背景にあったのは、十五世紀末から中南米地域に進出していったイベリア諸国と他のヨーロッパ諸国との間の確執であった。

## 2　大西洋に広がる掠奪の波

### スペイン、ポルトガルの新大陸への進出

十六世紀における大西洋世界でのヨーロッパ諸国の抗争の焦点は、いささか単純化して言うならばイベリア両国、とくにスペインが独占を試みる「新大陸」の富を他国がいかにして奪うかという点にあった。イングランド人による大西洋世界での掠奪活動も、このような文脈の中で見る必要がある。

クリストバル・コロン（コロンブス）が一四九二年にバハマ諸島のサン・サルバドル（グアナハニ）島に到達して以降、スペイン人やポルトガル人は先住民を、ときに暴力的手段で、ときに宣教によって服従させせながら、カリブ海地域や南北アメリカ大陸に進出していった。

やがて「新大陸」の領有権をめぐりスペイン・ポルトガル間には対立が生じるが、この争いは、ローマ教皇による特権付与のためのいくつかの勅書の発布を経たのち、一四九四年のトルデシーリャス条約によって妥協が図られた。これによりヴェルデ岬諸島の西三百七十レグア（約二千百九十キロメートル）が分界線とされ、それ以東でポルトガルが「発見」した土地はポルトガルに、以西でスペインが「発見」した土地はスペインに帰属することが両国間で同意されたのである。[12]

このうちポルトガル人は、三章で見るように主にインド洋世界への進出に力を注いでいくが、南米

地図2　十六世紀の大西洋世界

でも一五〇〇年のカブラル漂着以降、ブラジルに進出していく。当初は主に赤色染料になる「ブラジル木《ぼく》」（ブラジルの国名の由来）の伐採に従事していたが、十六世紀半ば以降はブラジル北東部で中央・西アフリカから連れてこられたアフリカ系の人々の奴隷労働力に依存しての砂糖プランテーション（農園）を発達させた。

一方、スペイン人は、当初カリブ海のエスパニョーラ（フランス語ではイスパニオラ）島で金の採取に従事していたが、やがてさらなる黄金郷《エル・ドラード》の噂に惹きつけられ、中南米の大陸部に進出する。これがコルテスやピサロらコンキスタドーレス（征服者）による、メキシコのアステカ王国やペルーのインカ帝国の征服につながったのは周知のとおりである。これら先住民の諸国家の征服後、植民の重点を大陸部に移したスペイン人は、そこで先住民を酷使して鉱山開発を行った。ペルー副王領のポトシ銀山や、植民地時代末期にはペルーを凌ぐ生産量を誇ったメキシコのサカテカス銀山がその代表的鉱山である。とくにポトシでは、一五七〇年代の水銀アマルガム精錬法の導入、ワンカベリカ水銀鉱山の国有化、そして先住民労働力確保のためのミタ制の導入などにより採掘量が急増し、十六世紀末に植民地時代の生産高のピークを迎えた。一五四〇年代から一六四〇年代にかけての世界的な第一次銀ブームにおいては、これらアメリカ産の銀の多くは、日本の石見銀山の銀とともに、当時税の銀納化が進行し銀価格が上昇していた明《みん》朝へと流れていった。[13]

これら新大陸の富を己の手に留めるべく、スペイン王権は植民地貿易を統制し、外国商人の参入を防ごうとした。一五〇三年には貿易管理機構である商務院がセビーリャに設置され、やがて対アメリカ貿易に関わる諸々の事柄を管理するようになっていった。さらに一五六〇年代には、外国人掠奪者の標的になっていた植民地貿易の防衛のため、指定航海（護送船団）制度が導入される。これは十六世紀スペイン帝国の大動脈と言えるもので、メキシコのベラクルス行きの「フロータス」と南米大陸部のカルタヘナ行きの「ガレオネス」の二船団からなっていた。この通称「銀船団」によって、ヨーロッパの工業製品が本国から植民地へと運ばれ、本国にはアメリカから銀や金、その他の植民地物産がもたらされたのである。

しかし、スペイン王権による外国商人排除の試みは不十分な結果に終わった。自生の工業がまだ一定程度存在したとはいえ、十六世紀のスペインには植民地人の需要を満たすに足る工業生産力はなかった。[14] いきおい工業製品は他のヨーロッパ諸国からの輸入に頼ることになる。それらの国の商人はスペイン本国を経由するという形で商品を輸出することもできたが、より迅速に取引を行い、また種々の税を回避しようとするならば、スペイン領との直接密貿易という手段が一番であった。一方、当時のスペインには広大な植民地の海岸線を常時監視することは困難であった。このような状況下では、他のヨーロッパ人たちが新世界の富を我が手に摑もうとアメリカ海域に侵入するのを阻止することは不可能であった。

## 富の分け前を求めて

先陣を切ったのはフランス人である。十六世紀初頭からフランソワ・ル・クレルクやジャック・ドゥ・ソレに代表されるユグノーの航海者たちが、アメリカ海域への進出を始める。フランス大西洋岸のラ・ロシェルなどに拠点を置くこれらの掠奪者は、イタリア戦争（一四九四〜一五五九）などハプスブルク家とフランスのヴァロワ家の抗争に乗じてカリブ海や南米のスペイン領を荒らし回り、また西アフリカやブラジルのポルトガルの支配地域にも侵入した。十六世紀半ばになると、仏人掠奪者の進出はユグノーの指導者コリニー提督の支援を受けて本格化する。しかし、世紀後半にユグノー戦争が激化し、一五七二年にコリニーが暗殺されると、その活動は下火になっていった。

かわって十六世紀後半から来航するのがイングランド人であるが、その活動の詳細は後に譲るとして、先にオランダ人の活動を見てみよう。オランダ人のカリブ海での活動が本格化するのは十七世紀初頭である。その背景にはオランダの独立戦争（八十年戦争）があった。当時のヨーロッパの商業と金融の中心地のひとつであったアントウェルペンを擁するネーデルラント地方（現在のオランダ、ベルギー、ルクセンブルクをあわせた地域）は、もとはスペイン・ハプスブルク家の支配下にあった。しかし、ネーデルラント諸州は国王フェリペ二世の宗教政策や課税強化に反発し、一五六八年に独立戦争を開始する。その後、この戦争は十二年間の休戦期間を挟み、一六四八年のウェストファリア条約で北部諸州がオランダ（正式にはネーデルラント連邦共和国）として独立が承認されるまで続いた。

この戦争で活躍したのが、もとはハプスブルク家側が用いた蔑称に由来する「海乞食（ヴァーテルホイゼン）」と呼ばれる海上掠奪部隊である。この「海乞食」は、フランス、イングランド、ドイツ地域の港や、ネーデルラント西海岸のデン・ブリル（ブリーレ）などを拠点として、スペイン船への攻撃を展開した。その後、一五八〇年にスペイン・ハプスブルク家のフェリペ二世がポルトガル王位を継承すると、ポルトガルの支配地域や船舶もその攻撃対象に加わった。[15]

一方、イングランド人は、十五世紀末からジョン・カボットやその息子セバスチャンなどブリストルの船乗りを中心に、現在のカナダの東海岸に位置するニューファンドランド一帯への進出を始めていた。これに対し、カリブ海や中南米へ本格的に進出するのは、十六世紀に入ってからのことである。エリザベス期の海事史研究の泰斗ケネス・アンドルーズが指摘するように、その際には、主に三つの手段がとられた。すなわち、密貿易、掠奪、そして植民である。もっとも、これらの活動は必ずしも切り離されていたわけではない。たとえば十六、十七世紀には密貿易人が掠奪者に転じることや、脅しを用いて貿易をするということもまま見られたのである。また、十七世紀初頭からカリブ海や北米で建設された植民地には、当初は掠奪や密貿易の基地としての役割も期待されていた。[16] このように三つの活動はしばしば重なり合っていたが、ここでは主として掠奪活動に焦点を当てる。

すでに述べたように、中世には主にイングランド近海を舞台としていたイングランド人の掠奪活動は、一五四〇年代からその範囲を拡げ、一五六〇年代には大西洋全域へと拡大した。その対象も英仏海峡を航行する船だけでなく、ヨーロッパや中南米を航行するスペイン船やそのアメリカ植民地にも及ぶようになった。背景の一つは宗教改革期のヨーロッパにおける宗派対立である。この抗争においてユグノーの船乗りやオランダの「海乞食」は、敵国であるカトリックのスペインの船やその植民地をヨーロッパ近海やアメリカで襲撃した。宗教改革を経てプロテスタントとなっていったイングランドの船乗りも、長距離航海の経験豊かなこれらプロテスタント同胞の掠奪者と共闘する中で航海技術と経験を蓄え、その活動範囲を英仏海峡から大西洋全域へ拡げていったのである。

背景の二つ目は、イングランド商人によるポルトガルやスペイン領植民地との密貿易である。すでに一五三〇年代、四〇年代にはイングランド南西部やロンドンの商人は、ポルトガル人が拠点を有する西アフリカのギニアやブラジルとの貿易を試みていた。ときに掠奪とも結びついていたこのような貿易は、イベリア両国からのたび重なる抗議や抵抗にもかかわらず、一五五〇年代までにはより頻繁に行われるようになっていた。一方、スペイン領アメリカとの貿易は、十六世紀初頭からスペインのセビーリャ経由で、後にはカナリア諸島を通しても行われた。[17]

サー・ジョン・ホーキンズ
（1532年〜1595年）

サー・フランシス・ドレイク
（1540年〜1596年）

## ホーキンズの奴隷密貿易

このような貿易に従事していた商人の一人にウィリアム・ホーキンズがいた。ホーキンズはイングランド南西部の港町プリマスの名士で、もとはフランスやスペインとの貿易に携わっていたが、一五三〇年代前半にギニアやブラジルとの貿易にも従事するようになった。

一五六〇年代になるとその息子ジョンが、ロンドン商人の支援を受けて新たな貿易に乗り出す。これは西アフリカで現地のポルトガル人内通者や首長の協力を得て奴隷を入手し、それを中南米のスペイン領に運び込み売却するというものであった。この計画の出資者には、彼の義父ベンジャミン・ゴンソンやウィリアム・ウィンターなど、海軍局の要人であると同時に商人でもあった人々が名を連ねていた。一五六二年の第一回目の航海は成功裏に終わり、続いて行われたエリザベス女王の持ち船も加えての二回目の航海も成功を収めた。この密貿易には途中から、ホーキンズの親戚でデヴォン出身の熱心なプロテスタントの船乗りが加わる。のちにスペイン領植民地への数々の掠奪行やアルマダ海戦の勝利で武名を轟かせることになるフランシス・ドレイクである。[18]

当初は順調な滑り出しを見せたホーキンズの事業であったが、その一方でスペインやポルトガル政府は密貿易人の侵入に対し警戒を強めつつあった。このような状況の中、一五六七年十月にホーキンズは女王の持ち船二隻を含む六隻の船団を率いて新たな航海に出発する。しかし今回は訪問先でスペイン人から警戒心や敵意を持って迎えられ、取引は思うように進まなかった。業を煮やしたホーキンズは実力行使にうって出る。取引を拒む町に対してはこれを襲って占拠した後、退去の条件として奴隷の購入を強要したのである。この強引な手段は成功を収め、ホーキンズは航海を終えるに足るだけの売り上げを得てイングランドへの帰路についた。

事件が起こったのはその途上である。九月半ば、ユカタン半島を過ぎたあたりで嵐に遭い船が破損したホーキンズたちは、修理のため、カンペチェ湾岸のサン・フアン・デ・ウルーア港に避難することを余儀なくされた。港にほど近い小島を占拠して修理と補給を試みていた一行は、まもなく二隻の軍艦を含むスペイン艦隊の到着を目の当たりにする。これは、ヌエバ・エスパーニャ（メキシコ）の新副王としてスペインから派遣されてきたドン・マルティン・エンリケを乗せたガレオン艦隊であった。ホーキンズたちはドン・マルティンと交渉し、港にいる間は安全を保障する旨の協定を結ぶ。しかし、副王は異端者の密貿易人との約束を守るつもりは毛頭なく、ホーキンズらに奇襲をしかけた。窮地に立たされた一行であったが、まずドレイクの船が夜陰に乗じて港から抜け出し、次いでホーキンズの船も命からがら脱出した。[19]

「ジーザス・オブ・リューベック」号　サン・フアン・デ・ウルーア事件の際のホーキンズの船（British Library蔵）

　この事件はしばしば、イングランド側が密貿易から掠奪へと転じたきっかけになったとされてきた。しかし、アンドルーズが指摘するように、転換の理由を理解しようとするならば、より大きな文脈を見る必要がある。その一つは、イングランドによるオランダ独立運動の支援がもたらした英西間の関係悪化である。エリザベス治下のイングランドは、プロテスタントの同胞を助けるため、また自国の防衛上重要な同地を守るためにも、フランスのユグノーとも結びつつネーデルラントの独立運動をひそかに支援していたが、このことはスペインとの緊張を高めることになったのである。

　とりわけスペインを刺激したのが、一五六八年の銀輸送船の差し押さえ事件である。同年十一月、ジェノバの銀行家所有の銀を輸送していた船団が、ユグノー船の攻撃を逃れようとしてイングランドのサウサンプトン港に避難した。銀は反徒鎮圧のためネーデルラントに派遣されていたアルバ公の軍資金となるはずのものであったが、それを恐れたイングランド側は、ユグノー掠奪者の手から「保護」するとの名目で銀をロンドン塔にとどめ置いた。これに対しアルバ公も、報復としてフランドル地方にあったイングランド商人の資産を押収した。このようにサン・フアン・デ・ウルーア事件の報せが本国に伝わる頃には、ヨーロッパではすでに英西間の緊張が高まっていたのである。

また、カリブ海の状況も、ホーキンズの一回目の航海の時とは変わりつつあった。スペイン側の密貿易の取り締まり強化やポルトガルなど商売敵との競争は利潤率の低下をもたらし、ホーキンズの三度目の航海までには奴隷密貿易は割に合わないものになりつつあった。イングランド南西部のプリマスやブリストルの商人や水夫がスペイン領の掠奪に乗り出していった背景には、スペインへの復讐心だけではなく、このような政治的経済的状況の変化もあったのである。[20]

## ドレイク、カリブ海で暴れる

かくして、一五七〇年頃から対スペイン強硬派のホーキンズ、フェナー家、ウィンター家などが中心となって、スペイン領アメリカへの掠奪行が計画される。その急先鋒であったのがドレイクである。サン・フアン・デ・ウルーアで屈辱を喫したドレイクは、一五七〇年、ウィリアム・ウィンターからの出資を受け、二隻の船を率いてカリブ海に赴き、スペイン領を劫掠した。また、翌年には「スワン」号を指揮して、パナマ地峡のカリブ海側にある銀輸送路上の拠点であるノンブレ・デ・ディオス近辺で掠奪を行った。これらの掠奪は、法的には拿捕認可状に基づかない海賊行為であったが、ドレイクは、後の航海で自身でも述べているように、サン・ファアン・デ・ウルーアで受けた損害に対する正当な報復を行っているとの認識だったのであろう。

一五七二年五月、ドレイクは自身の「スワン」号とホーキンズから借りた船の二隻を率いて、再びカリブ海に舞い戻る。途中で出会った別のイングランド船の乗員とともにノンブレ・デ・ディオスへの攻撃を試みるが、住民の抵抗に遭い、成果のないまま撤退を余儀なくされた。しかし、その後も一行はスペイン人を敵とするアフリカ系逃亡奴隷の集団シマロン（マルーン）や、ユグノー掠奪者の助けを借りつつ、カリブ海やスパニッシュ・メイン（南米カリブ海沿岸地域）で掠奪を続けた。この一五七二年の掠奪行では、ドレイク自身も弟二人を失ったものの、成果や利益の面では航海は成功と言えるものであった。[21]

ドレイクに続くべく、一五七〇年代には他のイングランド人もスペイン領アメリカへの掠奪遠征を試みた。しかし、スペイン側が防備を固めつつあったこともあり、一五七六年に遠征を行ったドレイクの元部下ジョン・オクスナムのように、スペイン側の反撃に遭い、捕まって処刑されるという悲惨な結果に終わる者も少なくなかった。[22]

## ドレイクの掠奪世界周航

掠奪行から戻ったドレイクは、その後しばらくはアイルランドの植民事業に関わっていたようであるが、やがて一五七七年にスペイン領アメリカに対するより大規模な遠征を企図する。南米太平洋岸のスペイン領の掠奪や銀船団の拿捕、および南北アメリカ大陸の太平洋沿岸部の探検などを目的とする航海である。同様の計画はすでに三年前、ホーキンズ家とも関わりの深いリチャード・グレンヴィルによって提案されていたが、その時はスペインとの関係修復に努める女王が許可を与えなかった。今回のドレイクの遠征も、このグレンヴィルの計画と似たものであった。ただし、この時期イングランドはスペインとは和平状態にあったため、遠征の目的はスペイン人の支配が及んでいないチリ南部の沿岸部の探検ということになっていた。

先の遠征よりも大がかりな企てということもあって、出資者も錚々《そうそう》たる顔ぶれであった。大海軍卿リンカーン伯エドワード・クリントンや当時海軍財務官を務めていたホーキンズといった海軍関係者、さらには女王の寵臣レスター伯ロバート・ダドリや国務大臣フランシス・ウォルシンガムなどの主だった廷臣も名を連ねていた。また女王も、自身の持ち船である「スワロー」号を航海に参加させていた。[23]

ドレイクの指揮する旗艦「ペリカン」号（のちに「ゴールデン・ハインド」号と改名）を含め、五隻からなる船団がプリマスを出航したのは、一五七七年十二月のことである。[24]

翌年二月、南下の途中で拿捕したポルトガル船の船長を拘留して水先案内人とすると、ドレイクらは一路、南米南端を目指した。途中、彼と対立した旧友で士官の一人であったトマス・ドーティを反乱扇動の廉で処刑するという陰鬱な事件が起こったものの、一行はどうにかマゼラン海峡の通過に成功し、九月には三隻の船が太平洋側へと抜けた。

しかし安心したのもつかの間、ドレイクの船はまもなく嵐に遭遇し、他船とはぐれてしまう。船は

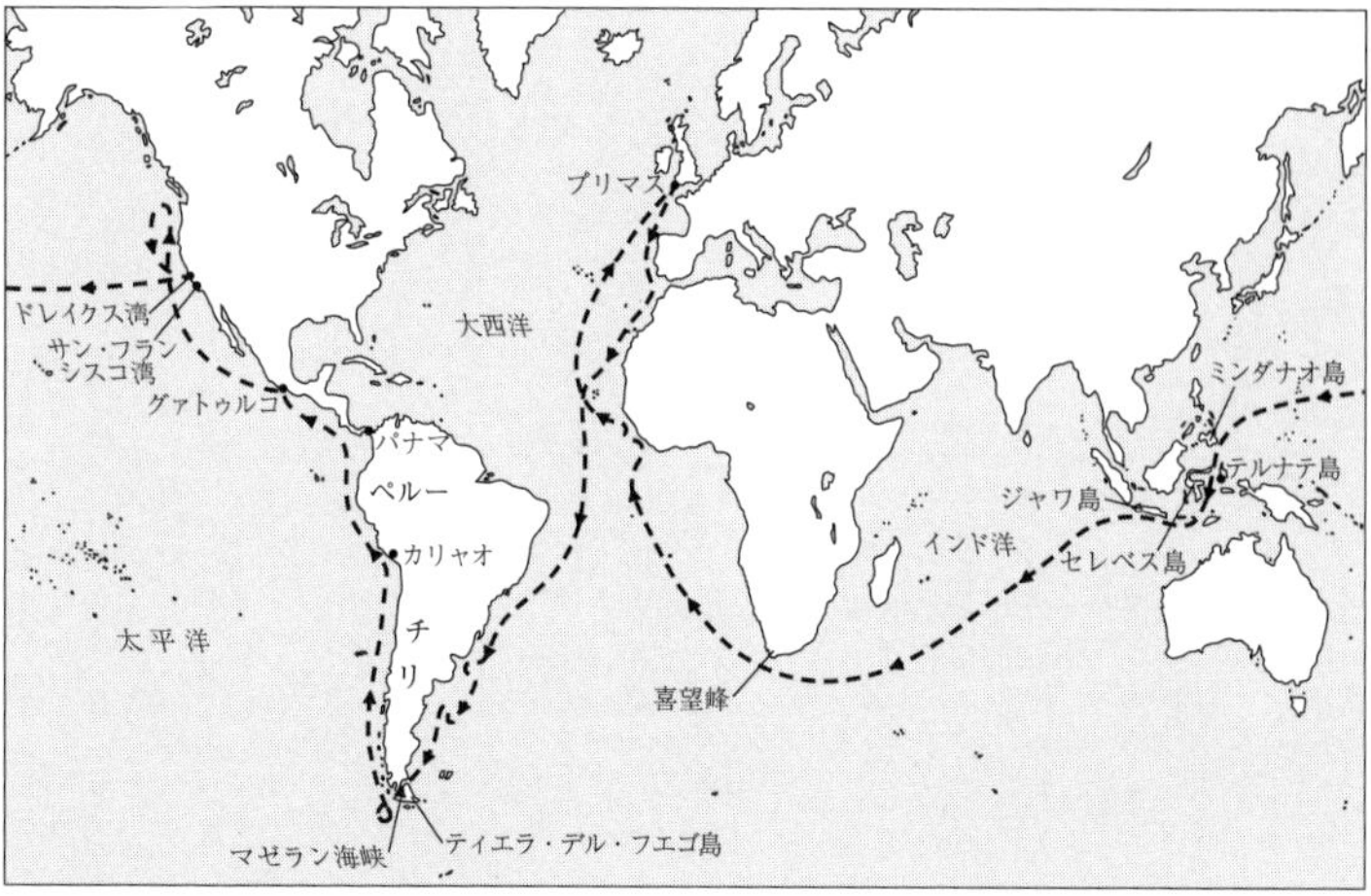


**地図3**　ドレイクの世界周航（1577～80年）の際の航路（出典：Williams, 1975, pp. 132–3をもとに作成）

一時、南緯五十六度近くまで押し流されるが、そこでティエラ・デル・フエゴ島の南には当時の通説とは異なり海が広がっていることを見て取った後、再び北西に向かった。その後、南米太平洋沿岸を航海しながら掠奪を続けていたさなかの一五七九年三月、一行は高価な積荷を積んだ獲物に遭遇する。ペルーのカリャオからパナマに向かっていた「ヌエストラ・セニョーラ・デ・ラ・コンセプシオン」号、通称「カカフエゴ」号である。首尾よくこの船の拿捕に成功したドレイクは、四十万ペソ（当時の約十四万ポンド）を超える銀や金、それに宝石や貴石を含む高額の掠奪物を得た。

その後、一行はメキシコのアカプルコ近くのグァトゥルコを襲撃した後、北上を続け、現在のカリフォルニア沿岸に至った。ドレイクは上陸した一帯をグレート・ブリテン島の古名アルビオンにちなみ「ニュー・アルビオン」と命名し、この地をイングランド領とすることを宣言した（一説にはこの地は現在のドレイクス湾、あるいはサン・フランシスコ湾一帯であるという。またそもそもドレイクはその緯度まで北上していないという説もある）。

掠奪や探検航海を一通り終えた後の問題は、いかにして本国に帰還するかということであった。先の北上の際の調査の結果、北米大陸にあると信じられていた「アニアン海峡」の存在には疑念が持たれていた。一方、マゼラン海峡を戻るのも危険が多かった。残るは太平洋を横断して西回りで帰国するルートである。一五七九年七月末に北米西岸を離れた後、ドレイクは太平洋をひたすら西走する。約二ヵ月かけてその横断に成功すると、フィリピンのミンダナオ島東岸に沿って南下、十一月にはモルッカ諸島中のテルナテ島に寄港した。その後、セレベス（スラウェシ）島東岸であわや座礁という事態に直面するが、辛うじてこれを回避する。翌年三月にはジャワ南部に到達、その後インド洋を渡り、喜望峰を回って北上し、西アフリカ沿岸を経て、一五八〇年九月末に故郷プリマスに到着した。同港を出港してから実に二年九ヵ月ぶりの帰還である。このドレイクの航海は、五章や六章で見る海軍や私掠者による掠奪世界周航の最初の先例となった。

交戦状態にないスペインの船や植民地に対するドレイクの掠奪は、法的には海賊行為であり、在ロンドンのスペイン大使は当然これに激しく抗議した。しかし、すでに英西間の対立が深まりつつあった状況ではそれも空しく、掠奪品の一部が返還されたにとどまった。掠奪品の総額は不明だが、出資者たちは多額の分け前を手にし、女王も一ポンドの投資につき四十七ポンドの利益を得たと言われている。結局、女王はドレイクを処罰することはなく、事件のほとぼりが冷めた翌年四月、デトフォード港に停泊する「ゴールデン・ハインド」号の船上で彼にナイトの称号を授けたのであった。[25]

## スペイン戦の開始と対スペイン領遠征

この頃、イングランドとスペインとの関係は抜き差しならないものになっていた。一五八三年末には国内のカトリック反乱を扇動したスロックモートン陰謀事件が発覚し、これに加担したとしてスペイン大使が追放された。一方、ネーデルラント情勢も緊迫の度を高めていた。一五八四年七月、独立闘争の指導者であったオラニエ公ヴィレムが暗殺され、南部のアントウェルペンがスペイン側の包囲に屈しつつあった。もはやスペインとの衝突が避けられないと分かると、エリザベスもそれまで密かに行っていた北部諸州の支援を公然と行うようになる。一五八五年の夏には女王は北部諸州とノンサッチ条約を締結し、同年末には寵臣レスター伯を兵とともに現地に派遣した。[26]

こうしてイングランドはスペインと公然と衝突することになった。しかし、両国の間では最後まで正式な宣戦布告はなされなかった。その理由は、宗派対立と王朝間の対立が複雑に絡み合うこの時期の情勢下では、当時君主が戦争を始めるに足る理由とされていた王位継承問題か宗教問題のいずれかを持ち出して正式に開戦することは、どちらにとっても得策ではなかったからであると述べる研究者もいる。[27] こうして両国は、正式な宣戦なしに一五八五年から実質的な戦争状態に突入した。このように近世の戦争では戦時と平時の境は常に明確というわけではなかったのである。

これは海上での抗争についても同様であった。一五八五年五月にはスペイン側がイベリアの港でイングランド商船の差し押さえを行うが、これに対抗してイングランド政府も損害を受けた商人に報復的拿捕を許可したため、海上でも衝突が本格化した。ここで注意すべきは、イングランド政府が発行したのは私的損害の回復を許可する報復的拿捕認可状だったということである。やがて直接損害を受けていない者でも認可状を容易に取得できるようになったが、海上での戦いは、当初はあくまで平時の報復的拿捕の延長として始まったのである。

スペインとの軍事衝突が始まると、その軍資金の供給源と目されていたアメリカ植民地も標的となり、一五八五年にはドレイクの指揮のもとでのスペイン領遠征計画が持ち上がった。今回は銀船団の拿捕など海上での掠奪だけでなく、身代金を得るための都市の占拠も視野に入れた大がかりな作戦であった。そのため、遠征隊も二十隻以上の艦隊と千人超の兵士からなる大規模なものとなった。この遠征にはドレイクやホーキンズのほか、ロンドンの商人層、レスター伯ら有力な廷臣、さらには女王自身も出資していた。また、六百トンの旗艦「エリザベス・ボナヴェンチャー」号を含む二隻の艦船を提供した女王はじめ、主だった出資者の多くは自身の持ち船を遠征に参加させていた。

遠征隊は一五八五年九月に出発し、途中スペイン北西部の港町ビゴを襲った後、ヴェルデ岬諸島の町サンティアゴの占領に成功する。しかし、その代償は高くついた。滞在中、遠征隊の間に疫病が発生したのである。疫病の蔓延に苦しみながらもカリブ海に着いた一行は、一五八六年一月にエスパニョーラ島のサント・ドミンゴを襲撃、翌月には南米大陸部の都市カルタヘナを占拠し、それぞれの町の住民から身代金を獲得した。ドレイクはパナマ攻略も視野に入れていたようであるが、疫病の猛威が収まらず、また兵力も減少したため帰国を決断する。途中、フロリダのスペイン人居留地サン・アグスティンを襲い、またウォルター・ローリーが北米のカロライナ近辺に築いたロアノーク植民地の生存者を回収して、一五八六年七月、ポーツマスへと帰還した。遠征は七百五十名あまりの犠牲者を出した上に、投資としても不満足な結果に終わったが、スペインやその植民地に打撃と動揺を与えるなど軍事的には一定の成果をあげたと言える。[28]

イングランド側は攻撃の手を緩めることなく、翌年にはドレイクを指揮官とするスペイン本土の新たな攻撃に着手した。今回の遠征隊も王室所有の軍艦四隻に、ドレイクやその友人の持ち船、ロンドン商人の船などを合わせた合計二十数隻の大艦隊と約二千三百人の兵士からなる大規模なものであった。一五八七年四月、遠征隊はスペインのカディス港を襲撃し、そこに停泊していたスペイン艦隊用の補給物資を積んだ二十から三十隻以上の商船を破壊した。さらにポルトガル南部のサグルシュ要塞を攻撃した後、アゾレス諸島近海を遊弋《ゆうよく》中の六月、東インドから陶磁器や絹など高価な積荷とともに帰還したフェリペ二世所有のポルトガルのカラック船「サン・フェリペ」号の拿捕に成功する。掠奪品の総額は十万ポンドを超えたと推測されている。[29]

このようなイングランドによるスペインの植民地や海上貿易への攻撃、それにオランダ独立戦争への支援は、やがてフェリペ二世にイングランド侵攻を決意させ、それがひいては一五八八年のアルマダ海戦へとつながっていく。この海戦についてはすでに多数の書物が著されているので詳述は控えるが、ここではスペイン艦隊を迎え撃つ作戦のさなかにも、ドレイクが掠奪に従事していたことだけを指摘しておこう。この時イングランド艦隊の先導役を担っていた彼の艦は、不審な船を発見したとして勝手に艦隊を離れ、本隊からはぐれて航行していたスペイン側の軍資金輸送船「ヌエストラ・セニョーラ・デル・ロサリオ」号を拿捕したのである。この行動はドレイクに高額の捕獲物をもたらしたが、イングランド艦隊の陣形を一時大幅に乱すことになった。[30]このように、しばしば艦隊同士の決戦として描かれるアルマダ海戦においてすら、掠奪的要素は混入していたのである。

III
The Galleon of Don Pedro
taken Prisoner by Sr. Francis
Drake, and sent to Dartmouth.

アルマダ海戦中のスペインの軍資金輸送船の拿捕を描いた十七世紀のトランプの絵（出典：Kelsey, 1998, p. 326.）

　アルマダ海戦の後も、一五八九年の英蘭合同でのポルトガル遠征や、ホーキンズとドレイクが命を落とすことになった一五九五年のカリブ海遠征が試みられたが、これらもそれ以前の遠征と同じく女王の命による軍事作戦の一環であるとともに、廷臣やロンドン商人の出資を受けての共同事業でもあった。そのため、時に軍事的目標と掠奪や貿易の期待が齟齬をきたして作戦に支障をもたらすこともあった。たとえば前者のポルトガル遠征では、女王にとっての最重要の目標はイングランドの安全確保のためサンタンデル港に停泊中のスペイン艦隊の残存部隊を撃滅することであった。しかし遠征隊が途中のラ・コルーニャ（ア・コルーニャ）で掠奪に拘泥し、また貿易拠点獲得の期待からリスボン攻略を試みたことも一因となって、作戦は無残な失敗に終わったのである。[31]

　このようにこの当時の海戦や海軍遠征は、女王や政府要人が関与している場合でも必ずしも純然たる軍事行動とは言えず、廷臣や商人の投資の対象という経済的側面も有していた。またそのような遠征には王室の艦船だけでなく、しばしば商人たちの持ち船も参加した。それはいわば公的な目的と私的利害の混合物だったのである。

テューダー期の海軍史研究者ロウズが指摘するように、エリザベス期の戦争は、政府が資本や人材、船舶などの面で、貴族やジェントリ層、大都市の商人層に依存して進められる「パートナーシップ」型の戦争という形態をとっていた。この方式には指揮系統の混乱を招くなど軍事的にはマイナス面も大きかったが、一方では貴族や商人から資本を引き出し、戦費を抑えつつ戦争を遂行できるという利点もあった。そしてそのような安上がりの戦争こそ、財政難に苦しむエリザベスが望んでいたことだったのである。[32]

## 3　対スペイン戦におけるイングランドの私掠活動

### 私掠活動に関わった人々

政府と私人が協力して行われる大がかりな遠征や海戦に加え、私人主体のより小規模な私掠活動もこの「パートナーシップ」型戦争の重要な一局面であった。これらの活動は、アルマダ海戦やドレイクの遠征と比べると知名度や規模の点では劣るが、決して無視できない重要性を持っていた。

では、この時期の私掠活動を、いまなおこの分野の第一人者であるアンドルーズの研究に基づいて見てみよう。それによれば一五八九年から九一年の間で二百三十六隻の私掠船が活動しており、史料の欠落や一隻の船が数回航海することも勘案すると、おそらく約三百回の私掠航海がなされたと推測できるという。年あたりおよそ百回の計算である。また一五九八年には計八十六回の私掠航海がなされ、一五八五年六月から八六年三月の間には、八十八通の拿捕認可状が発行されたことも判明している。一部には戦闘用に建造されたものもあったが、私掠船の多くは商船を転用したもので、そのサイズは数十トン程度の小型のピナス船から、三百から四百トンの大型商船までと幅広かった。私掠船は通常重武装で、敵船に乗り移ってからの白兵戦の際に有利なよう、乗組員数も通常の商船より多かった。これらの船が拠点としていたのは、ロンドンやブリストルなどの大都市、それにデヴォンやコーンウォールなどの諸港であった[33]。

この私掠事業に関わっていた人々は、主として三グループに分けられる[34]。まず、アマチュアのプロモーターである。これは具体的にはジェントリなどの地主層で、大半は海での経験のない人々であった。彼らは名誉と一獲千金を求めて掠奪に投資するか、場合によっては自ら指揮を執った。その遠征は通例大規模でコストのかかるものであったため、自身で資金を賄いきれない場合はロンドン商人などから貸し付けを受けた。このタイプの中でも際立っていたのが、第三代カンバーランド伯爵ジョージ・クリフォードである。彼は自身の蕩尽でこしらえた借金返済の必要性や女王への忠誠心から、地所を含む私財を投げ打ち、さらにロンドン商人からも支援を受け、十回を超える大規模な私掠遠征を組織した。中には高額の積荷を積んだポルトガルのカラック船を拿捕した一五九二年の航海や、スペイン領のプエルトリコを一時占領した一五九八年の航海のように成功を収めたものもあった。しかし、結局は負債を返済するだけの利益を上げられず、所領の減少を招く結果に終わった。[35]

二つ目のグループは、プロフェッショナル（専門家）である。これに含まれる者は小船の船長から大海軍卿まで多岐にわたる。しかし、いずれも海事の実務に関してある程度の経験や知識を有しているという点では共通しており、その点で先に見たアマチュアのプロモーターとは異なっていた。海軍関係者もこのカテゴリーに分類される。海軍関係者が「私掠」に従事するというのは奇異に感じられるかもしれないが、この時代、王室海軍と私的セクターの境界線はいまだ曖昧であり、海軍は人材や資本、物資の供給を、ウィンター家やホーキンズ家、フェナー家など貿易や海運業に従事する一族に頼っていた。[36]これらの人々は海軍軍艦の指揮を執る一方、自身の持ち船を海軍遠征に同行させたり、個人の私掠事業に用いたりしたのである。

私掠に関わった三つ目の、かつもっとも重要なグループは商人である。商人は普段長距離貿易を営んでいるため中型大型船を所有しており、商品の売却にも慣れているという点で利点があった。私掠事業を行う商人は何人かの主導的な大商人を結節点として航海ごとに共同で出資し、出資額に応じて捕獲物の売却益を得た。さらに他の種類の人々が行う私掠航海への出資や、食糧など必需品の販売、捕獲物の買い取りを通じても利益を得たのだった。

スペイン戦の初期に私掠事業に積極的であったのは、サウサンプトンやウェイマス、プリマス、ブリストルといった地方都市の商人たちであった。しかし次第に支配的になっていったのは、ロンドンの商人、とくに海外貿易商である。これらロンドン商人はときに地方商人とも協力しながら私掠事業を牽引した。とりわけ主導的な役割を果たしたのがイベリア貿易商である。その中には一五六〇年代末にスペインとの関係が悪化した後でもイベリア半島との貿易続行を求める者も少なくなかったが、一五八五年に戦争が始まり、いよいよ貿易が困難になると、彼らもまた私掠事業に着手するようになった。さらに、当時バーバリー（バルバリア）海岸と呼ばれていた北アフリカ沿岸のマグリブ地方と貿易するバルバリア商人や、東地中海との貿易に従事するレヴァント商人も、その多くがイベリア貿易にも関与していたため、しばしば私掠事業に参加した。

このような商人の例として、のちにロンドン市長も務めたジョン・ワッツが挙げられる。彼は一五七〇年代、八〇年代には主にスペイン貿易に従事していたが、一五八五年のスペインによるイングランド商人の資産差し押さえを契機として私掠事業に乗り出す。そして英仏海峡で私掠を行ったほか、一五九八年にはカンバーランド伯の遠征に随行する形でカリブ海にも私掠船を派遣したのだった。[37]

最後に、実際に私掠船に乗り組んでいた人々にも触れておこう。これらの人々は主にロンドンやイングランド南部の港の水夫が中心であったが、中には農業労働者や奉公人など海での勤務経験がない、いわゆる「陸者《おかもの》」も混じっていた。乗組員は通常賃金は支払われない代わりに、航海中に捕獲物を拿捕できれば売却益の中から分け前を得ることができた。またこの時代の私掠船員は、拿捕した船のデッキ上にあるものや乗客の所持品など、船の積荷には含まれないものを「船上戦利品」として得る権利を持っていた。[38] これに加え、違法だが実際には頻繁に行われていた捕獲物の横領も貴重な追加収入源であった。

このようにスペイン相手の私掠活動には、地主層から船長、商人、一般の水夫まで幅広い層の人々が関わっていた。人々を海に駆り立てたのは、カトリックのスペインの脅威からイングランドを守るという、プロテスタンティズムと結びつく形で発現した一種のナショナリズムだけではなかった。掠奪から得られる利益への期待もまた大きな誘因であった。そして両者は、当時は必ずしも相反するものとは考えられていなかったのである。

## エリザベス期の私掠活動がもたらしたもの

　では、このエリザベス期の私掠活動は、いったいどれくらいの利益をもたらしたのであろうか。アンドルーズの見積もりによれば、この時期の私掠事業がもたらした捕獲物の価格は、およそ年十万から二十万ポンドであったという。これは当時のイングランドの推定年間平均輸入額（約百万〜百五十万ポンド）の一〇から一五パーセントに相当し、イングランドの対イベリア貿易にほぼ匹敵する額である。一般的な捕獲物にはワイン、油、オリーブ、果物類、鉄や塩といったイベリアの産品、あるいはヨーロッパの他地域からイベリアに輸入されていた穀物類や魚、アゾレス諸島やカナリア諸島の砂糖、西アフリカの金、象牙、奴隷などである。また、まれに東インドの香辛料や薬もあった。しかし価格面で重要だったのは砂糖や皮革、染料になるコチニールやログウッドといったアメリカの産品で、総価格のおよそ七割を占めていた。これらはイベリア貿易商が戦争前に扱っていた商品と同じであることも多かったが、私掠はさらに、より多くのヨーロッパ外産品をもたらしたのだった。[39]

　個々の出資者にとってはどうだったのであろうか。これは航海によって大きく異なるので一概には言えないが、いくつかの傾向が指摘されている。まず利益が多かったのは、掠奪のみを行う航海ではなく、東西インド貿易船や地中海や西アフリカへと航海する船に多く見られたような、掠奪と貿易を組み合わせた形態のものであった。その場合、掠奪が空振りに終わっても貿易で損失を補填できたからである。

一方、出資者の区分で見ると、利益をあげることが多かったのは、捕獲物の処分や船の調達が容易なロンドン商人や、乗組員の統制に長けた船長などプロフェッショナルによる航海であった。これに対しアマチュアの場合、トマス・キャヴェンディッシュの掠奪世界周航（一五八六～八八）のような例外を除けば、多くの場合、投資に見合う利益をあげることは稀であった。とくに大規模な遠征はたいてい損となった。船や武器、食料、修理などにかかる費用や当局の取り分を差し引くと、十分な利益が手元に残ることは少なかったからである。[40]

水夫たちの場合も、利益は航海の成否に大きく左右された。当時の一般的取り決めでは、捕獲物の三分の一が船内の地位に応じて乗組員間で分配されることになっていたが、成功した航海では、横領等による非合法な副収入を除く正規の取り分だけでも、数ヵ月で十二から十五ポンド（二百四十～三百シリング）の収入が得られることがあった。この時代、海軍の賃金が月十シリングであったことを考えれば、水夫たちが海軍よりも私掠船での勤務に惹きつけられた理由が理解できよう。もちろん航海が空振りに終わることも珍しくなかったし、殺されたり負傷したりする危険とも隣り合わせであった。しかし、一攫千金の期待はそれを上回る魅力を有していたのである。[41]

最後に、この時期の私掠活動が当時のイングランド経済に与えたインパクトはいかなるものだったのであろうか。これについて、アンドルーズは以下の諸点を挙げている。すなわち、私掠事業が戦争で中断した対イベリア貿易の（部分的にではあるが）代替的な経済活動の役割を果たしたこと、バルバリア貿易や西アフリカ貿易に従事していた人々に追加収入をもたらしたこと、商人たちが私掠により蓄積した資本を三章で見る東インド会社やヴァージニア植民などに投資したため、その後のイングランドの貿易・植民活動に（間接的にではあるが）貢献したこと、船舶建造ブームをもたらし造船業の振興に寄与したことなどである。また、大西洋を横断しての頻繁な私掠遠征は、航海の経験の蓄積や技術の向上にもつながった。[42]

アンドルーズが挙げているのは主に中短期的な経済的影響であるが、より長期的観点から見た場合の社会的影響も無視できない。この時期の私掠者や海軍による海上でのスペイン相手の戦いはその後、理想化、神話化され、イングランド人にとっての輝かしい共通の「国民的」記憶となっていった。その中でドレイクもまたイングランドの英雄として記憶されていく。このような記憶を基盤として、十七、十八世紀になると、海軍や私掠者による海上での軍事力の行使を様々な経済的利点を有するものとして称揚し、海での戦いこそイギリスにふさわしい戦い方であると主張する「海戦支持の言説」が登場する。六章で見るように、これは十八世紀の海軍政策にも一部影響を与えることになるのである。[43]

# 第二章　同期する掠奪

## ――ジェイムズ一世期の海賊とバッカニア

前章で見た十六世紀後半のエリザベス期のスペイン戦の際の掠奪は、十八世紀の「私掠」に近づきつつも、中世以来の報復的拿捕の要素を色濃く残したものであった。この時期の認可を受けた私人による掠奪は、私的損害の回復を目指す報復的拿捕から、主権国家間の戦争の一部としての私掠への移行の途上にあったと言える。

しかし、平時の報復的拿捕の慣行は以後衰退していき、十七世紀半ば以降は許可されることはまれになる。報復的拿捕の慣行が姿を消すと、一部の例外を除いてもはや平時の掠奪を法的に正当化する制度はなくなり、平時の掠奪は原則的には海賊行為のみになっていく。こうして、認可を受けた掠奪が戦時に限定されていく一方で、戦時の掠奪の余韻とも言える海賊行為が終戦後に多発するという、十七世紀末や十八世紀初頭にも見られるパターンが生じていくのである。

このような戦後の海賊行為の大規模な発生の、おそらくは最初のケースと言えるのが、十七世紀初頭のジェイムズ一世期の海賊活動である。さらに、掠奪を戦時に限り、平時の掠奪は原則として禁止しようとする動きは、十七世紀後半にカリブ海で活躍した掠奪者集団バッカニアの活動の規制にもつながっていった。本章では、これら十七世紀の掠奪活動の検討を通して、掠奪がこのように戦争と平和のリズムと同期していく過程を見ていこう。

## 1　掠奪の統制とジェイムズ一世期の海賊の鎮圧

## 王命による海賊取り締まり

一六〇三年にジェイムズ一世が即位すると、まもなくスペイン相手の私掠行為は禁止される。しかし、この戦争の終結はイングランドの水夫に失業をもたらした。この時期の海賊活動について分析したシニアによれば、イングランド人で船での仕事に従事する者（漁師なども含む）の数はスペインとの戦争を通じて膨張し、戦争前の一五八二年には一万六千人程度であったのが、この時には五万人近くに達していたという。しかし、終戦直後の時期には、イングランドの海上貿易や漁業はこれらの水夫を吸収するほどには十分発達していなかった。そのため、水夫の中には一攫千金の機会を求めて認可状なしの掠奪を行い、海賊となる者も出現した。十七世紀初めの四十年間に海賊として起訴された者のうちのおよそ四分の三が水夫、あるいは砲手や大工など、何らかの形で海や船に関わる仕事に携わっていた者たちであった。さらにこれに農業労働者や職人などの陸者も加わって、海賊の勢力は増大していった。[1]

このジェイムズ一世期の海賊は、北大西洋を活動域とするものと地中海を活動域とするものとに分けられる。[2]まずは、前者を見てみよう。この北大西洋の海賊は、当初はイングランド沿岸部、とくに南西部を拠点にしていたようである。これらの地域では、エリザベス期末期には一時衰退していた海賊との取引が終戦後に甦り、住民は船の艤装《ぎそう》や必要物資の供給、掠奪品の買い取りを通じて海賊たちを支援した。なかには、まだスペインとの戦争を続けていたオランダの私掠船を装った海賊船の出航を手助けする者もいた。

これを取り締まるべき政府の官吏は沿岸諸州の沿岸部副海軍卿であったが、その多くは自身の役職を蓄財のチャンスとみなしており、しばしば法の執行よりも、海賊と結びその掠奪品の分け前を得ることを選んだ。彼らを監督すべき大海軍卿もあてにはならなかった。ジェイムズ一世期の前半にこの役職を務めていたのは、アルマダ海戦時の総司令官として勇名を馳せたノッティンガム伯チャールズ・ハワードであったが、この時すでに高齢で取り締まりには熱心でなかったのである。

このような状況を変えたのは、国王ジェイムズ一世であった。海賊やその陸上での支援者（当時、「陸《おか》海賊」と呼ばれた）についてのたび重なる苦情を前に、ジェイムズは海賊の跳梁を自身の名誉への侮辱とみなし、その抜本的対策に取りかかった。一六〇八年、王の命により各地に海賊取り締まり委員が任命される。その調査に基づき副海軍卿と海賊との結託が次々と明るみに出て、疑惑のあった副海軍卿は罷免あるいは逮捕されていった。おそらくはこのような措置が功を奏したのと、掠奪の口実になっていたオランダ・スペイン間の戦争が一時休戦になったことで、イングランド沿岸部で海賊たちが支援を得るのは困難になった。その結果、海賊は政府の監視の目が届きにくい、より遠隔の地に拠点を移していった。[3]

新たな拠点の一つとなったのは、アイルランド、とくにリームコンやボルティモア、クルークヘイヴンなど、アイルランド南西部のマンスター地方の港である。この地域はすでに十六世紀半ばからイングランド人掠奪者によって利用されていたが、同地でのイングランド人の入植活動の進展と大西洋貿易ネットワークへの組み込みに伴う商業活動の活発化を背景にして、この時期に彼らの中心的基地になったのである。もう一つの拠点は、現在のモロッコのラバト近郊のマモーラ（アラビア語ではマフディーヤ）である。同港はスペインと敵対するモロッコのサアド朝のスルタンの支配下にあり、ま

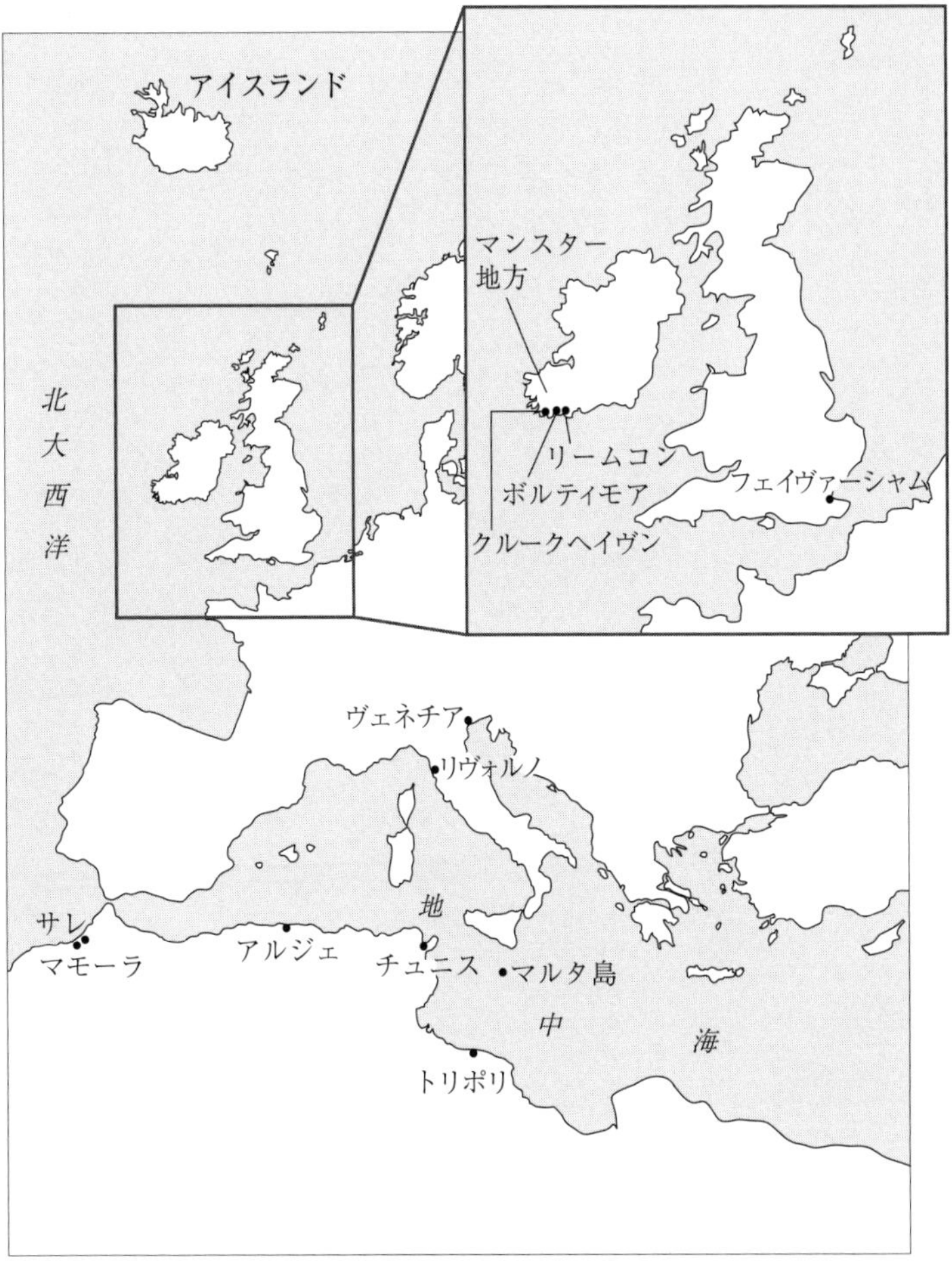


地図4　北大西洋と地中海

たムーア人（北アフリカのムスリム）やユダヤ人のほか、イタリア商人などヨーロッパ各国の商人が掠奪品の買い付けに訪れるため、やはり海賊の格好の基地となったのであった。

これらの港を拠点として、海賊たちは英仏海峡の西の入り口やイベリア半島近海でスペインやフランスの船を待ち伏せし、また時には大西洋を渡ってニューファンドランドで操業する漁船を襲撃した。その活動は西アフリカやアイスランドにまで及んだ。彼らはリチャード・ビショップやピーター・イーストンといった指導者の下で緩やかな連合体を形成しており、その勢力は船の数およそ三十から四十隻、人数は千人から二千人に及んだと推測されている。その中心はイングランド人であったが、他にもオランダ人、フランス人、ムーア人なども含まれていた。また、船長は乗組員の投票によって選ばれるといった、後述する十七世紀半ば以降のカリブ海の掠奪者集団に見られた「民主的」とされる特徴も有していた。シニアも指摘するように、陸上の地域社会と密接なつながりのあったエリザベス期の掠奪者と比べると、この時代の海賊集団は、のちの時代の掠奪者にも見られるような、陸上の社会からは半ば自立した、独自の規律を持つ共同体という性格を強めつつあったのである。[4]

この北大西洋の海賊の代表的人物として挙げられるのが、オクスフォード大学出身という異色の経歴を持つヘンリ・マナリングである。マナリングは大学を卒業後、軍隊に身を投じたが、やがて海に人生の活路を見出そうと西インド貿易に乗り出した。しかし、出港後まもなく海賊に転じてしまう。その理由は分かっていないが、一説には彼の持つ根強い反スペイン感情が影響したとも言われている。マナリングは、一六一三年から一五年まで主にスペイン船を相手に掠奪を続けた後、一六一六年、特赦に従い投降した。その後は海事の知識と経験を活かして政府に仕え、ナイトに叙されただけでなく、後には下院議員にも選ばれるなど栄達を重ねた。このマナリングのように、この時代の高名な海賊には、投降後もその技量を買われてイングランドや他国の君主に仕えるという道も開かれていた。

この北大西洋の海賊の活動は一六〇八年から一四年頃に最盛期を迎えるが、一六一五年以降は次第に衰退していった。その背景には、英蘭海軍によるパトロールの強化、拿捕認可状を持つ私人の船による海賊掃討、海賊に対する特赦の発行など、後代にも見られた海賊鎮圧のための様々な方策が導入されたことがあったと考えられている。また、一六一四年八月のスペイン・ポルトガル軍によるマモーラ占領や、同年のオランダによるクルークヘイヴン攻撃も、海賊たちには大きな痛手となった。ヨーロッパ諸国によるこのような取り締まりの強化を前に、一部の海賊は特赦を受け入れ海賊稼業から足を洗った。また他の者は、彼らを歓迎していたトスカナ大公やサヴォア公といった君主のもとに赴くか、あるいは次に述べる北アフリカの諸港に活動の拠点を移したのだった。[5]

## バルバリア私掠者と「背教者」

では、次にその北アフリカ諸港を拠点として、地中海を主な活動範囲としていた掠奪者を見てみよう。近世の地中海は、イングランド近海などヨーロッパの大西洋岸とは異なる「掠奪《コルサ》」の伝統を有する海域であった。地中海における掠奪の慣行は古代にまで遡るが、十六世紀初頭になるとアルジェ、チュニス、トリポリなど北アフリカ沿岸の港市国家が掠奪のひとつの中心になっていった。これらの港を拠点とするムスリムの掠奪者は、当初は国有の船舶を、のちには出資者を募って私有の船舶を艤装し、キリスト教国の船を拿捕してその乗員を捕虜として連行した。[6] ある推計によれば、一六一六年から四二年の間に、イングランドだけでロンドンや南西部の船を中心に四百隻あまりの船と八千人を超える人々が捕えられたという。[7]

なお、この集団はしばしば「バルバリア海賊」とも呼ばれるが、これはあくまでヨーロッパ側から見た呼称にすぎない。これらの港市やその後背地からなる港市国家は実際には強力な自治権を持つ半独立国であったが、名目上はオスマン帝国の属州であり、これらの掠奪者もオスマン帝国やそれら港市国家の半公式海軍に近い性格を持っていた。そのため、「バルバリア私掠者」と呼ぶほうがより適切であろう。ただし、その掠奪の形態は、(少なくとも)十六世紀の間は異教徒に対する「聖戦」の一部として持続的に行われていたという点や、捕虜獲得を主目的としていたという点で、北西ヨーロッパの私掠制度とは異なっていたことには注意すべきである。

また、このような掠奪を行っていたのはムスリム側だけではないことも忘れてはならない。マルタ島に拠点を構える聖ヨハネ騎士団やリヴォルノの聖ステファノ騎士団のように、キリスト教徒側も同様の掠奪を行っていたのである。さらに掠奪の標的は宗教の違いだけで色分けされていたわけでもなかった。近年の研究は、聖ヨハネ騎士団は、時にキリスト教国だが騎士団と対立するヴェネチアの商船や、ギリシア正教徒ではあるがオスマン臣民である商人の船も標的としたことを明らかにしている。[8]

十六世紀末、イングランドが対スペイン戦に突入すると、大西洋世界とは異なる掠奪文化を持つこの地中海に、北方のイングランドの私掠者や武装商船が侵入を開始する。[9] さらに戦争末期には、拿捕認可状の範囲を逸脱したヴェネチア船やトスカナ船への海賊行為も横行するようになった。これらイングランドの掠奪者は、補給や掠奪品売却のため時に北アフリカの諸港を利用したことから、これらの港は十七世紀初頭までに彼らに馴染みのある場所になっていた。やがて戦争が終わり、イングランドからの私掠船の出港が禁止されると、イングランド人の中には掠奪を続けるためにチュニスなど北アフリカの港に移住してバルバリア私掠者に加わる者や、中には自身がイスラームに改宗する者まで現れた。彼らはこれらの都市を新たな拠点として、地中海でヴェネチア船などキリスト教国の船舶を襲ったのである。[10]

　このようなイングランド人「背教者」の代表的人物が、ジョン・ウォードである。ウォードは一五五〇年代初頭にケント州のフェイヴァーシャムの漁師の家に生まれ、若い頃から私掠などの掠奪で身を立てていたようである。終戦後は糊口《ここう》をしのぐため海軍に入隊したが、一六〇三年、勤務していた軍艦がポーツマス港に停泊中、仲間とともに小舟を奪って脱走して海賊になった。彼は初めアルジェに向かったが、同市がイングランド人による過去の奇襲事件が原因でイングランド人に敵対的になっているのを見て取ると、後述するモロッコのサレに赴いた。ここで勢力を増強後、再び地中海に舞い戻ったウォードは、今度はチュニスを拠点に選ぶ。そこで彼は同地の支配者ウスマン・デイ（通称カラ・オスマン）と協定を結び、掠奪品の先買権を与える代わりに、オスマン帝国臣民となってその庇護を受けたのであった。以後ウォードはこの地を根拠地として、ヴェネチア船をはじめとするヨーロッパ船の襲撃に従事する。

　ウォードは故郷イングランドに戻るべくジェイムズ一世から特赦を得ようと試みたこともあった

が、その掠奪の被害を受けていたヴェネチア政府が強硬に反対し、またジェイムズも難色を示したためにこの計画は頓挫《とんざ》した。その後は一時アイルランド南西部に拠点を移し、大西洋での掠奪にも従事した。晩年は海に出ることを止めイスラームに改宗し、一六二二年に病死するまでチュニスで余生を過ごしたのだった。

このウォードのようにバルバリア私掠者に加わったイングランド系掠奪者は、最盛期にはチュニスだけでも数百人はいたと見積もられている。しかし、その後、死亡や逃亡により漸減していき、残った者もおそらくウォードと同じように徐々に現地社会に同化吸収されていったと推測される。またイングランド系掠奪者の他にも、アルジェを拠点としたジーメン・ダンツィカー（サイモン・ダンスカー）のようなオランダ系掠奪者も活発に活動していたことも付け加えておこう。[11]

一方、モロッコではマモーラの陥落後、同じく名目上はモロッコのサアド朝の支配下にあった近郊のサレ（サリー）が、一六二〇年代以降に掠奪の中心として台頭する。ここを拠点にしたのは主として一六〇九年までにスペインから追放されたモリスコ（キリスト教に改宗したスペイン在住のムスリム）であったが、やがてイングランドやオランダといった北西ヨーロッパの掠奪者の一部も移住してきて、ニューファンドランド沖やアイルランド南部を猟場として活動するようになった。[12]

これら北アフリカに移住したヨーロッパ系掠奪者の活動は短期間に過ぎなかったが、多くの歴史家は、それがバルバリア私掠者の活動に技術面で少なからぬ影響を与えた可能性を指摘している。十七世紀初頭、バルバリア私掠者はそれまでのガレー船に加え、「ラウンド・シップ」と総称される横帆の帆船の建造技術や操船術、砲術を導入するが、その導入にこれらヨーロッパ系の掠奪者が一役買っていたというのである。もっとも帆船に関しては彼らの移住前から、おそらくは北方商船の来航を通じてすでに導入されていたとの異論もある。また、帆船導入後も戦闘におけるガレー船の重要性が失われたわけでもない。しかし、帆船の導入は、アルジェやチュニス、サレの掠奪者に季節を問わず、また、時にはアイスランドやカリブ海にまで及ぶ広い範囲で活動することを可能にしたのであった。[13]

## 2　カリブの海のバッカニア

### ハンター、掠奪者に転じる

バルバリア私掠者の活動はその後も十九世紀初頭まで続いていくが、ここで本書の主な対象であるヨーロッパ系、とくにイギリス諸島出身者による掠奪に話を戻そう。イギリス近海では、イギリス諸島出身者による政府の認可を受けない大規模な海賊活動は、一六四〇年頃までに衰退していた。その理由についてはよく分かっていない点も多いが、先に述べた鎮圧作戦の効果に加え、より長期的な背景として、海賊たちの拠点であった地域が一六二〇年代、三〇年代からバルバリア私掠者の被害を受けはじめたのに伴い、地域の支配者層や住民が徐々に海賊行為に厳しい態度をとるようになっていったことを指摘する研究者もいる。[14]

この衰退の結果、十七世紀後半以降は、イギリス諸島周辺では散発的な海賊行為は起こっても、海賊が千人超の規模で活動するということはなくなった。しかし、大西洋の向こう側、カリブ海では事情は異なっていた。十七世紀初頭からイングランドやフランス、オランダといった国々が地歩を固めつつあったこの海域では、同世紀半ばから「バッカニア」と呼ばれる掠奪者集団が台頭し、大規模な掠奪を展開したのである。

では、この「バッカニア」とは何者だろうか。この語は広義では、十七世紀にカリブ海で活動していた掠奪者全般を意味するが、狭義では十七世紀前半にイスパニオラ（スペイン語では「エスパニョーラ」）島の北西部一帯（仏領サン・ドマング、のちのハイチ）に住み着いたハンター集団のことを指す（なお、フランス語では、英語のバッカニアに相当する「ブカニエ」は、この初期のハンター集団のみに使い、のちの掠奪活動に従事するようになった者に対してはもっぱら「フリビュスティエ」の語を用いる）。彼らは主として、イングランドやフランス、オランダなどのヨーロッパ諸国の出身者から構成されていた。

マスケット銃を持ったバッカニア（出典：Earle, 1981.）

一六〇五年、スペイン政府は、同島のスペイン人植民者がカリブ海に侵入する外国人と密貿易を行うことへの懸念から、島の北部と西部から植民者を強制的に退去させた。スペイン人が去った後に侵

FROM EXQUEMELIN'S "HISTOIRE DES AVENTURIERS," TREVOUX, 1744

**バッカニアたちの用いた船**　右下がバーク船、左下がブリガンティン船（出典：Haring, 1910/1966.）

入してきたのが、これらヨーロッパから来た流れ者たちであった。彼らは、スペイン人が島に残し野生化していた牛や豚を狩ると、その肉や皮革を来航するオランダ船などに提供し、かわりに火薬や酒を入手した。なお、「バッカニア」という名前の由来は、彼らが先住民から学んだ肉の燻製を作る場所、あるいはその際に使う木製の肉焼き網を指す「ブカン」という語に由来すると言われている。[15]

　元はハンターであったバッカニアがなぜ掠奪に手を染めるようになったのか、正確なところはよく分かっていない。フランス系の者たちについては、一説には一六三〇年代後半のスペイン当局によるバッカニアの掃討作戦が彼らをしてスペイン人相手の掠奪に駆り立てるきっかけになったとも言われている。理由はともあれ、彼らは次第にハンターから掠奪者集団へと転化していった。その後、さらに脱走した年季奉公人や元兵士などもこれに加わっていく。この年季奉公人とは、一定期間後の解放を条件に、農場などで半不自由労働力として使役されていたヨーロッパ系の労働者である。契約期間が定まっているため奴隷とは異なるが、期間中は酷使されることも多かったので逃亡する者も少なくなかった。バッカニアの集団はこのような脱走者の受け皿にもなったのである。

これらの人々を加えてバッカニアの勢力は拡大していった。彼らは徒党を組み、当時バークと呼ばれていた三角帆を張った一本マストの快速船や、二本マストのブリガンティン船を操り、狩猟生活で鍛えたマスケット銃の腕前を活かして、近海を行き交うスペイン船を襲撃した。[16] 後には海上での掠奪に留まらず、上陸してスペイン人植民者の町を襲うようにもなった。

このバッカニアの共同体の特徴としてしばしば指摘されるのが、その「民主的平等主義的」傾向である。当時の軍艦や商船では、艦長や船長が乗組員に対し処罰の権限を含む強力な権限を有していたが、それと比べるとバッカニア、とくにその初期の共同体では、船長とその他の乗組員ははるかに対等な関係にあった。その特徴の多くは四章で見るスペイン継承戦争後の海賊とも重なるので詳細は後に譲るが、例を挙げるならば、全体に関わる決定は多数決で決める、戦利品の分配の際の船長と他の乗組員の格差が海軍よりもはるかに小さいといった点である。[17] バッカニアを含め、十七世紀後半の掠奪者の共同体がなぜこのような特徴を持つに至ったかについては、そこに十七世紀半ばの内戦期のプ

**地図5**　十七世紀後半のカリブ海

ロテスタント急進主義思想の影響を示唆するクリストファー・ヒル説や、操船のための共同作業に慣れ親しんでいた水夫たちの共通の慣行に由来するとのヤン・ロゴジンスキー説など、諸説がある。今のところ後者の説が最も説得的であるが、いまだ決定的と言える説はないのが現状である。[18]

さて、この初期のバッカニアの中心的拠点の一つであったのが、イスパニオラ島の北西沖に位置するトルトゥーガ島（「トルトゥーガ」とはスペイン語で「亀」の意）である。この島には、スペイン人に追われてカリブ海の小アンティル諸島から移ってきたフランス人やイングランド人が一六三〇年頃までに住み着き、タバコ栽培などに従事していた。やがて島は、多数派となったイングランド系住民の要請で、イングランドの対スペイン強硬派のピューリタンがカリブ海や中米で植民・掠奪活動を行うために一六二九年に設立したプロヴィデンス島会社の統治下に置かれる。同社は数年の間、島を支配したが、スペイン人の攻撃や住民の流出により統治は難航した。

かわりに進出したのはフランス人である。一六四〇年、フランスのユグノー、フランソワ・ル・ヴァスールは、仏領西インド諸島の総督のドゥ・ポワンスィの命を受け、イングランド人よりトルトゥーガ島を奪った。そして防備を固めると、襲来したスペイン人を撃退して同島に地歩を固めることに成功した。以後、トルトゥーガ島（フランス語では「ラ・トルチュ」）は、一時的にスペイン人やイングランド人に奪い返されることはあったものの、基本的にはフランスの統治に服することになった。さらに一六六五年、ドジェロン総督が赴任すると、その支配のもとでフランス人の勢力はイスパニオラ島の北西部や南東部のプティ・ゴアヴにも及んでいった。フリビュスティエ（バッカニア）たちは、フランス人の統治下にあったこのトルトゥーガを補給や掠奪品を処分するための基地として利用した。やがてその中からは、一六六六年のマラカイボの掠奪で名高いフランソワ・ロロノワ（ロロネ）ことジャン゠ダヴィド・ノーをはじめとして、著名な掠奪者が現れたのだった。[19]

## ジャマイカとバッカニア

一六六〇年代にこのトルトゥーガと並ぶバッカニアの中心拠点となり、のちにはそれを凌《しの》ぐまでに至ったのが、カリブ海の英領ジャマイカである。もとはスペイン領であったこの島がイギリス領になったきっかけは、十七世紀半ばのオリヴァー・クロムウェルの採った対スペイン政策にあった。内戦を経て護国卿として権力を掌握したクロムウェルは、第一次英蘭戦争の終結後、フランスとスペインのいずれを敵に回すかという選択を迫られたが、結局後者との対立を選んだ。この反スペイン政策の延長線上に現れたのが、陸海軍の遠征隊をアメリカに派遣し、スペインの富の源泉と目されていたその植民地を攻撃するという、いわゆる「西方計画」である。

一六五五年、この計画に基づき、ウィリアム・ペン提督（ペンシルヴェニアの創設者ウィリアム・ペンの父）とロバート・ヴェナブルズ将軍が指揮する遠征隊がカリブ海に派遣された。目的地は、スペイン領カリブ海植民地の中心地の一つエスパニョーラ島である。遠征隊は島の中心都市サント・ドミンゴの攻略を目指したが、スペイン側の抵抗は激しく、また陸海軍の連携の失敗や疫病の蔓延もあって、作戦は千人近い犠牲を出して失敗に終わった。当初の目標を断念した遠征隊が次に目を付けたのが、ジャマイカである。この島はカリブ海のスペイン領の中では重要性が低く、防備も相対的に手薄であった。その狙いは当たり、遠征隊はさしたる抵抗にも遭うことなく島の当時の中心都市ビージャ・デ・ラ・ベーガを占拠した。こうしてイングランドは、のちの十八世紀にカリブ海の英領植民地の中核となるジャマイカを手中に収めたのである。[20]

しかし、カリブ海の中心に位置するこの島がイングランドの手にあるということは、スペイン側にとっては己の植民地帝国の喉元にナイフを突きつけられているにも等しかった。そのため、スペイン側は島を取り戻す好機を虎視眈々と狙っていた。スペイン人はイングランドによる占領後も数年間は島内でゲリラ的抵抗を続けていたほか、一六五七年から五八年にかけては、失敗に終わったものの遠征隊を幾度か島に送り込んでいた。一方、これに対するイングランド側の防衛体制は、はなはだ心もとない状態にあった。遠征に従事した三十隻を数えるイングランド艦隊は、征服後数年で大半が本国に戻り、最後まで残っていた二隻も一六六〇年には必要物資の不足から本国に帰還してしまった。こうしてスペイン人の脅威にもかかわらず、揺籃期のジャマイカは無防備とも言える状態に置かれていたのである。

このような状況下で、エドワード・ドイリーら初期のジャマイカ総督が頼ったのが、バッカニアたちであった。総督は彼らに拿捕認可状を発行して私掠者として活用することで、植民地の防衛力を確保しようと試みたのである。その結果、イングランドのみならず様々な国からバッカニアが集まり、これに除隊した兵士も加わってスペイン人相手の掠奪に励んだ。やがて彼らはスペイン領の都市や町へのより大規模な掠奪にも着手するようになる。[21]

その後、一六六〇年の王政復古によりイングランドでスチュアート朝の復位が実現すると、王位についたチャールズ二世はスペインとの間に和平を結ぶ。しかし、この和平も、ヨーロッパで締結された和平条約が必ずしも適用されない地域という意味で、「境界線の向こう側」と形容されていたカリブ海や南米沿岸部では遵守されず、バッカニアによるスペイン領の襲撃は続いた。その背景には、イングランド本国やその植民地におけるスペイン領の掠奪を支持する勢力の存在があった。イングランドでは王政復古の立役者の一人である初代アルビマール公ジョージ・モンクら有力な対スペイン強硬派が存在し、バッカニアの活動を容認していたのである。また本国や植民地の商人の中にも、スペイン領との公式の貿易を認めないスペイン人に対し、圧力を加え続けることで貿易を認めさせるべしと主張する声もあった。

これらの支持を背景に、ジャマイカの植民地当局は和平後もバッカニアに拿捕認可状を与え、その掠奪を後押しした。しかし、このような方策は当然両国の間に摩擦を生むことになった。そのためアーリントン伯などイングランド宮廷内の親スペイン派は、植民地総督に掠奪を抑制するよう圧力をかけた。この本国における反スペイン派と親スペイン派の対立を反映して、以後の歴代ジャマイカ総督の政策は、掠奪の抑制と活用の間を振り子のように揺れ動くことになる。

一六六四年にはジャマイカの新総督として、サー・トマス・モディファドが任命される。彼は私掠の抑制とスペイン領との良好な関係の維持に努めるよう本国から指示されており、当初はそれに従って掠奪に出ていたバッカニアたちの呼び戻しを図った。しかし、ジャマイカの現状を悟ったモディファドは、まもなく方針転換を余儀なくされる。私掠者として用いなければ、バッカニアたちは仏領トルトゥーガや蘭領クラサオ（キュラソー）に移り、ジャマイカへの敵対行為に加担する危険性があったからである。一方、彼らを味方につければ植民地の防衛力として用いることが期待できた。モディファドの後援者であるアルビマール公が認可状発行を容認していたことも、このような方針転換を後押しした。こうして島の守り手となることを期待されたバッカニアたちは、ジャマイカ総督の拿捕認可状をもとに掠奪を続行できたのである。[22]

バッカニアの掠奪活動は、揺籃期のジャマイカ植民地にとっては経済的にも重要性を持っていた。十七世紀末から同島では砂糖プランテーションが発達していくが、それ以前はスペイン領との密貿易とともに、掠奪もまたジャマイカにとっての重要な収入源だったのである。とりわけその恩恵を受けたのが島の中心都市ポート・ロイヤルである。ポート・ロイヤルは酒場や売春宿が林立する荒くれ者の町として描かれることも多いが、この町は一六六〇年以降、活発な経済活動が行われる商業センターとしても発展していった。一六七〇年代初頭で二千人を超えていた人口の多くは年季奉公人であったが、それ以外にも商人、水夫や漁師、大工や桶屋などの職人、商店主、医者といった様々な職種の人々が居住していた。町に三つあった市場では食品や海産物が売買されたほか、鼈甲《べっこう》や象牙、ピューター（シロメ）を用いた工芸品の製作も行われていた。また、商人などの富裕層は本国からロンドンの流行りの衣類を取り寄せることもできた。[23]

この初期のポート・ロイヤルの経済活動とバッカニアの掠奪は、切っても切れない関係にあった。掠奪は、通貨として重要であった銀貨のほか、銀の延べ板、宝石、それにココアやインディゴ、砂糖、染料の材料となるログウッドなどの植民地物産を安価に供給したからである。[24] 当時のポート・ロイヤルについて詳細な研究を行ったポーソンとビュイセレは、商人など町の有資産層の多くは投資や拿捕された船舶の買い取りを通じて、直接的間接的に私掠活動に利害を有していたと推測している。また、後述するポルト・ベロやパナマの掠奪でもたらされた捕獲物の多くは、最終的には本国や北米植民地など他の英領植民地に流れていった可能性が高いことも示唆している。このような本国での掠奪品の販売利益は、ジャマイカがその多くを輸入に頼っていた食料や酒、海事物資、諸々の日用品や奴隷労働力などの支払いに充てられたと考えられている。[25] このように、バッカニアの掠奪は対スペイン領密貿易とともに、初期のポート・ロイヤルの繁栄を支えたのである。

## ヘンリ・モーガンの登場

やがて、このジャマイカのバッカニアの中から新たなリーダーが登場する。ヘンリ・モーガンである。その生い立ちについては諸説あるが、バッカニアに同行したフランス人医師アレクサンドル・エクスキュムラン（エスケメリン）が一六七八年に出版した『アメリカのバッカニア』では、モーガンは裕福な農夫の息子であったが、農作業を厭《いと》ってバルバドスに渡りそこで年季奉公人として売られたということになっている。[26] これに対しモーガンの伝記を記したクルックシャンクは、モーガンは多数の軍人を輩出したウェールズ南部のジェントリの家系の出身であるとの説をとっており、おそらくは西方計画の際に兵士としてジャマイカに来たと推測している。[27] いずれの説が正しいにせよ、カリブ海に渡ったモーガンはやがてスペイン人相手の掠奪に従事するようになり、バッカニアの間で次第に頭角を現していった。[28]

サー・ヘンリ・モーガン（1635年頃～1688年）

この頃ヨーロッパでは、外交情勢が変化しつつあった。スペインはフランスに対抗するための味方を求めてイングランドに接近し、一六六七年九月に両国間の友好を謳うマドリード条約を締結する。ところが、イングランド側はこの条約をヨーロッパにのみ適用されるものと解釈して、ジャマイカでは公布しなかった。また、

モーガンのパナマ攻撃（1671年）

ジャマイカの植民地当局もスペイン側がイングランドによるジャマイカ領有を認めていない以上、スペイン人がアメリカでの和平を遵守する保証はないとして条約の実効性には懐疑的であり、バッカニアによるスペイン領の掠奪を引き続き容認したのであった。一六六七年末、モディファド総督は当時噂されていたスペイン人のジャマイカ侵略計画の情報を得るとの名目で、モーガンにスペイン船の拿捕を許す認可状を発行する。これを受けてモーガンは、翌年の七月、五百人近くのバッカニアとともに出港し、パナマ地峡のポルト・ベロを襲撃して、多額の掠奪品と身代金を獲得した。

先の条約締結にもかかわらずこのような遠征が強行されたことに対し、在ロンドンのスペイン大使は猛烈に抗議した。しかしイングランド側は、逆に自国民が過去にアメリカでスペイン人から受けたとされる被害を列挙して、今回は痛み分けにすることを提案した。そして、同様の問題の発生を防ぐためにアメリカも対象とする新たな条約締結の必要性を示唆する一方、大使が強く求めていた掠奪品の返還には応じようとはしなかった。[29]

このようにヨーロッパで交渉が行われている間も、カリブ海ではバッカニアによる掠奪が続いていた。一六六九年三月、トルトゥーガのフランス人も加わり八百人あまりに膨れ上がった手勢を率いて、モーガンは現在のベネズエラのマラカイボ湖北西に位置するスペイン領の主要都市の一つであるマラカイボへの遠征を敢行した。一行は町の掠奪には成功したものの、スペインの軍艦や守備隊により外海に出る経路を断たれかけ、窮地に陥った。しかし、火船の使用など巧みな計略により湖から脱出し、戦利品とともにジャマイカに凱旋したのだった。帰還のわずか数日前、ジャマイカでは本国のアーリントン伯からの命令でスペインに対する敵対行為の停止が宣言されていたが、時すでに遅しであった[30]。

## 変わる風向き

いっこうに収まらないバッカニアの掠奪に業を煮やしたスペイン側は、一六六九年四月、ついに強硬手段に訴える。当時、病弱の国王カルロス二世に代わり摂政として権力を握っていた王太后マリア・アナが、報復としてイングランド船の拿捕と英領植民地への攻撃を自国植民地に許可したのである。これに応じてスペイン側の私掠者がイングランド船数隻を拿捕したほか、一六七〇年六月から七月にかけてジャマイカの各所に上陸して民家を焼き払った。一方、ジャマイカ側も対抗措置を取る。モディファドはモーガンをジャマイカ防衛のために出撃する全船舶の総指揮官に任じ、スペインの植民地と船舶の攻撃を命じたのである。こうして本国では和平が続いているにもかかわらず、カリブ海では対立が先鋭化していった[31]。

一六七〇年八月、モーガンは十一隻の船と六百名からなる遠征隊を率いてジャマイカを出発する。途中で他の英領植民地からの参加者や、トルトゥーガからの五百人あまりのフランス人勢も加わり、船の数は三十八隻、人員も二千人を超えるまでに膨れ上がった。この頃、アメリカ植民地も対象とするスペインとの和平条約が結ばれたとの噂が伝わっていたため、モーガンは本国から中止命令が届く前に遠征の実行を急いだ。今回の標的は中米の要衝パナマである。パナマにはスペイン領から集められた大量の貴金属が収蔵されていたが、町はパナマ地峡の反対側の太平洋岸にあったため、その襲撃は難しいと考えられていた。モーガンが計画したのは、困難だが成功すれば多額の戦利品を期待できるこの町の攻略であった。

手勢を増やし、十分な兵力を得たモーガンは、十二月、パナマ目指して出発する。この遠征の様子は随行したエクスキュムランによって『アメリカのバッカニア』の中でも詳述されている。まず一行はパナマ地峡に向かう途中で、スペイン人に奪還されていた中米の元英領のプロヴィデンス（サンタ・カタリーナ）島に立ち寄りこれを占拠した。その後、パナマ地峡のカリブ海側から上陸すると、チャグレス河口にあるサン・ロレンソ砦の攻略にとりかかる。砦の防備は固く、一行は苦戦を強いられたが、スペイン側にとっては不運な大砲の爆発事故も重なり、どうにかこれを陥落させた。次に目指すはパナマ市である。一行はチャグレス河を小船で遡上、途中からは徒歩に切り替え、飢えとスペイン側の待ち伏せに苦しめられながら密林の中を一週間あまり行軍し、町のある太平洋岸に到達した。

そこで待ち受けていたのは、町の近郊の平原に陣を張るスペイン人守備隊との対決であった。しかし、多くが戦闘に不慣れで装備も貧弱であった守備隊は、百戦錬磨のバッカニアたちの敵ではなかった。首尾よく守備隊を撃破したモーガンたちは、抵抗する残存部隊を掃討しながら町を制圧する。退却の際、スペイン人が火薬庫に火を放ったこともあり、戦闘終結時には町の大半は廃墟と化していた。次は戦利品の捜索である。金銀などパナマ市民の富裕層の財産の多くは、この時までに船で町から運び出されていた。しかし、市内やその周辺部には住民が隠した財産が残っていたため、バッカニアたちは時に捕虜を拷問してその在りかを炙《あぶ》りだしていった。

四週間余りの占領と捜索の後、一行は灰燼《かいじん》に帰したパナマを後にした。遠征は軍事的には成功であったが、利益の面では不満足な結果に終わった。参加者一人当たりの取り分は、推計によっても異なるが、十五から十八ポンド程度に留まった。これは先のポルト・ベロ遠征やマラカイボ遠征の時の取り分を下回る額である。労苦の割に報酬が少なかったことから、参加者の中には戦利品の見積もりや分配の際の不正を疑う者も少なくなかった。[32]

ちょうどこの頃、本国では対スペイン政策に変化が起こりつつあった。対スペイン強硬派でモディファドの後援者でもあったアルビマール公が一六七〇年はじめに死去し、かわりに親スペイン派のアーリントン伯が影響力を増しつつあったのである。このような変化を背景に、イングランド政府はスペインとの再度の融和を図り、アメリカも対象地域に含むスペインとの新条約の交渉に入っていた。その結果、一六七〇年七月には英西間でアメリカ条約が締結され、スペイン側はイングランドがアメリカで現在保有している植民地を容認するかわりに、イングランド側は敵対行為の停止と私掠認可状の取り消しに同意したのであった。

モーガンのパナマ掠奪は、両国の友好を謳うこの条約の意図を無にするものであった。そのため、スペイン側はイングランド政府を激しく非難する一方、報復のために遠征隊をカリブ海に派遣することまで検討した。さらなる対立を望まぬイングランドのチャールズ二世は、スペイン側の怒りを宥《なだ》めるべくモディファドやモーガンを処罰することを余儀なくされた。遠征隊が帰還する前の一六七〇年九月には、すでにモディファドに代えアーリントンの後援を受けたサー・トマス・リンチが新総督に任命されていたが、翌年一月に彼が着任すると、モディファドは逮捕され本国に送られてロンドン塔に幽閉された。

しかし、これはスペイン政府に向けたポーズに過ぎなかった。実際にはモディファドはそれ以上の処罰を受けることはなく、のちに植民地の首席判事としてジャマイカに舞い戻った。一方、モーガンも本国に送還されたが、こちらも処分されるどころかサーの称号を授けられ、さらにバッカニアの統制に用いたいとの王権の意図もあり、一六七五年に副総督としてジャマイカに返り咲いたのである。[33]

## バッカニアの落日

実質的な処罰は受けなかったとはいえ、モディファドとモーガンの処分は、イングランド政府とジャマイカ植民地当局のバッカニアに対する態度の転換を示す出来事であった。先に見たように、ジャマイカがいまだ不安定な状態にあった時分には、ジャマイカ総督は防衛力として彼らを積極的に利用し、本国政府もそれを半ば容認していた。しかし、本国で親スペイン派が台頭し、スペインとの融和路線がとられるようになると、ジャマイカ総督に対しバッカニアによる掠奪の取り締まり強化が命じられるようになったのである。

ジャマイカを取り巻く経済状況も変化していた。すでに述べたように、バッカニアの掠奪は、対スペイン領密貿易とともに銀貨や様々な商品を揺籃期のジャマイカにもたらし、ポート・ロイヤル商人の貴重な収入源となっていた。掠奪はまた植民地の持続的発展にも貢献した。経済史家ヌアラ・ザヘディーアが強調するように、少ない元手で始められる私掠は、ジャマイカがその発展に必要な資金を本国からの投資に頼らず自前で得ることを可能にしたのである。ポート・ロイヤル商人が掠奪や密貿易を通して得た資金の一部は、やがて砂糖プランテーションにも投資された。この時期の掠奪や密貿易についてはは断片的な史料しか存在しないため、実際にどの程度の金額がプランテーションに投資されたかは定かではない。しかし、一六六四年から七〇年の時期のポート・ロイヤル商人の財産目録に基づく調査は、判別している限り五百八名の商人の半数以上の二百七十五名が農地を購入していることと、ポート・ロイヤルの住民がプランター（農園主）への主要な貸し手となっていたことなどを明らかにしている。また、当時のジャマイカの名士録一覧からは、モーガンのように元バッカニアの中にも農場主となった者がいたことが分かっている[34]。

一部はこのような掠奪によって得られた資金を基にして、砂糖プランテーションがポート・ロイヤルの後背地に発達すると、やがて大農園主を中心とするプランター利害集団が登場する。これら農園主の中には元バッカニアや商人も含まれていたが、その利害はポート・ロイヤルの商人層とは必ずしも一致しなかった。プランテーションの発展に伴い、彼らは掠奪活動を、砂糖輸出を妨げ農業労働力の流出をもたらすものとして厭うようになったからである。また、本国や植民地の商人の中でも奴隷貿易など対スペイン領貿易に関わる者は、スペイン人との関係悪化を引き起こす私掠よりも、むしろ密貿易を通して安定した利益を得ることを好むようになっていた。こうして、ジャマイカ植民地人や同島に利害を有する本国人の間には、掠奪のもたらす利益よりも、その弊害を懸念する声が強まりつつあったのである。

このような本国や植民地での政治的経済的状況の変化を背景に、リンチ総督やその後任のヴォーン総督は、本国からの命を受けてバッカニアの呼び戻しを図り、従わない者は海賊とみなしてその取り締まりに努めた。もっともこの政策がすぐさま功を奏したわけではない。一時バッカニアの取り締まりに消極的な総督が任命されたこともあり、一六七〇年代後半にはジャマイカの掠奪活動は再び息を吹き返した。しかし、一時的な揺り戻しはあったものの長期的趨勢は変わらず、ジャマイカを拠点とするバッカニアの平時の掠奪活動は一六八〇年代に入ると徐々に衰退していった。

この時期に副総督としてジャマイカに戻っていたモーガンが、どれだけ真剣にバッカニアの取り締まりに従事したかは疑わしい。ヴォーン総督はモーガンが昔の仲間や仏領のドジェロン総督と密かに結んで掠奪の分け前を得ているのではないかと疑っていたが、その疑念に根拠がなかったとは言い切れない。しかし、モーガン自身がジャマイカに土地を得て農園主になっていったこともあり、もはや掠奪を積極的に支援する理由を失いつつあった。そして一六八二年にリンチが総督に再任され、それに伴う政争での敗北により政治的影響力を失うと、モーガンは以後はもっぱら農園経営に専念したのであった。彼は長年の不摂生がたたって一六八八年に死去するが、その時までには三つの農園と百人以上の奴隷、それに小さな書庫まで所有する裕福なプランターになっていた。[35]

このようなモーガンの転身は、掠奪から砂糖生産（および対スペイン領密貿易）という、ジャマイカ植民地がたどった発展の過程の一面を体現するものであったと言える。なお、モーガンが死去した四年後の一六九二年には、ジャマイカは大地震に見舞われポート・ロイヤルの市街地の大半が水没するという憂き目にあった。その後、再建の試みもあったが、ポート・ロイヤルはバッカニアが闊歩していた往時の栄華を取り戻すことはなく、ジャマイカの中心都市の座を近郊のキングストンに譲りわたしたのであった。

## 3　変わりゆく掠奪

### 「南海者」たち

こうして一六八〇年頃までに、バッカニアがジャマイカを基地として、ヨーロッパでの和平を無視してカリブ海で掠奪活動を続けることは困難になっていった。

そのため彼らの中には、かわりに密貿易や、カンペチェ湾やホンジュラス湾でのログウッド伐採に従事する者も現れた。一方、掠奪を続けたい者は、イスパニオラ島のプティ・ゴアヴやトルトゥーガなどのフランス領やデンマーク領セント・トマスといった他国の植民地か、あるいはこの時期には英領植民地の中では周縁的な存在であったバハマやカロライナに拠点を移した。そのような掠奪者の中には植民地総督が発行した拿捕認可状を所有する者もいた。しかし、そういった認可状はしばしば有効期限が切れているか、あるいは本国が有効性を認めていないものであったため、彼らの掠奪は多くの場合、実質的には海賊行為であった。このようなグレーゾーンの掠奪に対し、イングランド本国政府は特赦の発行や軍艦の派遣などを通じてその取り締まりに努めたが、効果は一時的であった。[36]

一六八〇年代になると、イングランド系やフランス系バッカニアの中には太平洋岸に活動場所を移す者も現れた。太平洋岸のスペイン領は、カリブ海側より防備が手薄で襲いやすいと考えられていたのである。

「南海者」と呼ばれたこれらの掠奪者の活動の例としては、ジョン・コクソンやリチャード・ソーキンズ、バーソロミュー・シャープらによる一六八〇年から八二年にかけての掠奪航海が挙げられる。この遠征では、一行はパナマ地峡を徒歩で横断して太平洋岸に出て、スペイン領の町やスペイン船を襲ったのちカリブ海に帰還した。その後、八〇年代後半にも、バッカニアの船やロンドンから送り込まれた密貿易船が次々と太平洋岸に侵入し、離合集散を繰り返しながらスペイン領を荒らしまわった。このような掠奪の多くは、認可状なしに行われる純然たる海賊行為であった。そのため掠奪者が英領植民地に戻った場合、逮捕を覚悟しなければならなかった。先のシャープの一行の場合も、航海から戻った後、カリブ海の英領植民地には表立っては入港できず、カリブ海各地に散っていくことを余儀なくされたのだった。[37]

このように、一六八〇年代からバッカニアの一部は太平洋岸に猟場を移しつつあったが、カリブ海側でその活動が見られなくなったわけではない。とくにイスパニオラ島など仏領植民地に拠点を置くバッカニアは、八〇年代にも依然として活発に活動していた。

バッカニアたちの最後の大舞台は、九年戦争末期の一六九七年のフランスによるカルタヘナ遠征である。この年、フランスは当時敵国であったスペインの植民地の都市で現在のコロンビアにあるカルタヘナを攻撃するため、ドゥ・ポワンティ男爵指揮下の仏海軍艦隊を、四千人の人員とともにカリブ海に派遣した。ここに、デュ・カス率いるフランス系バッカニアおよそ千百人が加勢したのである。

町は堅固な城塞を備えていたが、仏海軍とバッカニアの激しい攻撃を前に陥落した。ところが両者の間には掠奪品の取り分をめぐって諍いが発生する。バッカニアの流儀に従い平等な分配を要求するデュ・カスらに対し、ドゥ・ポワンティは海軍の規則に基づく分配を命じた。しかし、これはバッカニアたちの取り分を著しく減らすものであったため、その憤激を引き起こした。その場は首領であるデュ・カスのとりなしでどうにか矛を収めたものの、怒りが収まらぬバッカニアの中には海軍の出発後に再びカルタヘナに舞い戻って掠奪を行う者もいた。このことからも窺えるように、バッカニアがカリブ海の軍事行動で中心的役割を果たす時代は終焉を迎えつつあったのである。[38]

## 海軍の発展と変わりゆく海戦

一六七〇年代以降、カリブ海でバッカニアの活動が徐々に衰退していくのと並行して、イングランドの海上の軍事力には変化が起こりつつあった。海軍の持続的発展と、それに伴う公私の軍事力の分離である。一章で見たように、エリザベス期には海軍という公的セクターと民間セクターの境界は曖昧であった。海戦では民間の船舶も重要な戦力であり、一五八八年のアルマダ海戦の際にも武装商船が多数動員された。しかし十七世紀半ば以降、このような海戦における海軍と武装商船の共闘はまれになり、両者は明確に役割分担をするようになる。その主な理由の一つは軍艦と商船の構造上の分離、およびそれにともなう新戦術の採用であった。[39]

海軍史家のロジャーによれば、このプロセスは従来考えられていたよりも複雑かつ漸次的なものであった。その過程で重要であったのは、操帆装置の発展に加え、船舶の武装の変化である。十五世紀末から地中海のガレー船が船首に砲を積んで武装するようになると、イングランドを含む北方ヨーロッパ諸国もその対抗手段を模索する。その結果イングランドでは十六世紀後半までに、船の舷側（側面）に多数の砲を備えた戦闘用艦船が登場した。もっとも当初は、主力の砲は船首や船尾のものであって、舷側の砲はあくまで補助的なものとみなされていた。またアルマダ海戦のような例外はあるものの、基本的には海戦の最終目標は、敵船に乗り込み、白兵戦で相手を制圧することであった。

ところが十七世紀に入り軍艦が大型化すると、船首に主力の砲を据えることが困難となり、かわりにいまや数層に分かれた甲板の両側の舷側に配備された砲の重要性が増していく。この軍艦の新たな構造上の特徴を生かすべく、十七世紀半ばには「戦列（単縦列）」戦術が編み出された。これは、各艦船が縦一列に並び敵艦隊の縦列に接近し、すれ違う際に舷側の砲を相手の縦列に向け一斉に放つ（舷側斉射）というものである。

このような軍艦の構造や戦術の変化は艦隊の構成も変えていった。敵船への乗り込みにかわり単縦列を形成しての舷側斉射が中心戦術になると、戦闘用に建造された多数の砲門を備えた軍艦、とくに、のちに「戦列艦」とよばれるようになる砲九十門以上を擁する一級艦から五十門前後を有する四級艦までの大型艦が海戦の主力になっていく。また、十七世紀半ばの共和制期には、新体制防衛の必要性から海軍の規模も急速に拡張した。一六四九年には三十九隻に過ぎなかった軍艦数は、王政復古後の一六六〇年までには百五十六隻に増加しており、そのうち少なくとも七十五隻が四級艦以上の大型艦であった。[40]

このような戦術や艦隊構成の変化に伴い、艦隊戦における武装商船の軍事的重要性は低下していく。一六二〇年代後半のスペインやフランスとの紛争においては、民間の船舶は王室所有の軍艦とともにいまだ戦力の重要な一翼を担っていた。しかし、十七世紀半ば以降、軍艦と商船の分離が進み、また戦列戦術の採用により砲数が艦隊戦の勝敗を決する重要な要因になると、火力で劣る武装商船が艦隊戦で果たしうる役割は少なくなっていった。

また、武装商船の側でも、戦術の変化に伴い船舶（船長自身もしばしばその所有者の一人であった）が被害を受ける危険が増し、また当時は自弁であった武装のコストも増大すると、敵艦相手の戦闘への参加を躊躇するようになった。そのため武装商船はもっぱら敵商船に対する通商破壊戦か、護衛などの防衛的役割を担うようになった。こうして、十七世紀末までには海戦の主体は軍艦、とくに戦列艦になり、武装商船の役割は副次的なものになっていたのである。[41]

もっとも、このような変化の影響をまず受けたのは、主力艦隊が守りを固める本国やその周辺海域であって、アメリカ海域ではいくらか状況は異なっていた。艦隊規模が飛躍的に拡大したとはいえ、大西洋を隔てたアメリカ植民地に派遣される軍艦の数は少なく、その防備は相対的に手薄にならざるを得なかった。そのため本章でも見たように、カリブ海植民地では十七世紀後半でもバッカニアの船のような武装商船がいまだ重要性を持ちえたのである。

ところが十七世紀も終わりに近づくとこの状況は変化する。ジャマイカの場合、一六六〇年には軍艦数はいったんゼロになるが、その後は派遣される軍艦数は徐々に増加し、一六七〇年代後半になると通常は三隻が恒常的に駐留するようになった。[42] このように軍艦がカリブ海域に一定数常駐するようになったことは、植民地やその貿易の防衛体制を大幅に改善すると同時に、防衛力としてのバッカニアの役割を減じていったのだった。

すでに述べたようにバッカニアの活動の規制をもたらした直接的原因は、それが外交や貿易の妨げになったということであった。しかし、海軍力の拡張にともないバッカニアの利用価値が減ったこともまた、規制を容易にした要因だったのである。ただし、バッカニアによる掠奪の規制が、掠奪行為全般の禁止を意味するわけではないことには注意すべきである。取り締まりの対象になったのは、あくまでヨーロッパでの和平を無視して平時に行われるグレーゾーンの掠奪や違法な海賊行為であって、一定の法的縛りの中で行われる戦時の私掠は、合法的掠奪として以後もカリブ海で存続し、植民地からの水夫流出を防ぐ意図もあって、時には政府から奨励すらされたのである。[43]

こうしてジャマイカは、十八世紀にもカリブ海における私掠の中心基地であり続けた。一方、グレーゾーンの掠奪や違法な掠奪の拠点は、次章で見るように、当時英領植民地の中では周辺的存在であった北米北部・中部植民地に移っていったのだった。

# 第三章　グローバル化する掠奪

## ——紅海者の活動

前章で見たように、十七世紀後半から、ジャマイカを拠点とするバッカニアによるカリブ海での平時の掠奪は困難になっていった。それにつれ掠奪者の拠点もカリブ海の仏領植民地などに移り、活動場所も南米の太平洋岸へと移っていく。その後、一六九〇年代になるとイングランド系掠奪者の活動はさらに拡大する。掠奪者たちは北米諸都市を拠点として、はるばるインド洋や紅海に赴いて掠奪を行うようになったのである。

こうして掠奪の範囲はまさにグローバルな規模になった。しかし拡張したのは掠奪だけではない。それを捕捉し、統制しようとする法の網の目や政府による取り締まりもまた、その範囲を拡げていったのである。

本章では、このグローバルな規模で範囲を拡げていく掠奪活動を、ヘンリ・エヴリやウィリアム・キッドといった海賊の活動に即して検討した後、海賊に対する本格的な鎮圧作戦が開始する兆候にも目を向ける。

## 1　紅海者と「海賊周航」

一六九〇年代からはじまるインド洋や紅海への掠奪行は、しばしば歴史家によって「海賊周航」と呼ばれている。これは一六九〇年から一七〇〇年頃の間と、一七一〇年代半ばから二〇年代にかけての時期に行われていたが、後者は次章で扱うスペイン継承戦争後の海賊活動の時期とも重なるため、ここでは主に前者の時期について見てみよう。

この第一期の「海賊周航」に従事した掠奪者——その猟場には紅海も含まれていたため「紅海者Red Sea men」とも呼ばれた——が拠点としたのは、ボストン、ニューヨーク、フィラデルフィア、ロードアイランド植民地のプロヴィデンスといった、英領北米北部・中部植民地の諸都市である。掠奪者はこれらの港で装備を整えると、インド洋や紅海を目指して出航した。もっとも北米から補給なしにそこまで行くのは困難であったため、途中、マダガスカルなどを中継基地として利用した。そこで食料の補給や船の修理を行うと、インド洋や紅海へと出撃し、海を行き交うムガル船やアラブ船などを襲い、再びマダガスカルや北米に戻って掠奪品を売りさばいたのである。では、なぜ彼らははるばるインド洋や紅海にまで赴いて掠奪を行ったのだろうか。その背景の一つは、ヨーロッパ人のインド洋世界への進出に伴って起こった貿易のグローバル化であった。

## インド洋世界と東インド会社

一四九八年五月、ヴァスコ・ダ・ガマがムスリムの水先案内人に導かれてインド亜大陸南西部のカリカットに到達する。これがヨーロッパ人によるインド洋進出の嚆矢《こうし》となったことはよく知られているところである。その後ポルトガル人は、ヴェネチア商人が独占していた地中海経由のルートに代わる喜望峰経由の香辛料貿易を開拓すべく、また十字軍的情熱にも駆り立てられ、インド洋へと乗り出していった。このポルトガル人をはじめとするヨーロッパ人のインド洋進出が、一章で見た南北アメリカ大陸への進出と異なっていたのは、インド洋世界にはすでに発達した貿易ネットワークが構築されており、ヨーロッパ人は「征服者」ではなく、あくまで「新参者」としてそこに喰い込んでいく必要があったという点である。

インド洋海域の貿易はモンスーン（季節風）を利用したものであった。インド洋では大陸部での気圧配置の変化に伴い、夏には南西や南東の風が、冬には北西や北東の風が定期的に吹く。その風を利用してインド洋を東西に船が行き交い、東からは東南アジアやスリランカの胡椒や高級香辛料である丁子（クロウヴ）、ナツメグ、メイス、シナモンを、西からはアラビア半島の乳香や馬、東アフリカの金や象牙、ペルシャ（イラン）の絹織物や絨毯をもたらした。また、インド南東部のコロマンデル海岸や北西部のグジャラート産の綿織物《キャリコ》も主要な商品であった。この交易に従事していたのは、イスラーム、ヒンドゥー教、ジャイナ教、ユダヤ教、アルメニア正教などの各宗教別（さらにはその中の宗派別）、あるいは出身地や血縁ごとに共同体を形成していた商人集団であった。

大西洋世界と比してのこの海域の特徴の一つは、海上交易の直接支配を試みる国家が存在しなかったという点にある。ムガル帝国をはじめとする内陸部に基盤を持つ諸国家は、基本的に貿易を港市の商人集団に任せており、関税さえ支払えばその貿易には干渉しなかった。またマラッカなどの港市国家も商人を引き寄せるために、その活動を過度に規制することには消極的であった。さらにこの海域では、十七から十八世紀半ばにインド南西部のマラバル海岸沿岸で勢威をふるったアングリア水軍のように、現地の有力者が保有する小規模の船団は存在したものの、特定の国家が恒常的に所有する強力な艦隊は基本的には不在であった。[1]これは、ヨーロッパ近海や、ヨーロッパ諸国が海上で抗争を繰り広げていた大西洋とは大きく異なる特徴と言える。

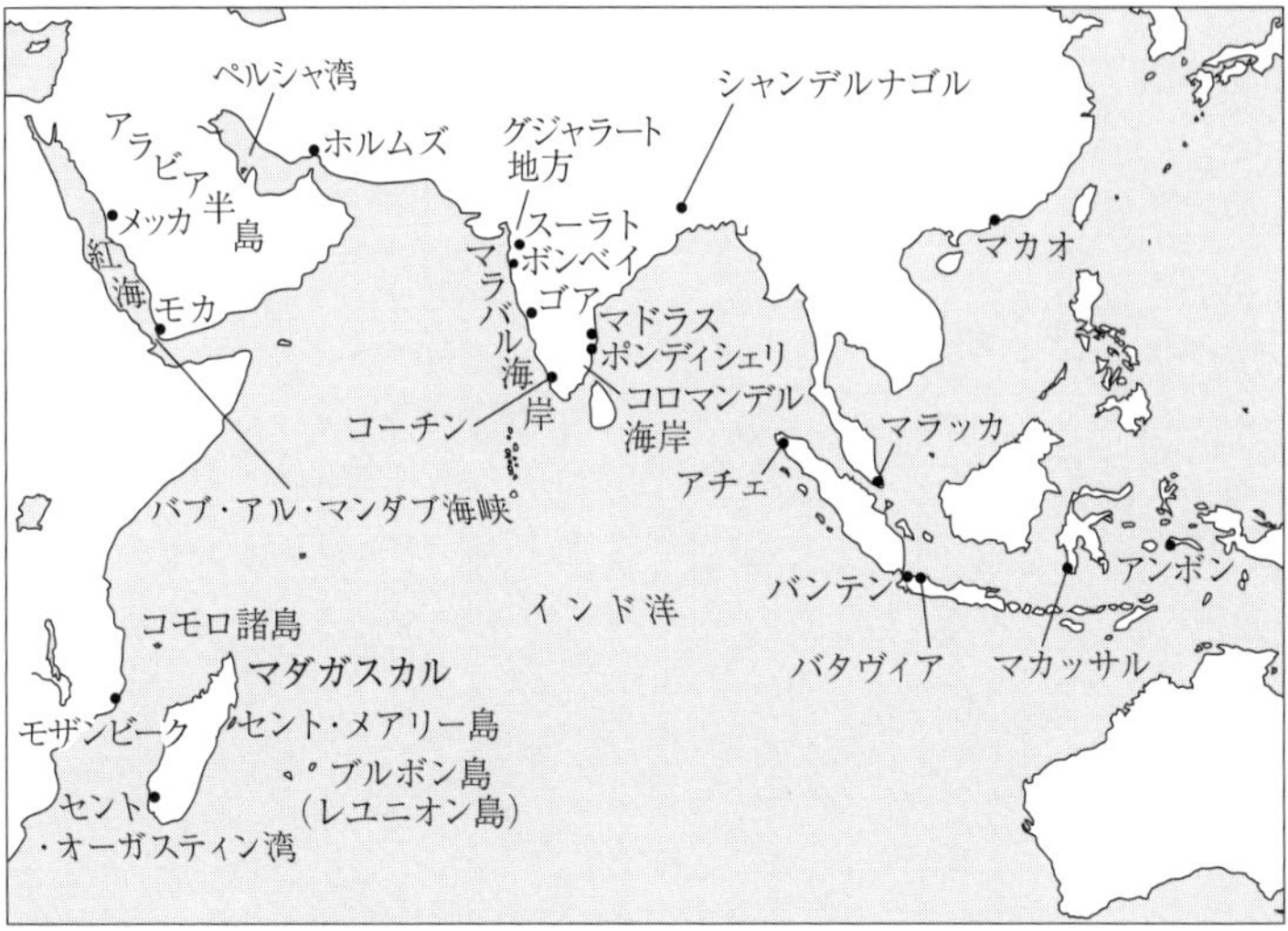


地図6　インド洋海域

　このような交易ネットワークが築かれていたインド洋世界に、ポルトガル人はライバルのムスリム商人を海軍力で威圧しながら進出していった。ポルトガル艦隊は一五〇三年のコーチンでの商館建設をはじめとして、モザンビーク、ゴア、マラッカ、ホルムズなどの諸都市を次々と征服し、各地に商館や要塞を建設した。また、一五五三年にはポルトガル商人がマカオに上陸して住み着き、本国から半ば自立した貿易拠点を築いた。こうしてポルトガルは、公私双方のアクターの活動を通じて、当時「東インド」と総称されていたインド、東南アジア、東アジア各地に拠点を建設し、ブラジルや西アフリカの拠点と合わせて一大海洋帝国を築いたのである。その後十七世紀には、次に述べるオランダ人やイングランド人の進出を前に国家としてのポルトガルの力はインド洋では徐々に退潮していくが、なかば土着化したポルトガル系商人が築きあげた非公式のネットワークはその後も存続した。[2]

次に台頭したのがオランダ人である。オランダ人は当初ポルトガルを通して胡椒などの香辛料を入手していたが、ポルトガルがスペインと同君連合を結び敵国となると、十六世紀末からはポルトガル人を介さずに直接東インドへと赴くようになった。しかし、そのような遠隔地との貿易は巨額の資本を必要としたため、貿易はやがて個人としての商人の共同事業ではなく、より永続的な会社組織の事業として行われるようになった。

当初オランダの東インド貿易では、アムステルダムなどの有力都市が設立した複数の会社が競合していた。しかし、競争による仕入れ価格の上昇や販売価格下落への懸念から各社が統合に同意し、一六〇二年、オランダ・東インド間の貿易独占権を持つ「連合東インド会社（VOC）」、いわゆる「オランダ東インド会社」が誕生する。[3] 同社は香辛料を求めて東南アジアのマルク諸島やバンダ諸島に進出し、その過程で現地の諸国家や諸勢力、それにポルトガル人やイングランド人と熾烈な抗争を繰り広げた。オランダ人は一六一九年にバンテン王国から奪ったバタヴィア（現在のジャカルタ）を根拠地とすると、マラッカやマカッサルを征服して、他のヨーロッパ人を香辛料貿易から排除することに成功した。また十七世紀初頭からインド亜大陸の西南岸や東南岸、アラビア半島やペルシャ湾沿岸にも進出し、先に来ていたポルトガル人と激しい抗争を展開しつつ拠点を確保していった。同社はさらに台湾や日本など東アジアにも進出する。十七世紀初頭に平戸や長崎に商館を建設して日本とも貿易を行ったことは我々のよく知るところである。

同じ頃、イングランド人も東南アジアやインド亜大陸に進出していた。イングランドではレヴァント会社による地中海貿易を通じて香辛料などの東インド産品が輸入されていたが、やがて東インドとの直接貿易を目指す動きが起こり、レヴァント会社関係者が中心となって、一六〇〇年に「イギリス東インド会社」（East India Company 以下、ＥＩＣと略）が設立される。このＥＩＣはオランダ東インド会社と同様に民間の貿易会社であるが、東インド貿易の独占権だけでなく、裁判権や貨幣鋳造権、密貿易船拿捕の権限、さらには現地の支配者と条約を結ぶ権限まで有する一種の政治体であった。このように、それ自体いまだ生成の途上にあった近代的国家と同等の権限を持っていたＥＩＣを、「会社国家」と形容する研究者もいる。[4]

翌一六〇一年、同社は香辛料を求めて早速東南アジアに船団を派遣し、アチェ、バンテンなどに寄港し成功を収めた。しかし、イングランド人の進出はオランダ東インド会社との間に一六二三年の「アンボン（アンボイナ）事件」に代表される激しい抗争を招いた。このような対立もあり、結局ＥＩＣは胡椒貿易は継続するものの、東南アジアで勢力を伸ばすことはできなかった。かわりにイングランド人が目を向けたのがインド亜大陸である。イングランドはすでに一六〇八年にスーラトに船を派遣しており、北西部のグジャラート地方への進出を開始していた。さらにその後はオランダ東インド会社と競合しながら、マドラスを拠点として、十七世紀後半から重要な輸入品になりつつあったキャリコの産地である南東部のコロマンデル海岸にも進出した。

一方、フランスのインド洋海域への進出は英蘭二国よりも遅れたが、一六六四年にはコルベールの肝いりでフランス東インド会社が設立され、ポンディシェリやベンガルのシャンデルナゴルなどに進出した。

このようにポルトガル人に続き、オランダ人、イングランド人、そしてフランス人もインド洋の貿易ネットワークに喰い込んでいった。しかし、注意すべきはこれらヨーロッパ人の活動は、既存の貿易にとってかわるようなものではなかったということである。十六、十七世紀のインド洋海域では、ヨーロッパ人の進出以前から行われていた現地商人による貿易も依然として盛んであった。ポルトガルはこれら現地商人の貿易を統制しようと「通行証《カルタス》」制度を導入し、関税の納付を義務づけ、通行証を持たない船は拿捕した。[5]類似のシステムはのちに英蘭二国によっても導入される。しかし、この時点では、ヨーロッパ諸国には既存の海上貿易網を完全に統制下に収めることは到底能わず、現地商船による貿易はヨーロッパ諸国の課した規制の枠外でも活発に続けられたのだった。

### 英領北米植民地と海賊のつながり

本章で取り上げる十七世紀末の「紅海者」が、紅海やアラビア海、インド洋で襲ったのは主としてこれら現地の商船であった。とくに標的となったのが「モカ船団」と呼ばれるメッカへの巡礼船団である（帰路に、近世にコーヒーの輸出港として栄えたアラビア半島南西部のモカ港から出航したため、こう呼ばれていた）。この船団には、巡礼者のみならず商人も絹織物や綿織物、香辛料や金といった高価な商品とともに随行していたため、掠奪者の格好の餌食になったのである。一方、ヨーロッパ船に関しては、ヨーロッパ人が所有する現地船が狙われることはあったものの、ヨーロッパから直接来航する東インド会社船は通例重武装のため襲われることは稀であった。[6]

「紅海者」にこのような長距離の掠奪行を可能にしたのは、北米からインド洋にまたがる北米植民地

**十七世紀後半のモカ**　陸上にはイギリスやオランダの東インド会社の商館が立ち並んでいる

人の貿易ネットワークの存在である。この時期の北米の英領植民地では植民地の総督や役人が掠奪者を半ば公然と支援していた。たとえばニューヨーク植民地では、ベンジャミン・フレッチャー総督が賄賂や贈り物と引き換えに、当時有名であったロードアイランドの掠奪者トマス・テューらを保護していた。クェーカーのウィリアム・ペンが創設したペンシルヴェニア植民地でも、海賊上がりの人物を娘婿に持つウィリアム・マーカム総督がその庇護者であった。支援者は植民地商人の中にもいた。それら商人は船の艤装を手助けしたり食料などの必需品を用意したりする一方、掠奪者が持ち帰る物品の処分を請け負ったのである。

　このような取引は遠くマダガスカルにまで及んでいた。マダガスカルは、主にマレーあるいはインドネシア系住民とアフリカ南部のバントゥー系住民からなる「マダガスカル人《マラガシ》」と総称される人々が住む島である。十七世紀中葉にはオランダやイングランド、そしてフランスの東インド会社による入植の試みもあったが、いずれも失敗に終わっていた。かわりに十七世紀末から島に入り込んだヨーロッパ系の掠奪者たちは、現地の人々の紛争につけ込み、特定の王の味方をするかわりにその助力を得て、南西部のセント・オーガスティン湾周辺や、東岸の沖合に浮かぶセント・メアリー（サント・マリ）島に拠点を築いていった。後者の島に住んでいた掠奪者の数は、証言によってばらつきはあるものの、数百人の規模であったと推測されている。さらに十八世紀初頭には、フランス人が支配するブルボン島（現在のレユニオン島）なども基地になった。

やがて北米植民地の商人の中には、マダガスカルに代理人を置いて掠奪者と取引をする者さえ現れた。その代表がニューヨークのフィリップス家である。フレデリック・フィリップスとその息子アドルフは、セント・メアリー島に居を構えるアダム・ボールドリッジら代理人を通じて、ニューイングランドやニューヨークから運んできた工業製品や酒、銃、火薬といった必要物資を売り、代わりに掠奪品や奴隷を持ち帰った[7]。インド洋や紅海での掠奪は、このような北米植民地人の支援があってはじめて存続しえたのである。

しかし、この時期の掠奪者は、一部には拿捕認可状を持つ者もいたとはいえ、その多くは認可状すら持たない海賊であった。そのため彼らをかくまったり彼らと取引することは、本国政府から見れば処分の対象になる行為であった。このようなリスクがあったにもかかわらず、なぜ一部の北米植民地人は掠奪者と取引したのであろうか。

後述する海賊キッドの研究で知られるリッチーは、その背景として当時戦われていた九年戦争（一六八九〜九七）の影響を指摘する。この戦争中、イングランド商船は敵国フランスの激しい攻撃の標的になっていたが、これが本国と北米植民地との間の貿易の停滞を招いていた。海賊たちの中心拠点の一つであったニューヨークでも、貿易活動が低迷する中、海賊に関わる取引だけが植民地経済で成長していた分野だったのである。[8]

不況に苦しむ北米植民地、とくに北部・中部植民地の人々にとって、掠奪者との取引は、戦争による貿易の低迷で流入が滞っていた金銀や織物などの商品を獲得する数少ない手段であった。それら植民地にとっては、商品が掠奪によって得られたか否かという違いはあるものの、それは密貿易同様に、商品を非公式のルートを通じて獲得する手段の一つだったのである。

もう一つの重要な理由としては、この時期には植民地人自身は掠奪の被害者ではなかったということが挙げられる。一六九〇年代末の海賊周航の第一期には、掠奪者の活動はもっぱらインド洋や紅海に集中しており、英領植民地人による貿易は直接の標的にはならなかった。この点でこの時期の掠奪者は、四章で見るイギリス船も標的にしたスペイン継承戦争後の海賊とは異なっていた。このように掠奪者が自身の貿易に被害をもたらさず、また貴重な物資をもたらしてくれる限りにおいて、北米植民地人には彼らを支援するに足る十分な理由があったのである。

## 「大海賊」ヘンリ・エヴリ

では、次にこの「海賊周航」第一期の掠奪者の代表例として、ヘンリ・エヴリを見てみよう。[9]「大海賊」とも称されるエヴリは、この時期の海賊のうちでもっとも成功を収めた人物である（なお、彼の名前はエイヴリ Avery と表記される時もあるが、近年のフォックスの研究によれば本人は Every を使用し、また公式の記録でもEveryとなっているため、ここでは「エヴリ」と表記する）[10]。

エヴリの幼少期についてはほとんど分かっていない。一説にはイングランド南西部のプリマス近郊の出ともいう。彼がはじめて公的な記録に登場するのは一六八九年のことで、この年、軍艦「ルパート」号で海尉候補生として勤務していることが確認されている。翌年には軍艦「アルビマール」号の航海士助手となり、イングランドが九年戦争中に一時的に英仏海峡の制海権を失うきっかけとなったビーチーヘッドの海戦にも参加している。除隊後ほどなくして結婚し、以後は奴隷密貿易に従事したり、時には私掠活動にも参加して生計をたてていたようである。

彼の人生に転機が訪れたのは、一六九二年のことである。この年、イングランドではロンドン商人が中心となって、当時同盟国であったスペインと協力してカリブ海に船団を派遣する計画が持ち上がっていた。スペイン国王カルロス二世から認可を得てカリブ海に船を送り、スペイン領植民地の支援や同地との貿易、それに難破した銀船団の引き上げを行おうというのである。その発起人はスペインとのワイン貿易にも従事していた大商人サー・ジェイムズ・ウブロンであった。またこの計画には、その五年前にカリブ海で難破船引き上げに成功していたジョン・ストロングや、五章で見るウィリアム・ダンピアなど著名な航海者も参加することになっていた。結局、この遠征はスペイン商務院との折衝が難航したこともあり、遅延に遅延を重ねた挙句、実行に移されることはなかった。しかしこの計画は思わぬ副産物をもたらした。稀代の大海賊ヘンリ・エヴリを生み出したのである。

エヴリはこの遠征隊の旗艦である砲四十門の私掠船「チャールズ（カルロス）二世」号の航海士助手であった。しかし、出発が遅れ、水夫の待遇も悪化する中、一六九四年、スペイン北西部のラ・コルーニャに停泊していた船団において、賃金の未払いに不満を抱く乗組員の一部が反乱を起こした。エヴリはその首謀者の一人であった。反乱を起こした水夫たちは、要求が聞き入れられないと分かると「チャールズ二世」号を乗っ取り、ラ・コルーニャを脱出した。エヴリが次なる計画として一同に提案したのは、インド洋での掠奪である。反乱に加わった乗組員の多くはこれに賛同し、エヴリを船長に選ぶと、船を「ファンシー」号と改名してインド洋に向けて出帆した。

ヘンリ・エヴリ（1659年頃？～1696年？）

一行は西アフリカ近海でしばし活動したのち、掠奪を続けながら喜望峰を回ってマダガスカルに向かった。その後、同島やその近くのコモロ諸島で物資や乗組員を補充すると、一六九五年春、次の目的地の紅海に向け出発する。約一ヵ月後、紅海の入り口のアデン湾のグアルダフィ岬近海に到着した一行は、ロードアイランドのトマス・テューの「アミティ」号を含む英領北米植民地の船数隻に遭遇する。中には植民地総督が発行したフランス船に対する拿捕認可状を所有する船もあったが、その目的はいずれも紅海でのムガル商船などの掠奪であった。協議の末、これらの船は協力して行動することを決め、エヴリが指揮官に選ばれた。こうして、いまやエヴリは六隻の船と四百四十名の水夫を従える船団のリーダーとなったのである。

紅海の入り口で遊弋しつつ獲物を待っていた一行は、やがてモカを出航した巡礼船団が監視をすり抜けてインドへと出発したことを知る。この情報を得ると、エヴリらはただちに船団を追跡してインド洋を渡った。その後、一六九五年九月の初頭に、スーラトとボンベイ（ムンバイ）の中間地点の沖合で商船「ファテー・ムハンマド」号を発見し、これを捕えることに成功する。同船は当時ムガル帝国きっての大商人の一人であったアブドゥル・ガフールのもので、アラビアの金貨やピースオブエイト銀貨など、総額五、六万ポンド相当と見積もられる高額の積荷を載せていた。

エヴリの幸運はこれに留まらなかった。まもなくさらに大きな獲物がやってきたのである。ムガル帝国のアウラングゼーブ帝が所有する「ガンジ＝イ＝サワイ」号である。同船は七百トン以上、八十門の砲と二百名の水夫、四百から五百名の兵士を擁する重武装の大型船で、メッカへの巡礼者と中東で仕入れた商品を運んでインドに戻ってきたところであった。エヴリらはまず、この船の帆や策具に巧みに砲撃を浴びせて操船の自由を奪うと、接近して相手船に乗り移った。船の兵士は果敢に抵抗したが、不運な大砲の爆発事故も重なり降伏を余儀なくされた。船を手中に収めた一行は船上で狼藉の限りを尽くしたが、これがのちにムガル帝国とイングランドとの間に大問題を引き起こすことになる。

## エヴリのその後

エヴリ一味がこの拿捕により得た戦利品は、金銀の貨幣や宝石類など、推計で三十二万五千ポンドから六十万ポンドに及ぶ莫大なものであった。後に乗組員の一人が裁判で証言したところによれば、百八十名のメンバーはそれぞれ一口分およそ千ポンドを得たという。また別の証言によれば一人当たりの取り分は約九百七十ポンドであった。フォックスが述べるように、当時、海軍の水夫がこの金額を得ようとすれば約七十五年間勤務する必要があったことを考えれば、これがいかに莫大な額であったかが分かろう。[11]

こうして多額の戦利品を得たエヴリたちであったが、やがてその分配をめぐってひと悶着が起こる。エヴリの船が、預かっていた掠奪品とともに僚船を置き去りにして出発したのである。これには単に彼が宝を持ち逃げしようとしたという説や、僚船の船長が戦利品の貨幣を交換する際に彼を騙そうとしたことに怒ったからといった説があるが、事の真偽は不明である。いずれにせよ掠奪品を丸々手にしたエヴリの一行は、マダガスカルの東方に浮かぶ仏領ブルボン島に赴き、そこで戦利品を分配した。その後、カリブ海を目指して出発し、西アフリカのポルトガル領サントメなどを経た後、一六九六年四月、目的地のバハマのエリューセラ島に到着する。次章で見るように、十八世紀初頭には一時海賊の根城となるバハマ諸島であるが、すでに当時から掠奪者たちに寄港地として利用されていた。エヴリはバハマのトロット総督に「ファンシー」号は奴隷貿易船であると偽り、「保証金」という形での賄賂や船を提供する代わりに入港を求めた。総督がエヴリの釈明を完全に信じたとは思えないが、贈り物を前にそれ以上詮索することなく入港を認めたのだった。

バハマで船を処分すると一味は解散し、各々の取り分を携えて、北米やカリブ海の英領植民地へと散っていった。中にはそこからスコットランドやアイルランドに渡る者もいた。その一部はまもなく捕まったが、逮捕された者の大半も証拠不十分で釈放されるか、すぐに脱走した。北米植民地、わけてもペンシルヴェニアやロードアイランドでは海賊に対する処分は著しく甘く、ペンシルヴェニアでは、マーカム総督自らが海賊の捜索を妨害したり脱走を黙認すらしたのであった。

結局、エヴリの仲間で実際に裁判にかけられたのは、「ファンシー」号の乗組員ジョセフ・ドーソンら六名だけであった。裁判は一六九六年十月にロンドンの高等海事裁判所で行われた。判事を務めたのは、高等海事裁判所判事のサー・チャールズ・ヘッジズら九名である。一つ目の「ガンジ＝イ＝サワイ」号に対する海賊行為についての裁判では、小陪審の評決は無罪であり、ヘッジズらを狼狽させた。しかし、次に別の陪審とともに行われた「チャールズ二世」号での反乱、および「ファテー・ムハンマド」号への海賊行為に関する裁判では、ヘッジズらが先の評決に強い不満を示し、イングランドの汚名を雪《そそ》ぐよう訴えたことが影響したのか、有罪となった。これにより、当初から有罪を認め執行猶予を得ていたドーソン以外は、みな絞首刑となった。

では、エヴリ本人はどうなったのだろうか。彼については「ヘンリ・ブリッジマン」なる偽名を使ってアイルランド北部のダンファナイーに逃げ延びたところまでは分かっている。しかし、その後の行方は杳《よう》として知れなかった。政府は五百ポンドという破格の懸賞金をかけてその逮捕を試みたが、彼はついに捕まることなく歴史の表舞台から姿を消したのであった。

その後のエヴリの運命については当時からいくつかの説が唱えられていた。商人に掠奪品のダイヤモンドを詐取されデヴォンのビデフォードで貧困のうちに死んだという『海賊全史』のジョンソン説もあるが、当時、より人口に膾炙《かいしゃ》していたのはマダガスカルに行き同地の支配者になったという説である。一七〇九年に出版されたアドリアン・ファン・ブルック船長なるオランダ人が書いた伝記によれば、エヴリはムガル皇帝の娘と結婚し、最後はマダガスカルの支配者の地位にまで上り詰めたことになっている。無論これは創作だが、このようなストーリーは当時人気を博し、これに基づく劇も制作された。一七一九年にはこの話を基にして、おそらくはダニエル・デフォーによると思われる『海賊王』が出版されている。また、エヴリの掠奪行はバラッド（俗謡）でも歌い継がれた。このように大がかりな掠奪に成功しながら官憲の手を逃れたエヴリの運命は、人々の想像力を掻き立てて様々な作品を生み出し、その名は後世の人々の記憶に留められることになったのだった。

一方、海賊としてはエヴリほどの成功は収めなかったものの、数奇な運命をたどったことで彼以上に名を残した者もいた。キッド船長ことウィリアム・キッドである。次にこのキッドの掠奪とその顚末を見てみよう。

## ウィリアム・キッドと海賊討伐計画

先に見たエヴリによる「ガンジ゠イ゠サワイ」号の掠奪は、イングランド国内の問題にとどまらずムガル帝国との外交問題にまで発展した。自身の巡礼船が襲われたこともあってムガル皇帝は激怒し、一時はボンベイの攻撃とムガル帝国からのイングランド人の追放さえ検討したのである。側近のとりなしで追放は取りやめになったものの、スーラトに駐在するＥＩＣの社員は九ヵ月間、商館に軟禁状態に置かれる羽目になった。さらに、掠奪は海賊が勝手にやったことで自分たちには責任がないと訴える社員たちに対し、皇帝は跋扈《ばっこ》する海賊の取り締まりをイギリス含め各国の東インド会社に要請し、以後の巡礼船の護衛を命じたのだった。

このエヴリの掠奪はＥＩＣの貿易の大きな妨げとなった。この時期のインド洋や紅海で活動していたヨーロッパ系海賊には少なからぬ数のフランス人も含まれており、必ずしもみながイングランド人であったというわけではない。実際、マダガスカルに到着した時点でのエヴリ一味の約三分の一はフランス人であった。しかし、当時ムガル帝国では「帽子男」（当時ヨーロッパ系の海賊はこのように呼ばれていた）はすべてイングランド人であると信じられており、また競合相手のオランダ東インド会社なども、ライバルのＥＩＣを蹴落とすためにその噂の流布につとめていた。その結果、海賊たちの活動はＥＩＣを著しく不利な立場に追い込むことになったのである。[12]

キッドが登場したのはこのような状況においてであった。[13] その生い立ちについては諸説あるが、スコットランド出身という点では一致している。父親は船長、あるいは長老派の牧師であったという説もある。彼は十七世紀後半、まだ若い時分にカリブ海に渡り、バッカニアとして活動していたようで、一六八九年には英仏蘭の混成部隊からなるバッカニア船の一員であったことが分かっている。しかし、やがて英仏間に九年戦争が勃発すると、乗組員のうちキッドを含むイングランド人乗員は船を奪って英領ネヴィスへと向かった。そこで彼は総督の認可状を得て、カリブ海で対仏戦に従事するイングランドの私掠船「祝福されたウィリアム」号の船長となった。その後、海軍と協力してフランスの支配するカリブ海の小島に攻撃をしかけ、また別の仏領の島に取り残された兵士を救出するなど、一定の功績を挙げた。ところが、キッドは部下から手痛い裏切りに遭うことになる。アンティグアに停泊中、彼の指揮に不満を持つ部下たちが船を奪って逃亡したのである。置き去りにされたキッドであったが、その運はここで尽きたわけではなかった。彼は総督から新たな船を与えられ、一時私掠活動に従事した後、逃亡した元部下の噂を耳にしてニューヨークへと向かった。そこでキッドの人生は新たな展開を迎えることになる。

この頃のニューヨークは政治的動乱の只中にあった。一六八八年にイングランドではじまった名誉革命の余波は英領北米植民地にも及んでいた。ニューヨークではジェイムズ二世の統制策に反発していたドイツ系商人のジェイコブ・リーズラー（ライスラー）の一派が、オランダ系都市下層民の支持を背景に植民地政府の権力奪取に成功した。しかし、名誉革命により新国王となったウィリアム三世はリーズラーの支配を認めず、かわりにヘンリ・スローターを正式な総督としてニューヨークに送り込んだ。スローターに先んじて到着した陸上部隊はリーズラーに権力の引き渡しを要求したが、リーズラーは新国王への忠誠を示しながらもそれを拒んでいた。

ウィリアム・キッド（1645年頃～1701年）

キッドが到着したのは、両者がまさに市内で緊張をはらみつつ対峙していたさなかであった。この対立においてキッドはスローター側に加勢する。両派の間では小競り合いが起こり死者も出たが、新総督の到着とともにリーズラー派は降伏した。リーズラーに反感を持っていた市の大商人たちはその降伏に貢献した人物としてキッドを歓迎した。これによりキッドはニューヨーク社会に足掛かりを得るることに成功したのである。キッドの出世劇はこれで終わらなかった。一六九一年五月、彼は裕福な未亡人サラ・オートと結婚し、自身の財産に加えて広大な地所を得て、ニューヨーク有数の資産家の一人になった。こうしてキッドはニューヨーク植民地の名士の仲間入りを果たし、市の有力者たちの知遇を得たのであった。

その中にキッドの人生を変えることになる人物がいた。キッドと同郷のスコットランド出身の商人ロバート・リヴィングストンである。一六九五年にロンドンを訪れた際、キッドはそこで出会った共通の知人を通じて、当時ロンドンに滞在中であったリヴィングストンと再会する。この出会いの中から、おそらくはリヴィングストンが中心となってある計画が持ち上がる。海賊討伐計画である。すでに見たように、当時「紅海者」の掠奪がＥＩＣやムガル帝国を悩ましていたが、対仏戦のさなかということもあり、海軍には本格的な掃討に乗り出す余力はなかった。そこで、かわりに民間人であるリヴィングストンらが出資者を募って、船を艤装し、国王からの認可状を得て海賊掃討を行おうというのである。無論これは一種のビジネスでもあり、その目的は海賊の財産の押収であった。

しかし、このような大がかりな計画の実現には、強力な後援者が必要であった。そこでリヴィングストンが頼ったのが、ベラモント伯爵リチャード・クートである。ベラモント伯は貧しいアイルランド貴族であったが、オラニエ公ウィレム（のちのウィリアム三世）を名誉革命以前から支持していたためウィリアムに引き立てられ、また当時の二大政治党派のひとつであるホイッグの有力派閥ジャントウ・ホイッグの庇護も受けていた。このような強力なコネクションを有するベラモントであったが、財政難に苦しんでいたため、ジャントウの一人シュローズベリ公爵のつてで、一六九五年六月にマサチューセッツ湾植民地総督の職を、のちにはニューヨーク植民地総督の職をも得たのであった。

キッドとリヴィングストンに、このベラモントが加わって計画が始動する。キッドに用意されたのは二百八十七トン、砲三十四門の「アドヴェンチャー・ガリー」号である。この名前は、同船が、帆船だが無風時にも移動できるようガレー船の如くに櫂も装備していたことに由来する。この船や、武器や食糧などの必要物資調達のための資本の五分の四は、直接にはベラモントが提供した。しかし名前が公にされることはなかったが、彼を通じてシュローズベリ、サマーズ男爵、オーフォード伯爵といったジャントウ・ホイッグや、それに近しい大物政治家も出資していた。出資者は、航海が成功し、海賊の財産などの捕獲物を得られた場合には、その売却益から乗組員の取り分（最大で二五パーセント）と国王の取り分（一〇パーセント）を引いたのちの残りを得られることになっていた。一方、乗組員はバッカニアに見られたような「獲物なければ報酬なし」、つまり捕獲物を拿捕できなければ収入もなしという契約で雇うこととされた。

この航海はあくまでも国王や政府の認可を受けた合法的事業であるため、諸々の法的手続きを踏む必要があった。そのためリヴィングストンらは航海中の拿捕の正当性を保証すべく、対仏拿捕認可状、および海賊逮捕のための認可状を取得した。また、シュローズベリの尽力により、押収した海賊の財産は元の所有者からの返還請求の対象外とし、海事裁判所での通常の審査すら経ずに拿捕者のものにしうるという、異例とも言える認可を国王から得ることができた。しかし、このような特権もキッドが何らかの捕獲物を得なければ意味がない。事業の成功はひとえに彼が海賊を捕えその財産を没収できるか、あるいは高額の積荷を積んだ敵国フランスの船を拿捕できるかに懸かっていたのである。

## キッドの航海とその顚末

この頃、折悪しくフランスによるイングランド侵攻の噂が流れ、海軍が防衛に必要な水夫を確保できるよう商船の出港禁止令が出された。そのためキッドの船も出港が危ぶまれたが、どうにか準備を整えると、一六九六年四月、ロンドンを出港した。最初の目的地はニューヨークである。しかし、出発早々、テムズ河口の泊地ノアにおいて最初の不運がキッドを襲った。遭遇した軍艦により船の水夫が多数強制連行されたのである。これは当時、人員確保のため戦時に海軍が用いていた「強制徴募」と呼ばれる手段であった（これについてはまた六章で詳しく説明する）。その後、キッドの抗議もあり海軍側は水夫を一部戻したが、もともと乗員が不足気味であったキッドの船は、この出来事によりさらに人手不足となった。七月初頭、ニューヨークに到着すると彼は早速新たな水夫を募集する。集まってきた者の中には元海賊ではないかと疑われる素性の怪しい者も混じっていたが、人手を必要としていたキッドには彼らを受け入れるより他なかった。

一六九六年九月、キッドはいよいよ海賊の基地のあるマダガスカルに向けて出港する。大西洋を渡り、カナリア諸島、ヴェルデ岬諸島を通過し南下を続ける途中、彼は商船団を護衛するトマス・ウォレン准将指揮下のイングランド軍艦数隻に遭遇する。しばしこの船団とともに航海したキッドであったが、再び水夫の一部が連れて行かれそうになったため、機を見て船団から離脱した。しかし、この間のキッドの言動は、彼が海賊行為を企んでいるのではないかとの疑いをウォレンに抱かせることになった。その後、寄港した現在の南アフリカにあったケープ植民地でウォレンが漏らしたその疑念は、行き交う商船を通じて徐々に広まっていった。

一方、キッドは、当時長距離航海にはつきものであった壊血病の発生に悩まされながらも、喜望峰を迂回し、翌年一月に目的地マダガスカルに到着した。しかし海賊の姿は見あたらず、また船の補修も必要であったため、次にマダガスカルの北西に位置するコモロ諸島へと向かった。しかしここでも海賊は発見できず、逆に遭遇した商船から自分が海賊と疑われていることを聞かされ愕然とする。おまけに船内で赤痢と思われる疫病が発生し、労働力と共に戦力でもある乗員の五分の一近くを失ってしまった。

成果を挙げられない焦りゆえか、あるいは獲物を求める部下からの圧力ゆえか、この頃からキッドは本来の任務を逸脱した行動に出始める。海賊を探すのであればその根拠地セント・メアリー島に行くのが筋であったが、かわりに針路を北に向け紅海を目指したのである。夏ごろ紅海に到着したキッドは、その入り口のバブ・アル・マンダブ海峡でモカ船団を待ち伏せする。やがて到来した船団の中に紛れ込むと、ムガル商船の一隻に近づき砲撃を交わしたが、船団を護衛していたＥＩＣ船に気づかれて追い払われた（ちなみに、この船の指揮を執っていたのは、船上の生活を活写した日記を残したことで知られる航海者エドワード・バーロウである）[14]。

失意のうちにインドに戻ろうとしたキッドであったが、その途上で、イングランド船籍の現地の貿易船に遭遇する。これを停止させ同船の船長トマス・パーカーを尋問した際、彼は自身が海賊に転じたという噂が広まっていることを再び聞かされることになる。二人が会話を交わしている間、この噂を裏書きするような事件が起こった。彼の部下数人がパーカーの船にあった銀貨を奪った上、乗員の一部を虐待したのである。はたしてこれがキッドの了解のもとで行われたことなのか、あるいは部下が独断で行ったことなのかは定かではないが、これはまぎれもない海賊行為であった。

九月、キッドはインド南西部のマラバル海岸に戻ってくるが、そこでも海賊船や仏船を拿捕することはできなかった。それどころか海賊討伐のためにゴアのポルトガル人が差し向けた二隻の軍艦と交戦する羽目に陥った。辛うじてポルトガル船を撃退したキッドであったが、先行きは依然として暗かった。船内では食料や水が不足し始め、また成果の上がらない航海に対して乗組員の間から不平が漏れ始めていた。とくに、途中で遭遇したＥＩＣ船やオランダ船の拿捕を求める乗組員の要求を彼が斥けたことは、部下の不満を高める結果となった。そのような部下の一人に砲手のウィリアム・ムーアがいた。ある日、キッドはこのムーアと口論になりその頭を木製のバケツで痛打したところ、彼は数日後に死亡してしまった。のちにキッドは、このムーア殺しの罪に問われることになる。

キッドたちが待望の大型の獲物に遭遇したのは、一六九八年一月末のことである。コーチンの沖合で現地商船と思しき船影を認めた一行は、これを追尾しその拿捕に成功した。船は四百トンの「ケダー・マーチャント」号で、絹織物やモスリン、キャリコに加え、貴金属や宝石、真珠、サンゴなど、アルメニア人商人が所有する総額二十万から四十万ルピー相当の高額の積荷を運送していた。この船は本来キッドには拿捕が許されないはずの船であった。しかし、のちに彼は同船がフランスの通行証を保有していたことを根拠に、これは敵国に与する船であり拿捕は正当であったと主張する。

その後、一行は拿捕した「ケダー・マーチャント」号を伴ってインド洋を横断し、マダガスカル近郊のセント・メアリー島に向かった。一六九八年四月、目的地に着いたキッドを待っていたのは、私掠船の船長時代に彼を裏切った元部下の一人、ロバート・カリファドとの再会であった。カリファドはインド洋や東南アジア一帯で海賊行為を繰り返したのち、いまはマダガスカルに身を落ち着けていた。カリファドは紛れもない海賊であったが、キッドはもはや海賊討伐の任務は半ば放棄しており、また部下の協力も得られそうになかったため、強いて彼を捕えようとはしなかった。部下たちの関心はむしろ掠奪品の一刻も早い分配にあった。分配を終えるとキッドに不満を持っていた乗組員の多くはカリファドの元へと去っていった。いまや乗組員の数も減り、もはやこれ以上掠奪行を続けるのは難しくなっていた。航海を終える潮時であった。キッドは損傷の激しい自船に代えて、「ケダー・マーチャント」号に乗って一路ニューヨークを目指した。

## キッド、窮地に陥る

その頃、イングランド本国ではキッドが海賊行為を働いたとの情報が波紋を投げかけていた。ホイッグと対立していた政治党派のトーリは、これを政敵を貶める絶好の機会ととらえ、キッドに出資していたとしてジャントウを糾弾した。これに加え、サー・ジョサイア・チャイルドらＥＩＣ首脳部も海賊掃討の要求を強めていた。その背景には九年戦争の開始による業績の低迷があった。同社のアジアからの年平均輸入額は、一六七八年から八八年の間は四十一万六千八百二十八ポンドであったのが、戦争の影響により、一六八九年から九九年には十三万四千八百九十三ポンドに落ち込んでいた。また、輸出額も一六八二年には七十四万六千五百三十五ポンドであったのが、戦争開始後の一六八九年には八千二百五十三ポンド、九〇年も一万二百三十九ポンドと振るわなかった。このような貿易の不振に伴い、株価も一六八五年の五百ポンドから九一年の百五十八ポンドにまで下落していた。さらにEICがインドから輸入していたキャリコの人気を脅威とみなす毛織物業者や、同社とは別個に東インド貿易を行っていたサー・トマス・パピヨンら「もぐり商人」などの商売敵からも批判が強まりつつあった。

このように国内外で苦境に立たされていたEICにとって、紅海者の掠奪は東インド貿易の存続を脅かしかねない大問題であった。すでに述べたように、エヴリらイングランド系海賊によるムガル商船の攻撃は、インドで同社に対する非難を生み出していた。このような状況の中で発生したキッドによる「ケダー・マーチャント」号の拿捕は、同社には追い討ちとなったのである。ムガル帝国宮廷の高官が同船に出資していたことも、事態をさらに悪化させた。怒りくるう民衆に囲まれて、スーラトのEIC社員は再び商館内に軟禁状態に置かれた。危機に直面してEICは、現地では補償金の支払いにより事態の鎮静化に努めるとともに、本国では海賊掃討を政府に働きかけた。このように同社が海賊取り締まりへの要求を強める中、キッドは、エヴリとともに東インド貿易を邪魔する海賊の象徴的存在とされたのである。

一六九九年四月、カリブ海に戻ってきたキッドは、自身が実際に海賊として指名手配されていることを知る。そのままニューヨークに戻ると危険が予想されたため、一案を講じ、船と積荷をしばしエスパニョーラ島に隠しておくことにした。その管理と売却を任されたのは、途中で出会った、公金を横領した元関税役人のボルトンといういわくつきの人物であった。キッドは積荷の一部を彼から購入したスループ船に移し替えると、その船でニューヨークに向かった。

六月、キッドはニューヨークのロング・アイランド東端の沖合に浮かぶガーディナーズ島に到着する。この島の所有者の一家に助けを求め、運んできた掠奪品の一部を島に隠すと、自身は東に浮かぶブロック島沖に停泊して市内に帰る好機を窺った。この時点では彼はまだ「ケダー・マーチャント」号がフランスの通行証を所有していた事実を主張しつつ、ベラモントの助力を得て処罰を免れることを期待していたと思われる。

しかし、この頃、当のベラモントはキッドを助けられるような状況にはなかった。ベラモントが総督として実際に渡米したのは一六九八年の四月であったが、赴任後もニューヨークでの彼の政治的基盤は決して盤石ではなかった。当時のニューヨークでは依然リーズラー派と反リーズラー派の対立が続いていたが、ベラモントは総督の地位を得る際にリーズラー派の助力を得たため、着任後はいきおいフレッチャー前総督と結んでいた反リーズラー派と対立することになった。またベラモントが対マダガスカル貿易の取り締まりの強化を図ったことも、この貿易に関与していた反リーズラー派との対立を深める一因となった。このような状況において、海賊として名指しされているキッドに救いの手を差し伸べることは、反リーズラー派に批判の口実を与える危険性があったのである。

また、本国におけるベラモントの後ろ盾であったジャントウ・ホイッグも、一六九八年頃には力を失いつつあった。同年夏の選挙ではいまだホイッグが優位を保っていたものの、対立するトーリの勢いも回復しつつあった。前述のようにトーリはキッドの事件を取り上げてジャントウを攻撃していたため、ジャントウと近しいベラモントにとっては、キッドにこれ以上関わることは危険であった。おまけに本国からもキッドの逮捕命令が送られてきていた。

そのようなこととは露知らず、キッドは友人を介して当時ボストンにいたベラモントに接触し、フランスの通行証を渡して「ケダー・マーチャント」号拿捕の正当性を訴えた。そして違法行為があったとすればそれは乗組員の圧力に抗しきれなかったからで、自らの意志ではないと主張し、処罰を受けることなく帰還できるようとりなしを頼んだ。これに対しベラモントは、無実を証明できるなら特赦が得られるように尽力するとキッドに書き送った。しかし、これは罠であった。この言葉を信じて姿を現したキッドはまもなく逮捕され、ボストンの監獄に収監された。

### キッドの裁判

一七〇〇年三月、キッドは軍艦に乗せられイングランドに送還された。当時の法律では海賊行為の裁判は本国で行う必要があったからである。およそ一年間監禁されたのち、キッドは海賊行為の容疑者としては極めて異例なことに、裁判前に議会下院に召喚され、議員らの前で審理を受けることになった。審理においてトーリの政治家たちはキッドの口からジャントウ・ホイッグ関与の証拠を引き出そうとした。しかし、キッドはベラモントやリヴィングストンは非難しても、出資者であるジャントウの名前を明かすことはなかったのだった。

裁判は一七〇一年五月初旬に二つの罪状について行われた。一つ目はムーア殺害に関してである。キッドは、ムーアは反乱の気運を煽っていた者の一人であり、殺人も計画的なものではなかったと主張して無罪を訴えたが、その主張は顧みられず殺人罪で有罪判決を受けた。二つ目の罪状は「ケダー・マーチャント」号などに対する海賊行為である。これについてキッドは再三再四、「ケダー・マーチャント」号はフランスの通行証を所有していたのであり、その現物が自身の弁護に必要であることを訴えた。しかし彼にとっては不幸なことに、この通行証を含むベラモントに提出した書類が下院での審理後に行方不明になっていた。海軍省は下院に照会したが、その行方は知れなかった。もはやキッドに自身を弁護するすべはなかった。彼は海賊行為でも有罪判決を受け、一七〇一年五月二十三日にテムズ河畔のワッピングで絞首刑に処された。死体はその後鉄製の人型の籠に入れられ、海賊への転向を考える水夫への警告として、より下流の地点に吊るされた。

このキッドについては、はやくから党派抗争の犠牲者であったとする見方が存在した。その論拠の一つは、行方不明となっていたフランスの通行証が、二十世紀初頭に商務院の文書の間から見つかったことにある。何故そこにあったのかは分かっていない。もっとも、これまでも指摘されてきたように、キッドは「ケダー・マーチャント」号以外の船に対しても海賊行為を働いており、たとえ裁判の際に通行証があったとしても判決には大きく影響しなかった可能性が高い。また、すでに述べたように、当時は現地商船がヨーロッパ諸国の通行証を有していることは珍しくなかったため、フランスの通行証保有の事実をもって「ケダー・マーチャント」号が敵国と通じていたと主張するにはいささか無理があった。[15]

キッドの事件はもう一つの余波を残した。今も根強く残るキッドの財宝伝説である。「ケダー・マーチャント」号の積荷の多くは回収されたり処分されたりしたが、その一部は今でもガーディナーズ島をはじめとする北米東海岸、あるいはエスパニョーラ島など彼が途中で立ち寄った土地のどこかに眠っているとの伝説がまことしやかに伝わっている。[16]

このようにキッドの掠奪は、様々な点で歴史家をはじめとする後世の人々の関心を集めてきた。しかし、この事件が海洋における掠奪行為の歴史という観点から重要なのは、それがまさにイギリス本国や植民地の人々の掠奪に対する態度の転換期に行われたものであり、キッドの運命もそのような変化を反映するものだったという点にある。この時期の紅海者の掠奪は、彼らと結ぶ北米北部・中部植民地人にとっては有益でも、貿易の存続を脅かされたムガル帝国と取引をするＥＩＣなどの本国商人にとっては、もはや看過できない問題となっていたのである。

## そして海賊掃討へ

キッドやエヴリによる度重なる掠奪事件やＥＩＣの要請もあり、イングランド政府は一六九六年頃からようやく海賊掃討へ向けて重い腰を上げ始めた。序章で触れたトムソンは、主権国家の領域の境界線が明確になるに従い、領域内の住民が領域を超えて行使する暴力の責任を国家が他国から問われるようになったことが、海賊などの非国家的暴力が排除されていった背景の一つであったと論じているが、[17]エヴリやキッドの掠奪はまさしくこのような事例であったと言える。イングランド政府はムガル帝国との貿易関係の維持のためにも、自国臣民が領域外で行使した暴力の責任をとらざるをえなくなったのである。こうして海賊鎮圧作戦が徐々に動き始めたのだった。

この時期には、次章で見るような法的制度の整備も始まっていたほか、海賊の投降を促すべく一六九八年十二月には特赦が発布され、降伏した者はそれまでの罪を許されるとされた。ただし、ここでもエヴリや当時まだ捕まっていなかったキッドは特赦の対象外とされた。二人がいかに政府やEICから危険視されていたかを示していよう。この特赦は一六九九年八月にマダガスカルにも伝達され、カリファドを含む十七名の海賊が投降した。しかし、投降したが規定を満たしていないとして特赦を認められなかった海賊もいた。このことがのちにマダガスカルの海賊の間に特赦に対する不信を生んだと指摘する研究者もいる。[18]

より直接的な鎮圧の手段は軍艦の派遣である。一六九七年に九年戦争が終結すると、マダガスカルの海賊基地根絶を目的とする海軍の遠征隊が準備された。指揮を任されたのはかつてキッドとも航海したウォレンである。しかし、この頃すでにインド洋でのキッドによる海賊行為の噂が伝わっていたことから、一六九八年、ウォレンはかわりにインド沿岸へと派遣された。彼は航海中に死去したが、遠征は別の指揮官の元で続けられた。結局、遠征隊はマダガスカル攻撃こそ実行しなかったものの、ムガル帝国への巡礼船を護衛するなどして、イングランドが海賊からの貿易の保護に尽力していることをムガル皇帝にアピールするのには成功したのだった。

一方、北米では、海軍と海賊船の間で実際に戦闘も起こっていた。一六九九年夏、軍艦「エセックス・プライズ」号はチェサピーク湾を巡航中、海賊船「プロヴィデンス・ガリー」号に遭遇する。この時は海賊側が優勢で、「エセックス・プライズ」号はかろうじて離脱するという、海軍にとっては屈辱的な結果に終わった。しかし、翌一七〇〇年、その僚艦「ショアラム」号が海賊船「ラ・ペ」号と遭遇し、これを撃破して雪辱を果たすことに成功した。[19]

このように、十七世紀の最後の数年間には、海賊鎮圧のための様々な方策が始動しつつあった。しかしこの動きは、一七〇二年、イングランドがスペイン継承戦争に参戦したことで中断する。海軍が戦争で手一杯になったということもあるが、海賊の活動自体が戦争勃発とともに一時収まったことも一因であった。その理由はまだ十分には明らかにされていないが、おそらく掠奪者の一部が私掠者に転向したことも影響しているのではないかと推測される。こうして海賊行為は、完全になくなったわけではないものの、戦争中はひとまず沈静化した。海賊の活動が再び問題となり、鎮圧作戦が再開されるのは、次章で見るようにスペイン継承戦争終了後のことである。

第四章

# 海賊たちの黄昏

十八世紀初頭のスペイン継承戦争中には一時鳴りを潜めていた海賊たちの活動であったが、終戦後、北米・カリブ海域を中心拠点として再び息を吹き返す。本章で見るのは、しばしば「海賊の黄金時代」とも形容されるこのスペイン継承戦争後の海賊活動である。今日の我々が抱く「カリブの海賊」イメージの多くも、もとはこの時代の海賊に起因するものである。

しかし、この「黄金時代」という呼称はいささか誤解を招く表現と言える。というのは、この時期に展開された鎮圧作戦により、北米・カリブ海域の海賊活動のうち、ヨーロッパ人主体の大規模な活動はいったんほぼ終息するからである（もっとも後述するように、アメリカ海域を舞台にした海賊活動は、およそ一世紀近く後のラテン・アメリカ独立戦争時にも一時復活する）。そのため、この時期の海賊の大量発生は、実際には燃え尽きるろうそくの最後の輝きにも似たものであり、この時期は海賊の「黄金時代」というよりも、むしろ「黄昏の時代」とでも呼ぶべきものであった。ではこれから、このスペイン継承戦争後の海賊活動とその鎮圧の過程を、これまで見てきた海洋における掠奪とその統制の歴史という文脈の中で検討してみよう。

## 1　スペイン継承戦争後の海賊の発生

### 呼び水となった難破船の銀

スペイン継承戦争後の一七一六年頃から、カリブ海や北米の植民地を拠点として拿捕認可状に基づかない掠奪、すなわち海賊行為が活発化する。この時期の海賊の社会史研究の第一人者であるレディカーの推計によれば、一七一六年から二六年までの十年間に存在した海賊の総数は、およそ四千人にのぼるという。これを時期ごとに見ると、一七一六年から一八年で千五百から二千人、最盛期である一七一九年から二二年の時期には、およそ千八百人から二千四百人の海賊が活動していた。この時代の平時の海軍の人員数が約一万三千人、カリブ海におけるイギリス領の中心都市ポート・ロイヤルの人口が約三千人、北米における最大の都市ニューヨークですら人口は一万八千人程度にすぎなかったことを考えれば、この数は少なくとも植民地の社会にとっては深刻な脅威であったと言えよう。また、この時期に海賊に拿捕された船はおよそ二千四百隻以上、破壊された船も二百五十隻以上にのぼったという。その活動がもっとも激しかったのは一七一七年から二二年の間で、拿捕の実に七割以上がこの時期に集中していた[1]。

では、なぜこの時期に海賊となる人々の数が激増したのだろうか。その直接の契機は、一七一五年に起こったフロリダ沖でのスペイン銀船団の難破事故であった。一章でも説明したように、これはスペイン本国とそのアメリカ植民地の間を往復する船団で、本国から工業製品を植民地に輸送し、植民地からは銀やそのほかの特産品を運んだ。この時代には運航は不定期になりつつあったものの、スペイン植民地帝国の海上貿易の大動脈として依然重要であった。

一七一五年七月三十日の夜半、デ・ウビーリャ提督の指揮するこのスペイン銀船団が、フロリダのカナベラル岬沖で大嵐に遭遇する。強烈な風により船は次々と座礁あるいは沈没し、千人以上の乗組員が犠牲となった。かろうじて生き残った者たちはスペイン領キューバの総督に助けを求めた。キューバからは早速救援隊が送られ、船団が積んでいた七百万ピースオブエイトにのぼる銀貨を含む積荷の回収作業が開始された。ところが十一月、引き上げ現場に思わぬ来訪者が現れる。銀船団難破の噂を聞きつけたジャマイカの元私掠船船長ヘンリ・ジェニングズの一団である。ジェニングズは百五十名あまりの武装した仲間とともにスペイン人の引き上げ隊のもとを訪れ、銀を強奪した。

ジェニングズの一行は奪った銀とともにジャマイカに帰還する。しかし、ジャマイカのハミルトン総督が彼らを処罰することはなかった。もともと総督自身が銀の引き上げに関心を持っており、その隠れ蓑として海賊掃討用の拿捕認可状を彼らに発行していたのである。総督はのちに本国政府からジェニングズらの違法な掠奪への関与を疑われ、また名誉革命により亡命したスチュアート王家を支持する反体制派ジャコバイトの陰謀に加担していたとの嫌疑もかけられて、逮捕されイギリスに送還されることになる。[2]

一方、ジェニングズ一味は、引き上げ現場から戻った後も、近隣を航行するフランス船の拿捕や難破船からのさらなる銀の引き上げを行っていた。しかし、スペイン領やフランス領植民地の総督が奪われた物品の返還や強奪犯の処分を断固として要求していることを知ると、一味は処罰を恐れてジャマイカを脱出する。向かった先はバハマ諸島のニュー・プロヴィデンス島である。バハマは一六四八年頃に独立派のピューリタンによって入植が行われて以来、実質的にはイギリスの植民地となっていた。しかし、スペイン継承戦争中に二度にわたり仏西連合軍の攻撃を受け、植民地はなかば壊滅状態に陥っていた。そこに目をつけたのが元私掠者のベンジャミン・ホニゴールドらの一団である。彼らは戦後まもなくニュー・プロヴィデンス島などバハマ諸島の島々に入り込み、そこを基地として利用

**地図7**　植民地時代の北米とバハマ諸島

した。ジェニングズらもジャマイカを脱出すると、このバハマのホニゴールドの一団に加わったのである。

この頃、難破事故によりバハマ諸島に漂着したマシュー・マッソン船長は、貿易・植民地問題を扱うイギリス本国の機関である商務院宛の報告書の中で、バハマの状況を次のように伝えている。

……そこ［バハマ諸島の一つアバコ島］で彼［マッソン船長］は、海賊の横暴な振る舞いが理由で［ニュー・］プロヴィデンス島を離れ、ここに住み着いたトマス・ウォーカー船長なる人物や、その他のいく人かの住民に出会いました。トマス・ウォーカー船長やそのほか何人かの住民は、彼に五人の海賊がプロヴィデンスの港を合流地点として利用していると告げました。すなわち、［以下の］指揮官です。十門の砲を備え、およそ八十人の乗組員を擁するスループ船を率いるホニゴールド、砲十門、乗組員百名のスループ船を指揮するジェニングズ、砲八門、乗組員約八十名のスループ船を率いるバージス、三十名の乗員を乗せ、小火器で武装した小型船に乗り組んでいるホワイト、そして、砲六門、乗員約七十名のスループ船を率いるサッチ［ティーチ］。彼らはあらゆる国の船を捕らえ破壊しています。ただしジェニングズは別で、彼だけはイングランド船は襲いません。彼ら海賊は砲三十二門を備えたスペイン船を拿捕しており、それを港に護衛船として留め置いています。プロヴィデンスの住民の大半はすでに、頻繁に掠奪にくる海賊から己の身を守るため、近隣の他の島々に逃れてしまいました。[3]

その後、バハマに居を構えた海賊たちの一団は、様々な人々を吸収して勢力を拡大していく。その中核の一つであったのが、スペイン継承戦争中に私掠者として活動していた者たちであった。序章でも述べたように、私掠は原則として戦時にのみ許可された行為であり、戦争が終わると私掠活動は禁止される。スペイン継承戦争の場合も、私掠船で働いていた乗組員は終戦とともに職を失った。その多くは商船などに吸収されたが、一部は戦後も掠奪で生計をたてることを選び、結果的に海賊になっていったのである。この時期の初期の海賊のうちの主だった者であるジェニングズやホニゴールドらも、元は私掠者であった。このような初期の私掠者出身の海賊船の船長の中には、あたかも戦時の私掠活動を継続しているかのように、攻撃対象を敵国であったスペインやフランスの船に限り、イギリス船は掠奪の対象にしない者もいた。

スルー**プ船**　海賊たちがよく用いていた。ただし、この絵は同時代の海軍のスループ船を描いたもの（出典：Cordingly, 1996/1997.）

初期の海賊を構成していたもう一つの重要な集団は、失業したログウッド伐採人である。二章で見たように一六六〇年代末から英西間で融和の動きが始まると、掠奪から足を洗ったバッカニアの一部はスペインが領有権を主張していた中米のカンペチェ湾やホンジュラス湾沿岸地域（のちのベリーズ）に入り込み、ログウッドの伐採に従事するようになった。ところがスペイン側は、スペイン継承戦争終結後に伐採の違法性を主張して伐採人たちをカンペチェ湾から追放した。これにより職を失った者たちも海賊に加わったのである。

バハマに拠点を構えた初期の海賊勢力の中核は、このような失業した私掠者やログウッド伐採人であった。つまり、スペイン継承戦争後の海賊発生の初期の要因としては、水夫やそれに類した者たちの失業問題があったのである。しかし、その後の海賊増加の理由は他にあった。レディカーはこの時期の海賊急増の原因として、商船などで勤務する水夫の労働環境の悪化を指摘する。海賊となった者の多くは、自身が水夫として乗り組んでいた商船が襲われた際に、海賊の一味に加わった者であった。つまり、これらの人々は海賊となった時点では失業者ではなかったのである。このことから彼は失業が海賊発生の一因となったことは認めつつも、その急増の原因は別の要因、すなわち戦争終結に伴う賃金の低下や待遇の劣悪化といった労働環境の悪化に求められると主張する。

イギリスにおける商船の水夫の待遇は、十八世紀には賃金面では戦時のほうがむしろ良好であった。戦争中の航海は危険が伴い、また水夫も不足がちであったので、賃金が大幅に引き上げられたからである。十八世紀を通して、平時の商船の熟練水夫の賃金は、およそ月二十四から二十五シリングであったが、一七〇二年から一三年のスペイン継承戦争期には、およそ三十から五十シリングと跳ね上がった。しかし、終戦とともに労働力が供給過剰になると、賃金は再び平時の水準に戻ってしまう。さらに一七一五年末には終戦直後の一時的な好景気も終わり、三〇年代まで続く不況がはじまった。また、十八世紀を通して進行しつつあった商船や軍艦における規律の厳格化も、水夫たちが不満を募らせる一因となっていた。レディカーによれば、このような商船での労働環境の悪化が水夫らを海賊に参加させる誘因になったという。海賊の多くはこのような商船で働いていた水夫であり、水夫たちは反乱によって船を乗っ取るか、あるいは船が海賊に捕えられた際にその仲間に加わることで海賊となったのである。また、通常の商船に加え、過酷な労働環境であった奴隷貿易船や、ニューファンドランドでタラ漁に従事する漁船も、海賊の人的供給源となった。[5]

このようにスペイン継承戦争後に海賊が増加した背景には、私掠者やログウッド伐採人の失業問題、そして商船などにおける水夫の労働環境の悪化が存在した。これらの水夫たちは船上の厳しい労働環境から逃れるため、あるいは一攫千金の期待から、海賊活動に身を投じたのだった。

## 2　海賊たちはどのような人々だったのか？

### **海賊になった人々**

では、こうしてこの時期に海賊になった水夫たちは、具体的にはどのような人々であったのだろうか。この点をレディカーの研究に即して見てみよう。まず年齢の面から見ると、その平均は二八・二歳であった。当時、水夫の多くは十二〜十六歳で海に出たので、水夫としてはある程度の経験を積んだ者たちであったと言える。海賊となった水夫の多くは独身であり、社会的には最下層の出身であった。つまり家族や資産などの面で失うものが少ない人々だったのである。

次に出身地を見てみよう。水夫の出身地を正確につきとめることには史料上困難もあるが、裁判記録などから、海賊となった水夫の多くはイギリス諸島出身者であったと考えられている。もっとも高い割合を占めるのがイングランド出身者で、全体の四七・四パーセントを占めていた。そのうちの三分の一はロンドン出身、また約四分の一はブリストルやリヴァプールといった他の主要な港町と関わりのある人々であった。この時期の大物海賊の一人である「黒髭」ことエドワード・ティーチ（サッチとも言う）もブリストル出身である。

イングランドの次には、アイルランド出身者が九・八パーセント、スコットランド出身者が六・三パーセント、ウェールズ出身者が四・〇パーセントと続く。またイギリス諸島ではないものの、バハマやジャマイカといった英領カリブ海植民地や、マサチューセッツ湾植民地など北米植民地の出身者もおよそ四分の一を占めていた。これに加え、オランダ、フランス、ポルトガルなど他のヨーロッパ諸国出身の水夫も六・九パーセント程度、あるいはそれ以上の割合で存在した。

またこの時期の海賊には、元奴隷や自由人のアフリカ系黒人やムラート（黒人と白人の混血）の水夫も一定数含まれていたことが分かっている。中には、アフリカ系黒人やムラートの水夫が海賊船の乗組員の二五〜三〇パーセント近くを占めていたと主張するキンカーのような研究者もいる。これに加え、ごく少数ではあるがネイティヴ・アメリカンの海賊も存在した。[6] このようにこの時期の海賊には他のヨーロッパ人やアフリカ系の人々も含まれていた。このことから海賊集団の多国籍性や多文化性が強調される傾向もあるが、その中心はやはりイングランド、アイルランドなどイギリス諸島出身者であったことは否めない。
特筆すべきは、女性の海賊もごく少数ではあるが存在したということである。もっとも有名なのはアン・ボニーとメアリ・リードの二人である。この二人の女海賊は、一七二四年に出版された『もっとも悪名高い海賊たちによる強盗と殺人の全史』（以下、『海賊全史』）において取り上げられたことで後世に名を残すことになった。この本は様々な海賊の活動を豊富なエピソードを交えて叙述した、いわば海賊についての当時のルポルタージュといえるものである。[7]
著者とされている「チャールズ・ジョンソン船長」なる人物の正体は分かっていない。戦前にはその正体は『ロビンソン・クルーソー』などで知られるダニエル・デフォーであるとの説も提唱されたが、現在ではこの説は疑問視されている。かわりに近年では、ジャーナリストで水夫としての経験もあり、政治的にはジャコバイトとしても知られるナサニエル・ミストがその正体ではないかという説が唱えられている。[8]
この『海賊全史』の記述には、他の史料との照合によりある程度信頼しうると分かっている部分もある一方で、マダガスカルに海賊共和国「リバタリア」を建設したというフランス人のミッソン船長と元修道士のカラチオーリのエピソードのように、現在では著者の創作とみなされている部分もある。そのため、海賊についての生き生きとした叙述を含む魅力的な本ではあるものの、史料としては取り扱いに注意が必要なのも事実である。
ボニーとリードの生い立ちも、この本の中できわめてドラマチックに描かれている。ボニーは父の意に背く結婚がもとでサウス・カロライナの家から追い出されたのち、バハマで「キャリコ・ジャック」こと海賊ジョン・ラカムと出会い、その恋人になって彼の一団に加わったとされている。一方、イングランド生まれのリードは故あって男子として育てられたが、長ずるに及び性別を偽ったまま兵士となり、戦場のフランドルで同僚の兵士と結婚する。その後、夫が亡くなると新たな生計の手段を求めてカリブ海に渡り、そこで海賊になったという。[9] しかし、この二人の半生についての記述は他の史料では確認できず、創作と思われる点も多い。これらの叙述は当時流布していた男装の女性についての物語などと類似性が強く、ボニーとリードの話はジョンソンによって相当程度脚色されたものである可能性が高いことを指摘する研究者もいる。[10]

二人についてより確かなことが分かるのは、捕まって以降のことである。ラカムの一味として活動していたボニーとリードは、一七二〇年末に海賊掃討のために派遣された私掠船と交戦した際に捕えられ、ジャマイカで裁判にかけられた。二人が実在し実際に海賊船に乗り組んでいたこと自体は、この時の裁判記録から確認できる。裁判では海賊行為などの容疑に関してボニーとリードは無罪を主張する。しかし、彼女らが進んで戦闘に参加していたとの証言が寄せられたこともあり、二人は有罪とされ死刑の宣告を受けた。ところが事態は意外な展開を迎える。二人は妊娠中であることを明かして、処刑の延期を要求したのである。これにより刑の執行は延期された。

その後、リードは獄中で病死し、一七二一年四月二十八日に埋葬されたことがジャマイカのセント・キャサリン教区の教区簿冊の記録から判明している。一方、ボニーの消息は長らく不明とされてきたが、最近の研究では新説も出てきている。それによれば、おそらくは父親によって救い出され、サウス・カロライナのチャールストンに戻ったというのである。救出されたボニーは、身ごもっていた、おそらくはラカムの子と思われる赤子をそこで出産する。その後、一七二一年十二月には地元の男性と結婚し、八人の子供をもうけた。この女性はその後、一七八二年四月二十五日にサウス・カロライナで死去しているので、もしこれが本当にボニーであるとすれば、彼女は八十四歳まで生きて天寿を全うしたことになる。[11]

このボニーとリードがスペイン継承戦争後の海賊のうちでもっとも有名な女海賊であるが、この時期には他にもヴァージニアで、メアリ・ハーリー（あるいはハーヴェイ）とメアリ・クリケットという二人の女性が、それぞれ別の海賊のグループのメンバーとして裁判にかけられたという記録が残っている。[12]このように、海賊として活動していたのは必ずしも男性に限られていたわけではなかった。近年のジェンダー史的観点からの海事史研究は、女性が近世において乗客としてだけではなく、少数ではあるが男装の水夫や海兵隊の隊員として軍艦や商船に乗り組んでいたことを明らかにしているが、女海賊もこのような船で働いていた女性たちの延長線上において考えることができるであろう。[13]

## 海賊コミュニティーの特徴

スペイン継承戦争後に北米・カリブ海域で海賊行為に従事していたのは、このような人々であった。これらの人々が構成していた海賊船上の共同体について、研究者によってしばしば指摘されることがある。二章で見た十七世紀のバッカニアのコミュニティーとも共通することであるが、この時期の海賊たちのコミュニティーも「平等」で「民主主義的」性格を有していたというのである。では、海賊集団の一体どのような点が「平等」で「民主主義的」とされたのだろうか。

まず、海賊船内の権力関係についてみてみよう。海賊船内でリーダーを務めるのは船長である。この地位に就く者は、乗組員の中から勇敢さや有能さといった個人的資質によって選出された。海賊船の特徴の一つは、この船長の権力が軍艦や商船と比べて著しく制限されていたという点である。海賊船において船長は、発見した獲物を追跡する時と戦闘の時には絶対的な権限を持ち、他の乗組員はその決定に従わなくてはならなかった。しかし、それ以外の事柄は多数決で決められた。これは、船長や艦長が航海中のあらゆる事柄について強力な権限を有していた同時代の商船や軍艦とは大きく異なる点であった。

また、海賊船にはもう一つの重要な役職として、「クォーターマスター」（「操舵手」と訳されることもある）が存在した。このクォーターマスターは戦闘の際の切り込み隊長であるとともに、船長以外の乗組員の代表者や利益の代弁者の役割も務めた。船長が独裁的な権力を握って乗組員の利益を侵害しないよう、船長の権力を監視し、牽制する役目を担っていたのである。また、食料や戦利品の公正な分配にも責任を負っていた。

しかし、海賊船において船長やクォーターマスターにもまして重要であったのが、メンバー全体の協議会である。この協議会では活動すべき海域や船内でのもめ事の裁決、掟を破った仲間の処遇などが話し合われた。船長やクォーターマスターが選出されるのも、この協議会においてである。この協議会の決定の権威は絶対であり、場合によっては自らが選んだ船長やクォーターマスターを追放することすらあった。

海賊集団の「平等」で「民主主義的」な性格は、海賊たちが船内の社会の秩序を維持するために一味を結成する際に定める掟の内容からもうかがえる。そのうちとくに重要であったのは戦利品の分配に関するものである。分配に際しては分け前の比率があらかじめ決められていた。通常は特別な役職についておらず特殊技能もない乗組員の取り分が一口なのに対し、船長やクォーターマスターは一・五から二口、掌帆長（甲板長）や大工といった特殊技術を有する乗組員も一・二五から一・五口とやや多めに受け取れることになっていた。このように、取り分には若干の差があったものの、その差は艦長が捕獲物金の八分の三を取る海軍の軍艦などに比べると圧倒的に小さかった。この点も海賊船の社会が平等であったといわれる所以である。

また、バッカニアの時代のように、この時期の海賊船でも負傷して身体に障害を負ったメンバーには、一定額の補償金が支払われることになっていた。もっとも、これが水夫のための唯一の補償制度であったというわけではない。当時はすでに老齢の水夫や傷病兵を収容するグリニッジ病院が存在し、水夫たちは少額を給与から天引きされるかわりに、軍艦で勤務する者は病院の利用資格を得られたからである。しかし、海賊船の乗組員の場合は、怪我に対してより直接的な金銭による補償が得られたのだった。[14]

以上のような特徴から、海賊たちの社会は「民主主義」的で「平等」な組織であったと主張されることも多い。確かに商船や海軍の軍艦など同時代の他の船上の組織と比べるとその特徴は際立っており、そこに海賊たちの政治的先駆性を見る歴史家も少なくない。とくにレディカーはこの時期の海賊活動を、大西洋貿易の成熟と資本主義の発達にともない生じた船長の権限強化や船内の規律強化といった労働環境の悪化に対する、水夫たちの抵抗のもっとも先鋭的な形態とみなしている。彼によれば海賊集団の「民主主義」的で「平等主義的」な性格は、水夫たちが求めていた理想的社会の反映なのであった。[15]

しかし、海賊に後代の政治思想との連続性を読み込み、搾取に対する「抵抗者」としての側面を過度に強調して理想化することには慎重になるべきであろう。確かに海賊の活動には搾取者への抵抗や復讐という面もあったにせよ、その主目的は財貨の掠奪であったことを忘れてはならない。

また、当時の水夫がみな海賊の活動に共鳴していたわけではないことにも注意すべきである。レディカーを含めこの時期の海賊を研究する歴史家たちが指摘していることであるが、海賊たちは時に拿捕した船の水夫、とくに大工など特殊技術を持った者をその意に反して一味に加えることもあった。とくに一七二〇年代初頭からは志願者の減少にともない、海賊たちが拿捕した船の水夫を、時には脅迫により無理やりとどめ置くことも見られるようになった。中には逮捕された時の言い訳として強制されたふりをする者もいたが、実際に自らの意思に反してとどめ置かれた者も少なくなかった。そのため強制的に加入させられた水夫たちが海賊船で反乱を起こすケースも見られた。[16] このように、海賊とその他大勢の水夫たちの思惑は、必ずしも一致していたわけではなかったのである。

一方、海賊集団の性質については、近年、新たな観点からも考察がなされている。経済学者リーソンは経済学の諸理論を用いつつこの時期の海賊集団を分析し、その集団の性質や一見非合理に見える行動は、私益を追求する海賊たちの合理的選択の結果生じたものであると主張する。彼によれば、海賊集団の「民主主義的」特徴も、経済学の「プリンシパル＝エージェント」問題の観点から説明できるという。商船の場合、出資者であり船主でもある商人（この場合のプリンシパル）が、水夫たち（この場合のエージェント）を雇用している。雇い主である商人は、航海中に水夫たちが仕事を怠けないよう船長に強力な権限を与えて監視させるが、これは同時に船長による権力の濫用や水夫の虐待といった問題を生み出す危険性も伴う。一方、海賊船の場合、船自体は奪ったものなのでそもそも雇い主が存在しない。そのため商船のような雇い主と乗組員の利害対立もなく、また水夫を監視するために船長に強力な権限を授ける必要もない。海賊たちにとっては、個々の利益増大のためにはむしろ船長による権力の濫用を防ぐことが重要なのであり、そのため海賊船では分権的な体制が好まれたというのである。[17]

リーソンの議論は、海賊船内の権力関係の成り立ちを説明する上である程度の説得力はある。しかし、海賊集団の性質や行動は、経済的合理性の観点からだけで説明できるものでもない。たとえば一部の水夫がそもそもなぜ海賊行為というリスクの高い選択肢を選んだのか、リーソンの経済学的観点は十分には答えてくれない。レディカーの見積もりによれば、一七一六年から二六年の時期には海賊になった者のおよそ四人に一人が処刑されるか、戦闘で殺されるか、あるいは他の原因で不慮の死を遂げた。[18]この時期、多くの水夫が海賊に転じた背景には、やはりレディカーの指摘するような水夫の雇用問題、労働環境悪化の問題も無視することはできない。

このように海賊集団の特質やその行動を経済的合理性の観点からとらえるリーソンの議論と、労働者としての水夫による資本主義への抵抗という文脈で海賊活動をとらえるレディカーの議論は、一見相反するものに見える。しかし、両者の間には共通点も存在する。すなわち、両者とも海賊集団内に自らの「利害」を守るための一定の秩序が存在していたと考えている点では一致しているのである。

もっとも、リーソンの場合はその「利害」を個々の海賊にとっての経済的利益に限定しているのに対し、レディカーの場合はそれを一般の水夫にも関わる労働環境も含めた広義の利害、一種の労働者の福利とも結びつけている点では異なる。しかし、両者とも、海賊たちがメンバーの「利害」を守るためのシステムを集団内に構築していたと見ている点では共通していると言えよう。このように一見秩序とは縁遠い海賊の集団であっても、そこには集団を維持し、個々のメンバーの利害を守るための独自の秩序が存在したのである。

## 3 海賊活動の実態

### 掠奪の手口

では、次にこのような海賊集団が、実際にどのようにして掠奪を行っていたかを見てみよう。十七世紀後半のバッカニアが、スペイン領の都市や要塞を襲うなどしばしば陸上での掠奪も行ったのとは対照的に、スペイン継承戦争後の時期の海賊は、もっぱら海上や港の近くで活動した。その際にしばしば用いた手段の一つは「威嚇」であった。海賊たちは商船など獲物の姿を発見すると接近し、様々な手段で脅しながら、戦闘に至る前に相手を降伏に追い込もうとしたのである。

海賊たちがこのような戦術を好んだのには理由があった。獲物となる商船のサイズは沿岸航海用の二十〜五十トンの小型船から、大西洋を横断する百五十〜二百トンの船舶まで多岐にわたっていたが、多くの場合、乗組員は十から二十人程度と少人数であった。他方、北米・カリブ海で活動していた海賊船の半数以上は捕えた商船を改造したスループ船（快速の小型帆船）であったが、その乗員数は通例百五十から二百名程度と、同規模の商船よりもはるかに多かった。このようなマンパワーの差があっては抵抗しても勝つ見込みはなく、また下手に逆らうと激しい報復も予想されたため、海賊船に追いつかれた商船の乗組員はたいてい速やかに降伏したのである。

バーソロミュー・ロバーツ（1682年頃～1722年）　図の中央や右手にはロバーツの用いたとされる海賊旗が描かれている

また、海賊船は大砲も積んでいたが、海賊たちは商船を襲う際には直接の砲撃はできるだけ避けようとした。砲弾を獲物の船に撃ち込むと、戦利品である船舶と積荷を破壊する恐れがあったからである。砲を撃つ場合でも、その主な目的は、相手の戦意を喪失させ降伏に追い込むことであった。このように海賊たちの狙いはあくまでも確実に戦利品を得ることであって、リスクのある行動は可能なかぎり避けようとしていたのである。

また、海賊の旗――しばしば「陽気なロジャー《ジョリー》」とも呼ばれる――も、獲物の船を襲う際には重要な役割を果たした。もっとも有名なのは、黒地に髑髏と二本の交差した骨というデザインのものであるが、これ以外にも様々なものが存在した。たとえば、大海賊バーソロミュー・ロバーツが用いたとされる旗の一つでは、ロバーツが、カリブ海のバルバドス島とマルティニーク島の島民をあらわす二つの頭蓋骨を踏みつけて立っている図が描かれている。これは、ロバーツを捕えようとした両島の植民地当局に対する彼の怒りを示すものであるといわれている。他にも血を流す心臓や砂時計、短刀といった様々なモチーフが使われ、また色に関しても、黒だけではなく赤い旗も用いられた。さらにこのような海賊旗に加え、相手に怪しまれずに近づくためにイングランドやオランダなどの偽の国旗を用いることもあった。

こうして、威嚇やだまし討ちといった手段によって獲物の船を降伏に追い込むと、海賊たちは多くの場合、船長を人質にとってから、金目の物や、ロープや帆といった船の必需品、それに食料を求めて船内を入念に物色した。その際には、貴重品のありかを吐かせるために捕虜を拷問することも躊躇しなかった。また復讐のために暴力を振るうこともあった。捕えた船の船長が部下の水夫に対し横暴であったと分かると、海賊たちはしばしば容赦なく船長を痛めつけたのである。[19]

### 活動海域と拠点

では、次に海賊の活動海域や拠点を見てみよう。海賊たちの主な猟場として挙げられるのは、まず北米・カリブ海域である。ここでは大西洋を横断する、あるいはアメリカ植民地間を往来するヨーロッパの商船が標的となった。すでに述べたように、この海域における海賊の中心基地は、当初はカリブ海のバハマ諸島の一つニュー・プロヴィデンス島であった。しかし、後述するように、一七一八年に海賊掃討と植民地再建を目指してイギリス本国からウッズ・ロジャーズ総督が派遣されると、海賊たちはバハマの基地を失った。この時に降伏しなかった海賊たちは、新たな基地を求めてヴァージン諸島などカリブ海の他の島や西アフリカへと散っていった。

一方、北米の拠点であったのは、ノース・カロライナである。ノース・カロライナは、タバコを産するヴァージニアや、米やインディゴを産するサウス・カロライナなど近隣植民地と比べると、有力な輸出用作物を持たない相対的に貧しい植民地であった。この植民地のチャールズ・イーデン総督は、特赦を求めてやってきた「黒髭」こと海賊ティーチの一味を迎え入れ、一味がこの地を拠点として掠奪を再開するのを黙認したのだった。[20]

また、この時期の海賊も、三章で見た十七世紀末の「紅海者」と同様にインド洋でも活動した。この第二期の「海賊周航」は、とくに海賊たちがバハマを追放された後の一七一八年から二一年頃の時期に盛んになった。海賊たちはマダガスカルのセント・メアリー島の基地を再興し、そこを拠点にインド洋や紅海で主にムガル帝国の船やアラブ船、ポルトガルなどヨーロッパ諸国の船を襲ったのである。西アフリカ沿岸もこの時期の海賊の活動場所の一つであった。この海域では、とくにギニア湾沿岸で奴隷貿易に携わっていた奴隷貿易船が標的とされた。[21]

この時期の海賊活動の例として、「ブラック・バート」ことバーソロミュー・ロバーツの例を見てみよう。ロバーツはウェールズ南西部のペンブロックシャーのハヴァフォードウェスト近郊の出身とされており、奴隷船で航海士として勤務していたところ、一七二〇年に船が海賊ハウエル・デイヴィスにつかまったことから、その一味に加わった。当初は海賊に加わることは嫌がっていたと言われるが、加入後は卓越した航海技術や持ち前の勇敢さによりたちまち頭角を現し、デイヴィスの死後に新船長に選出された。そして、「ロイヤル・フォーチューン」号を旗艦とする海賊船団を率いて、南米沿岸や西アフリカなど大西洋一帯を舞台に掠奪を行った。

とくに成功を収めたのが、ブラジルの現在のバイーア州のトードス・オス・サントス湾沖での掠奪である。ロバーツはそこでリスボンへの出発を待つポルトガル商船団を発見すると、そのうちのもっとも高価な積荷を積んだ船に狙いをつけて接近し、巧みに相手船に乗り移り船を乗っ取った。そして軍艦が救援に来る前に、大量の金貨やポルトガル国王に献上されるはずであったダイヤモンドをあしらった十字架など貴重品を満載した船を連れて脱出した。彼がその生涯の活動を通じて拿捕した船の総数は、四百隻余りにのぼるとされている。ロバーツは「黒髭」ティーチほどの知名度はないものの、この時期に活動していた海賊のうちで、もっとも成功を収めた海賊の一人と言える。[22]

## 4　本格化する鎮圧

### 「全人類の敵」に

このようにスペイン継承戦争後に猛威を振るった海賊たちであったが、やがてイギリス本国や植民地政府による取り締まりが本格化することになる。二章や三章で見たように、本国政府はすでに一六七〇年代頃から、スペインとの外交・貿易関係の悪化を恐れてカリブ海を拠点とする掠奪者の取り締まりに着手していた。また、十七世紀末にもムガル帝国との関係悪化の懸念やＥＩＣの要請により、北米植民地を拠点とする海賊の取り締まりを強化していた。このようにすでにスペイン継承戦争以前から、北米・カリブ海を拠点とする掠奪行為の取り締まりは始まっていたのである。

しかし、海賊鎮圧が決定的な成功を収めたのは、スペイン継承戦争後のことであった。その理由としてはいくつかのものが考えられるが、とくに重要だったのは、掠奪の性格の変化に伴い、海賊たちが植民地における支援者を失っていったということである。十七世紀後半のジャマイカのバッカニアや十七世紀末の「紅海者」と異なり、スペイン継承戦争後の海賊は、その獲物をスペイン船やムガル船に限定しなかった。すでに述べたように、元私掠者の初期の海賊の中にはイギリス船を攻撃対象にしない者もいたが、一七一七年頃から海賊たちはイギリス船をも含む無差別な掠奪を開始するようになったのである。[23] これはそれまで基地を提供していた英領植民地の総督や、戦利品の買い取りや物資の供給を担当していた植民地商人といった有力な支援者の喪失につながった。

もっともこの頃にも、少数ではあるが海賊との結託から何らかの利益を引き出そうとする植民地人も存在したようである。いくつかの断片的史料からは、この時期にも北米北部・中部植民地の一部商人が海賊たちと隠密裏に取引をし、武器や物資を供給していたことがうかがえる。たとえばゲイルなる人物は、一七一八年十一月にサウス・カロライナのトマス・ピット・ジュニアに送った手紙の中で、海賊たちがしばしば彼に、ロードアイランドやニューヨーク、ペンシルヴェニアなどの商人からの武器や食糧の支援なしには自分たちはここまで強大にはなれなかっただろうと語っていたことを記している。[24]

しかし、北米植民地で海賊との結託がなかば公然と行われていた十七世紀末の時期とは異なり、十八世紀初頭には、このような取引はもはや秘密裏に行わざるをえなくなっていた。また、イーデン総督のように海賊と結ぶ植民地総督も一部存在したが、この時期の総督の多くは海賊に敵対的であった。バハマのロジャーズ総督以外にも、ヴァージニアのアレクサンダー・スポッツウッド、サウス・カロライナのロバート・ジョンソン、ペンシルヴェニアのウィリアム・キースなどの総督は、みな海賊鎮圧に積極的であった。

海賊たちが支援者を失ったのは、前述のように無差別な掠奪に手を染めるようになったことが直接の原因であるが、より長期の観点から見れば、この時期に進行していたプランテーション経済と大西洋貿易の発展も重要な背景であった。二章で見たように、十七世紀後半にバッカニアの基地であったジャマイカでは、スペイン領との密貿易と並行して砂糖プランテーションが発達するに伴い、植民地人にとってのバッカニアの利用価値は薄れていき、その結果、彼らがジャマイカを拠点として平時の掠奪活動に従事することは難しくなっていった。それと同様に十八世紀初頭の北米植民地においても、ヴァージニアやサウス・カロライナでタバコや、米、インディゴといった輸出用換金作物の栽培が発展するにつれ、それら植民地の有力者が海賊に基地を提供する意義は薄れていったのである。

その結果、これら富裕な植民地の有力者にとって、海賊はもはや利益をもたらす存在ではなく、植民地貿易を妨害し、植民地の安全を脅かす存在となった。また、アメリカ植民地との貿易や西アフリカとカリブ海を結ぶ奴隷貿易に従事するイギリス本国の商人にとっても、海賊たちの活動は脅威となりつつあった。こうしてこの時期の海賊は、植民地においても本国においても、自由な貿易活動を阻害し、財産、とくに商人の財産を脅かす「全人類の敵」とされ、鎮圧の対象になったのである。[25]

## 特赦と武力での鎮圧

では、海賊の鎮圧はどのようにして行われたのだろうか。[26] この時期の鎮圧には直接的間接的なものを含めいくつかの手段がとられたが、その中には十七世紀末の手段と共通するものも多かった。間接的手段の一つは法制度の整備である。前章で見たように、十七世紀末までは海賊たちは逮捕されても裁判で無罪になるか、あるいは官憲の黙認のもと脱走するということもしばしば見られた。このような事態を防ぎ、捕えた海賊に処罰を下すべく、スペイン継承戦争前から法制度の整備が図られていた。

一七〇〇年には、エヴリの裁判で判事を務めたサー・チャールズ・ヘッジズの主導で新たな海賊法が制定された。この法律は海賊裁判の実施を容易にすることを目指したものであった。ヘンリ八世期の一五三六年の海賊法では海賊行為の裁判は本国で行われる必要があったが、多大な費用と時間をかけて植民地から本国に容疑者を輸送するのは困難も多く、裁判実施の妨げとなっていた。そのため、この法律では容疑者の送還が難しい場合、場所を問わずに設置できる七人の官吏ないし海軍士官からなる法廷で裁くことができるとされた。また一五三六年法では、裁判はコモン・ローに基づき陪審員が有罪無罪を判断することになっていた。しかし、これら陪審員が掠奪者に同情的な場合、あるいは彼らと結んでいる場合には無罪の判決を下すこともままみられた。そこでこの法律により、裁判は上述の法廷で大陸法に基づいて陪審なしで行いうるとされたのである。その後も、海賊と取引した者や海賊の支援者も海賊行為の正犯とみなす一七二二年の法律など、いくつかの海賊関連法が制定されていった。こうして、海賊たちをより確実に絞首台に送り込むための条件が整えられていったのである。[27]

また、商務院など本国政府の機関が主導して進めていた植民地の王領化政策も、海賊行為の抑止に間接的に貢献した。この王領化政策とは、植民会社、あるいは本国や現地在住の領主が所有する私的な植民地を王権の直接統治下に置くことで、その統制強化を目指すものである。この政策は部分的には成功を収め、一七〇二年には東西ニュー・ジャージー植民地、一七一八年にはバハマ植民地、そして二九年には南北カロライナ植民地が王領植民地となった。バハマ植民地の場合は王領化と海賊鎮圧が直接的に結びついていたが、そのほかの植民地の場合も、この政策は海賊から基地を奪いその活動を困難にすることに貢献した。このような間接的手段により政府は外堀を埋めていったのである。[28]

では、次に直接的な対応を見てみよう。十七世紀末の鎮圧作戦と同様、政府は海賊たちに対しては「アメ」と「ムチ」を使い分けつつ迫っていった。「アメ」は特赦の発行である。海賊の活動が活発化してくると、はやくも一七一七年九月には国王布告が発布され、特定の期日までに降伏した海賊については特赦が認められるとされた。この特赦はとくにバハマの海賊掃討においてはある程度の成果を挙げた。[29]

すでに述べたように、スペイン継承戦争後、バハマは海賊の基地となっていたが、イギリス本国ではこの基地を除去する計画が持ち上がった。[30]一七一七年、元私掠者のウッズ・ロジャーズが、ロンドンやブリストル商人の支援を受けて、海賊掃討とバハマ植民地の再建に乗り出したのである。政府への働きかけで同植民地の新総督に任命されたロジャーズは、一七一八年四月にイギリスを出港、七月にはバハマのニュー・プロヴィデンス島に到着する。入港の際には島を根城にする海賊たちの抵抗も予想されたが、軍艦四隻を随行していたこともあって、降伏を頑《かたく》なに拒否する海賊チャールズ・ヴェイン一味の脱出劇を除いては、大きな混乱は見られなかった（なお、この時脱出したヴェインはのちにホンジュラス湾沖で難破し、救出されたもののジャマイカに送還され、一七二一年三月にポート・ロイヤルで処刑された）。

ロジャーズは国王からの特赦に関する布告を携えており、ホニゴールドやジェニングズら島にいた海賊の多くは、これを受け入れて降伏した。しかし、それまでに得た物を没収されることや被害者から賠償を請求されることを恐れて投降を躊躇する者や、投降後に再び海賊稼業に復帰する者もいたため、特赦の効果は限定的であった。

一方、「ムチ」の代表的なものは海軍の力を借りての海賊掃討である。北米やカリブ海の植民地には、一六九〇年代から、商船や漁船の保護のため平時でも軍艦が駐留することが恒常化しており、スペイン継承戦争後の一七二〇年代の時点でも二十隻弱の軍艦が駐留していた。また、必要に応じて本国からも追加の艦船が送られてきた。これに加え、西アフリカやインド洋でも貿易保護のため、数隻の艦船が巡航することもあった。これら軍艦の多くは、当時の海軍の区分で五級、六級とされる小型艦であったが、それでも砲を十〜二十門程度しか積まないカリブ海の大半の海賊船よりも重武装であり、海賊船を撃破するには十分な力を有していた。

もっとも、軍艦が鎮圧に従事したからといって海賊が即掃討されたわけではない。実際には、経費

海賊スティード・ボネットの処刑

節減のために人員や食料の補給を制限しようとする本国からの指令や、植民地総督と艦長との意見対立が妨げとなって、鎮圧作戦が滞ることも時折見られた。また、軍艦の艦長がスペイン領との密貿易に従事して海賊掃討の任務を怠ることすらあった。しかし、作戦が外部からの干渉を受けず、また艦長が任務を忠実に実行さえすれば、軍艦の活用は鎮圧にはもっとも効果的な手段であった。[31]後に見るロバーツ一味の掃討を成し遂げたのも、海軍の軍艦であった。

これ以外にも、船舶や人員の面で植民地総督と海軍が協力して掃討作戦を行うケースも見られた。その成功例としては、「黒髭」こと海賊ティーチの掃討作戦が挙げられる。一七一八年十一月、軍艦「パール」号の士官ロバート・メイナード海尉は、ヴァージニア総督スポッツウッドの要請により、ノース・カロライナを拠点とするティーチ一味の掃討に乗り出す。メイナードはスポッツウッド総督が提供したスループ船に海軍の水夫を乗せてノース・カロライナに向け出発し、陸上から侵攻した部隊と連携しつつ、ティーチ一味の居場所を探索した。やがて、オクラコウク島の入り江において一味を発見すると、激しい白兵戦の末、ティーチを殺害した。その首は船首に吊るされ、戦利品としてヴァージニアに持ち帰られた。また、捕えられた残りの海賊の多くも同地で絞首刑となったのだった。[32]

三つ目の方法は、植民地当局が民間人に海賊を逮捕する権限を与えて、掃討を委託するというものである。その成功例としては、サウス・カロライナ植民地政府の主導による一七一八年の掃討作戦が挙げられる。その年の九月、海賊の被害に悩まされていた同植民地のロバート・ジョンソン総督は、チャールストンの名士ウィリアム・レットにその掃討を委任した。海賊の捜索に乗り出したレットは、フィアー岬でスティード・ボネットの一味と遭遇する。

このボネットは、バルバドスの富裕なプランターであったにもかかわらず、自費で船を仕立て掠奪稼業に乗り出した変わり種の海賊である。一時はティーチと行動をともにしていたこともあったが、海賊船の船長としては著しく無能であったため、実質的な指揮権は取り上げられてしまった。ボネットはやがてティーチに見捨てられ、いったんは特赦を得て海賊稼業から足を洗おうと試みたが、部下からの圧力もあり、再び海賊として掠奪を続けていたところを、レットに発見されたのである。

銃撃戦の末、ボネットの一味はレットに捕えられる。その後、ボネットは逃亡を図るが再度捕まり、一部住民の助命の嘆願も空しく、一七一八年十二月、チャールストンにおいて絞首刑に処されたのだった。[33]

## 追い詰められる海賊たち

こうして、一時はイギリスを含むヨーロッパ諸国の大西洋貿易の脅威となった海賊たちも、政府の鎮圧作戦により次第に追い詰められていった。この作戦の画期をなしたのが、西アフリカにおける一七二二年のバーソロミュー・ロバーツ一味の掃討である。

イギリス本国は奴隷貿易保護と海賊討伐のため、西アフリカに軍艦数隻をたびたび派遣していた。チャロナー・オウグル艦長の指揮する軍艦「スワロウ」号と、その僚艦「ウェイマス」号もその一つである。一七二一年四月にシエラレオネに到着したオウグルは、本国からの指令に従い、西アフリカ沿岸部のパトロールに着手する。一方、遅れて西アフリカに到着したロバーツの一味は、オウグルの存在を知るとその後をつけ、軍艦が通り過ぎた後の海域で多数の商船を掠奪した。こうして海軍の裏をかくことに成功したロバーツ一味であったが、オウグルが人員補給のため予定より早く引き返したことでその立場は逆転する。オウグルはロバーツらの掠奪に気づき、今度は彼がロバーツ一味を追うことになったのである。

一七二二年二月、オウグルは現在のガボンにあるロペス岬沖でロバーツの船団を発見する。オウグルの「スワロウ」号はそのうちの一隻をおびき出すことに成功し、近づいてきたところに一斉射撃を加えて降伏に追い込んだ。その後、ロペス岬に戻ったオウグルはそこにロバーツの船団がまだとどまっているのを見つけると、フランスの旗を掲げながら接近し、射程距離まで近づいたところで突如イングランドの旗を掲げ、大砲を放って戦いを挑んだ。

ロバーツの旗艦「ロイヤル・フォーチューン」号は、砲四十門と海賊船としてはきわめて大型で、乗員も二百名超を擁していたが、「スワロウ」号の猛烈な砲撃の前に次第に苦境に立たされた。『海賊全史』のジョンソンの記述によれば、ロバーツは、「豪奢な深紅のダマスク織のベストにズボンという装いで、帽子には赤い羽根飾りを刺し、金の鎖を首に十回り巻き付けて、手には剣を、さらに（海賊の流儀に従い）絹のつりひもの端に下げた二丁の拳銃を肩から吊るして」、部下に決然と命令を下していたと言われるが、戦闘開始後まもなく喉を撃ち抜かれて死亡した[34]。その遺体は生前からの希望により、部下によって海に投げ入れられたという。残りの乗員もしばらくの間抵抗を続けていたが、船のメインマストが砲撃で破壊されるとまもなく降伏した。

戦闘後、逮捕された者の数は二百六十名近くにのぼった。その多くは西アフリカのイギリスの城塞ケープ・コースト・キャッスルで裁判にかけられたが、裁判では迅速さを優先するあまりいくつかの手続きは省略されたうえ、時には不十分な証拠に基づいて有罪判決が下された。この裁判の結果、五十二名が処刑された。これは一度に死刑になった海賊の数としては、十八世紀で最大のものであった。オウグルはこの功績によってナイトの称号を授けられた[35]。

海賊たちの中でもとりわけ強勢を誇ったロバーツ一味の壊滅は、スペイン継承戦争後の海賊鎮圧における転換点となった。引き続き行われた掃討作戦により、海賊たちは一七三〇年頃までにはほぼ鎮圧された。以後も散発的な海賊行為は見られたものの、ヨーロッパ人主体の大規模な海賊活動はこれによりいったんは終息することになる。

なお、近年、十八世紀を通して海賊行為は引き続き盛んに行われていたとする研究も現れているが、その論拠は十分とはいえない[36]。ただし、十九世紀初頭に海賊活動の一時的な復活が見られたことは付言しておきたい。十九世紀初頭の中南米の旧スペイン領植民地のスペインからの独立戦争の際には、スペイン、ラテン・アメリカ諸国側、さらにはボルティモアなど一部合衆国市民も関わっていた私掠行為と並んで、キューバを拠点とする海賊活動がとくに一八二〇年代前半に活発化した。これについては、近年英語圏でも本格的な研究が進められ、詳細が明らかになりつつある。[37] これを一世紀ぶりに起こった大規模な海賊行為の一時的復活と見ることもできよう（もっとも、その中心的担い手は、厳密な意味では「ヨーロッパ人」ではなく、十六から十八世紀初頭にはむしろ襲われる側であったアメリカのスペイン系住民であった）。また、十九世紀初頭のアメリカ合衆国では、ルイジアナのバラタリアに根城を持つジャン・ラフィットらの海賊・密輸団が活動しており、彼らは、米英間の一八一二年戦争でのニュー・オリンズ包囲戦に際しては、合衆国側を支援したこともあった。[38]

このように、十九世紀初頭には一時的な揺り戻しもあったが、基本的には一七三〇年以降、少なくとも十八世紀の間は、ヨーロッパ人を主体とする大規模な海賊行為はほぼ抑え込まれていたと言ってよいだろう。しかし、それは海上での掠奪そのものが禁止されたということを意味しない。海賊研究の観点からはしばしば見落とされがちな点であるが、政府の認可を受けた私人による合法的掠奪行為、すなわち私掠は、十八世紀にも活発に行われ続けたのである。次章ではこの私掠行為について見てみよう。

第五章

# 私掠者と掠奪

序章でも述べたように、私掠は法的には海賊行為とは区別される海上での合法的掠奪行為であった。とくに十八世紀に入ると私掠の制度化が進む一方、一七三〇年頃までに海賊活動がいったん鎮圧されたことで、私掠は法的にだけでなく、実態としても海賊行為とは分化していった。この私掠を、イギリスをはじめとするヨーロッパの海洋諸国は、十八世紀を通して戦争の際に活用し続けたのである。

では、我々からすれば海賊行為とさして変わらないように見えるこの私掠が、なぜ十八世紀の間は禁止されることもなく続いていったのだろうか。本章ではまずその理由について考察し、次に前章でも登場したウッズ・ロジャーズの私掠世界周航（一七〇八〜一一）を例に、私掠活動の実態を見ることで、いかなる点でこれが「制度化された」合法的掠奪と呼びうるのかを明らかにする。

## 1　私掠と通商破壊戦

### 私掠は軍事的に有用だったか？

なぜ私掠は十八世紀においても盛んに利用され続けたのだろうか。その大きな理由の一つは、私掠行為はそれを許可する政府にとっては依然として一定程度の軍事的経済的重要性があると考えられていたからにほかならない。すなわち、私掠者は他のヨーロッパ諸国との海上での抗争において、「通商破壊戦」の一翼を担う存在として期待されていたのである。

この通商破壊戦とは何か。「海上での戦い」というと、我々は艦隊同士の決戦をまず想起するかもしれない。しかし、近世のヨーロッパにおいては、軍艦同士の艦隊戦だけでなく、敵国の商船への攻撃、あるいは敵国と交易する第三国の商船の妨害もその重要な一部であった。これは敵国の海上貿易を妨害することでその経済の弱体化を目指すもので、私掠者はこのような通商破壊戦の主要な担い手の一つと目されていたのである（ただし次章で見るように、この通商破壊戦には私掠船のような民間の船だけでなく、海軍の軍艦も従事していたことは強調しておきたい）。

また、私掠者には防衛的役割も期待されていた。すなわち、沿岸部のパトロールや商船の護衛などを通じて敵私掠船による自国商船への攻撃を防ぎ、海上貿易の防衛に貢献しうると考えられていたのである。イギリスの場合、とりわけその海上貿易の脅威であったのが、フランスによる通商破壊戦《ゲール・ドゥ・クルス》であった。

十七世紀末から十九世紀初頭にかけてのいわゆる「長い十八世紀」において、英仏はヨーロッパの覇権をかけ、「第二次百年戦争」とも呼ばれる一連の戦争を断続的に戦った。そのうちとくに九年戦争およびスペイン継承戦争において、フランスは財政上や戦略上の理由から、海軍の艦艇や武器、および民間の資本を動員しての通商破壊戦に力を入れた。これに対するイギリス側の貿易の守りの要は海軍であったが、限られた数の艦船では多数の敵私掠船には対処しきれないため、私掠者も上述のパトロールや護衛、それに時には偵察や兵員輸送などを通じて、海軍による防衛を補佐する役目を担うことがあった。[1] このように私掠者は敵国との通商破壊戦において、攻撃防御の双方における貢献を期待されていたのである。

では、私掠者はその期待にどの程度応えたのであろうか。この点については、イギリス本国近海の私掠に関する限り、多くの研究者は懐疑的な立場をとっている。十八世紀のイギリスの私掠研究の第一人者であるスターキーは、海軍の発達にともない、十八世紀までには私掠の軍事的役割は副次的なものとなり、もはや戦局に直接的影響を及ぼすものではなくなっていたと指摘する。また、私掠活動のマクロなレベルでの経済的影響についても、研究者は概して懐疑的である。私掠者のもたらす捕獲物は局地的には商品の供給過剰や価格変動など無視できないインパクトも与えたが、イギリス全体への経済的効果という点では、その影響は十六世紀とは異なり、十八世紀にはもはや大きいものとは言えなかった。スペイン継承戦争期の私掠活動を分析したマイアーは、同戦争中の捕獲物の総額はイギリス本国全体の外国貿易の総額の〇・五パーセントに満たなかったと見積もっている。植民地における私掠の意義についてはより肯定的な評価もあるものの、本国近海のものに関する限り、イギリスの私掠の軍事的経済的有用性は限定的なものであったというのが現在の主流の見解と言える。[2]

## 重商主義と私掠

ここで一つの疑問が生じる。その実際の軍事的経済的有用性がこのように限定的であったのならば、一体なぜ私掠は十八世紀を通して政府に容認され続け、ときには奨励すらされたのだろうか。

その理由を考える際に考慮に入れるべきは、同時代における私掠の実際の有用性と当時の人々の私掠の意義に対する認識のズレである。上述の私掠の有用性に対する懐疑的評価は、入手できる計量的データに基づく試算のうえで、現代の歴史家が下したものである。もちろんデータ自体の乏しさや信頼性の問題もあるが、より重要なのは当時、政策決定に携わっていた政治家たちは、同様のデータに基づいた合理的かつ計量的観点から私掠の有用性を分析できたわけではないということである。さまざまな統計資料に容易にアクセスできる現代とは異なり、私掠が盛んに行われていた十八世紀には、政府要人すら私掠活動に関する体系的かつ包括的なデータを把握していたわけではなかった（そもそもそのようなデータ自体存在しないことも多かった）。このような点を考えると、当時私掠が奨励された理由を考えるには、現在からみた実際の軍事的経済的有用性という観点だけでなく、当時の人々の認識のレンズを通して私掠を見ることも必要である。

そのために理解すべきことは、十七、十八世紀にヨーロッパで支配的な経済観であった重商主義思想、およびその中での通商破壊戦の位置づけである。典型的な重商主義思想においては、世界の富の量は有限と考えられ、その限られた富を、当初は貴金属の獲得、のちには有利な貿易差額の維持を通じて他国より少しでも多く確保することが目指された。

このような世界観のもと、近世に登場しつつあった主権国家は、国際貿易や国外の市場や植民地をめぐって地球規模での抗争を展開した。軍事力の源泉となる富を生み出す貿易や植民地の保護、拡張といった経済活動の支援が、政治体である国家の最重要課題の一つと考えられるようになり、王位継承問題や宗教的問題だけでなく、経済的利害の防衛や推進が戦争の理由として公然と語られるようになったのである。近世におけるこのような経済的原理の政治への侵食とそれに伴って生じる諸国間の頻繁な抗争状態は、当時、批判の意も込めてしばしば「貿易の嫉妬」と形容された[3]。

このような貿易や市場をめぐる世界規模の抗争は、海洋における武力行使を伴うこともあり、通商破壊戦もその重要な一局面であった。十八世紀中葉の北米植民地の私掠を研究したスワンソンが指摘するように、このような重商主義的世界観を背景とした海洋での抗争を展開する近世ヨーロッパの国家にとっては、私掠は好都合の軍事力であった。なぜならそれは民間資本によって行われるため、国家に財政負担をかけないうえ、敵国の経済を弱体化させ、敵商船の拿捕を通じて自国にも富をもたらしうると考えられていたからである。[4]

私掠奨励を訴える者たちは、このような観点からの私掠の利点を強調した。それは、一六九五年頃に、おそらくは当時議会で審議されていた私掠奨励法案の通過を後押しするために出された、あるパンフレットの一節からもうかがえる。

私掠者たちが（戦争の間に）、フランス人から多くの捕獲物を奪い、また奪い返しただけでなく、フランスの沿岸できわめて多数の敵船を焼き払い、沈め、破壊してきたことは明らかである。そしてそれは、敵を大いに困窮させ、弱体化させ、そして、彼らの貿易に関して悩ませたのと同じく、拿捕した捕獲物の価値の分だけこの国［イングランド］を富ませた。そして、それにより、この王国にとって二重の利点となっているのである。[5]

ここで述べられているように、私掠は少なくともその支持者からは、敵国の富を減じると同時に自国の富も増加させる、まさに一石二鳥の武器とみなされていた。私掠が活用され続けた背景には、このようにそれが近世の重商主義的世界観に適合的な戦術とみなされていたということも影響していたのである。

もちろん、重商主義思想が支配的であった十八世紀前半においても私掠への批判が存在しなかったわけではない。たとえば、『ロビンソン・クルーソー』の著者として知られるダニエル・デフォーは経済問題についての論説記事も多く著しているが、一七〇六年十月の『レビュー』誌の記事において私掠批判を展開している。デフォーは、七章で見る、十八世紀後半から有力になる新たな戦争観や十九世紀のマンチェスター学派の思想を一種先取りする形で、戦争の影響は当事者である君主やその軍隊の間にのみ限定されるべきであり、双方の臣民やその貿易には影響が及ばないようにすべきであると訴える。そして戦時に海上貿易を阻害するものとして、私掠を槍玉に挙げたのである。デフォーは商人が私掠船を組織して掠奪に従事するという慣行の野蛮さを指摘し、そのような行為はそれを正当化する権威を「キリスト教徒にあるまじき羨みの原理や、力ずくで奪ってでも隣人の物を獲得して享受したいという熱望、あるいは同様の暴力によって受けた損害に対する復讐や報復といったものに基づいて始まった慣行」から引き出しているとして、これを糾弾した。[6]

デフォーの論説は、その時々の彼のパトロンであった政治家の意見を反映している場合も多々あるため、この主張を彼自身の思想の表明とみなすことには慎重になるべきである。しかし、十八世紀初頭に、すでに私掠への批判がこのような形で語られていたことは注目に値する。もっとも、掠奪行為自体を否定するデフォーのような批判は、十八世紀ではいまだ少数派であり、一定の規範の中で行われる限り、私掠は通商破壊戦に寄与する行為として政府に容認され、ときには奨励すらされたのだった。

## 合法的掠奪ビジネスとしての私掠

以上見てきたように、私掠はそれを認可する政府などの公的権力にとっては通商破壊戦の際に活用すべき武器であった。では、実際に私掠に関わっていた人々にとって、それはどのような意味を持っていたのであろうか。人々は何を求めて私掠に従事したのだろう。

ここで「私掠に関わる人々」といった場合、それは大きく二つに分けられる。私掠船への出資者(オーナー、株主とも言う)と、実際に掠奪に従事する私掠船の乗組員である。ただし、実際に掠奪に従事する者の中でも船長は、乗組員の一部でありながら出資者の意向に沿いつつ乗組員を監督する存在でもあり、また自身が出資者の場合もあるという点で、両者の中間的存在であった。

ここで重要なことは、出資者と乗組員のいずれにとっても、私掠は一義的には投機性の高い経済活動であったということである。まず前者の出資者について見てみると、十八世紀にその中核となったのは主に商人や船主であったが、これに貴族やジェントリ、官吏、海軍士官、銀行家、さらにはパン職人や肉屋といった、職業や階層の多様な人々が加わることもあった。これら出資者にとって私掠は戦時の投資先の一つであった。とくに商人や船主にとっては、通常の貿易が戦争により中断、あるいは低迷している場合に、その代わりとなる投資先の選択肢の一つだったのである。さらに私掠は、貿易の中断により行き場を失った船舶や労働力のはけ口も提供した。例えば奴隷貿易が盛んであったリヴァプールの商人は、アメリカ独立戦争中、アメリカの私掠者の妨害やアメリカ植民地市場の閉鎖により大西洋貿易の中断を余儀なくされたが、貿易には使えなくなった奴隷船を私掠船に転用して船舶の有効活用を試みたのだった。

**スペイン軍艦「グロリオーソ」号と交戦するイギリス船団**　「グロリオーソ」号は図の中央右の船。英軍艦「ラッセル」号（中央左）とともに、「キング・ジョージ号」（左端）、「プリンス・フレデリック」号（中央の砲煙の間）など、戦闘に加わった英私掠船の姿も描かれている（National Maritime Museum 蔵）

このように私掠は商人や船主などの出資者にとっては、戦時の掠奪ビジネスとでも呼べるものであった。しかし、それはまたリスクの高いビジネスでもあった。一口に私掠船と言っても、掠奪を専業とする「私軍艦」タイプの私掠船と掠奪と、貿易を兼業する「拿捕認可状船」の二種類があったが、このうちとくに前者の「私軍艦」の場合、収益の多寡は私掠船が航海中にどれだけ捕獲物を拿捕できるかにかかっていた。

スターキーによれば、一七〇二年から〇八年の時期のイギリス海峡やその近海を活動範囲とする私掠船（「海峡私掠船」）、およびそれより広く北東大西洋一帯を活動範囲とするタイプの私掠船（「遠洋私掠船」）の約四割は、高等海事裁判所が正当と認めるような拿捕を実現することなく航海を終えたという。また、たとえ拿捕に成功しても成果は一隻にとどまる事も少なくなかったため、さほど利益を上げない航海も多かったと推測される。だが他方では、オーストリア継承戦争中の一七四五年に七十万から八十万ポンド相当の捕獲物を拿捕し、推計三五〇〇パーセントに及ぶ利益を上げた「プリンス・フレデリック」号と「デューク」号のような華々しい成功例もあった。

このように私掠は一種のギャンブルに近いものであった。さらに多くの商人にとっては、それはあくまで中断された貿易の代わりとなる一時的な投資先のひとつにすぎなかった。戦争中でも国内貿易や海外貿易を安全に継続でき、利益を得る見込みがあるならば、そちらが優先されることも多かったのである。[7]

一方、私掠に関わるもう一つのグループ、すなわち私掠船の乗組員にとっても、私掠は一種の賭けであった。私掠には戦闘による負傷や死亡の危険、さらには敵国の捕虜となって劣悪な環境の牢獄に長期間拘留される危険が絶えずつきまとっていた。その反面、私掠船の乗組員は捕獲物金の収益から一定の分け前を得ることができたので、もし自船が高価な積荷を積載した敵船の拿捕に運よく成功すれば、大金を入手できる可能性もあった。

もっとも捕獲物を拿捕したとしても、必ずしも大金を手にすることができるとは限らない。乗組員の分け前は、出資者によって、水夫への前貸し金の回収や航海中に支給された寝具や衣類の費用など、様々な名目で削られたからである。また出資者が悪質な場合、乗組員の取り分の支払いを故意に遅らせたり渋ったりすることもあった。[8] 以上のように私掠は、出資者と乗組員のどちらにとってもギャンブル性の高い経済活動だったのである。

## 「管理された掠奪」

このように私掠は、それに関わる者、とくに直接の参加者である乗組員にとっては、一攫千金のチャンスであった。そのため私掠には、ともすれば認可状の範囲を超えた違法な掠奪に転化しかねない危険性もあった。また次章で見る海軍による拿捕も、海賊行為に転じる可能性は私掠に比べればずっと低いものの、捕獲物の横領など別の形での違法行為が生じる可能性は常に存在した。

このような違反を防ぐための法的制度を整備する試みは、すでに十六世紀以前にも見られた。しかし十七世紀半ば以降、その試みはさらに本格化していく。もっとも、繰り返しになるが、このような動きが目指していたのは、あくまで戦時の掠奪を活用するための管理であり、その禁止ではなかったという点には注意すべきである。十八世紀には私掠者や海軍による拿捕は、七章で見るような様々な問題を引き起こしつつも、認可状の範囲内であれば、通商破壊戦の一部として基本的には奨励されたのである。

イングランドではこの拿捕の管理・統制の法的枠組みは、十七世紀半ば以降は主として議会制定法によって整備されていった。まず、一六四九年の捕獲物法により、公海上で拿捕されたすべての船舶は、ロンドンの高等海事裁判所において合法的な「捕獲物」との認定を受ける必要があるとされ、そのために同裁判所に捕獲物部門が設けられた。以来、戦争のたびに高等海事裁判所は、国王の委任状に基づき、海軍や私掠者が拿捕した船舶や積荷を審査する「捕獲審検裁判所」として機能することになった。さらに十八世紀初頭には、捕獲物の審査手続きや処分方法などを規定した、一七〇八年の「巡航艦艇・護送船団法」と「アメリカ法」の二つの重要な法律が制定された。これら二法、そして関連する枢密院令によって、私掠者や海軍の拿捕を統制する法制度の大枠が確立されたのである。

こうしてできた制度を実際に運用する際に中心的役割を果たしたのが、序章でも触れた高等海事裁判所（植民地の場合は副海事裁判所）である。私掠を行おうとする者は、まずこの高等海事裁判所、ないし副海事裁判所に赴いて、拿捕認可状を申請しなければならなかった。認可状なしに掠奪すれば海賊行為とみなされるからである。私掠船の指揮官あるいはその代理人は、この高等海事裁判所の捕獲物部門に大海軍卿からの証明書を提出した後、判事の前で宣誓を行う。申請者はさらに航海に用いる船の名前や乗組員数、指揮官や士官、主な船主の名前などを伝え、また認可状の範囲内で掠奪を行うことを約束する保証契約を提出することが義務付けられていた。拿捕認可状は、以上のような手続きを経てはじめて私掠者に発行されたのである。

その後、航海中に拿捕に成功しても、それで直ちに船や積荷が私掠者のものになるわけではない。私掠者は捕えた船舶や積荷を本国や近隣の友好国の港、あるいは自国植民地の港に持ち帰り、高等海事裁判所（正確には捕獲審検裁判所）で審査を受ける必要があった。これに合格し、拿捕が正当なものと認められてようやく、私掠者は捕獲物に対する所有権を得ることができたのである（ただし、政府はしばしば規制を試みたが、拿捕した操船に自船の人員を割かなくて済むよう、身代金の支払いを条件に船を解放するということもしばしば見られた）[9]。このように、高等海事裁判所を中心とする拿捕統制の制度が整備されていくにつれ、十八世紀の私掠は、戦時に一定の法的枠組みの中で行われる「管理された掠奪」としての性格を強めていったのである。

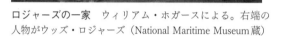

## 2　私掠航海の実際――ウッズ・ロジャーズの世界周航

### ロジャーズの生い立ち

**ロジャーズの一家**　ウィリアム・ホガースによる。右端の人物がウッズ・ロジャーズ（National Maritime Museum蔵）

では、この管理された掠奪ビジネスである私掠は、実際にはどのように行われたのであろうか。その実態を具体例に即して見てみよう。ここで取り上げるのは、四章でも登場したウッズ・ロジャーズである。ロジャーズはバハマの海賊掃討に従事する前に、スペイン継承戦争中の一七〇八年から一一年にかけて、私掠世界周航を成し遂げたことでも知られている。

先に述べた掠奪を専業とする「私軍艦」タイプの私掠船は、活動範囲や活動内容に応じてさらに三種類に区分しうるが、ロジャーズの航海はそのうちもっとも大がかりな「私掠遠征」タイプのもので、十八世紀におけるその数少ない成功例でもあった。その意味では典型的な私掠航海の例とは言えないが、私掠を行う際の手続きや私掠行為の流れという点では、より小規模の航海とも通ずる点が多く、また私掠の投機的性格をよく表しているため、ここで詳しく見てみたい。[10]

ではまず、ロジャーズの生い立ちと私掠航海に出るまでの経歴を見てみよう。彼はイングランド南部のドーセット州の港町プールで、船長であった同名の父ウッズと母フランセスの長男として、一六七九年頃に生まれた。一六九六年頃、一家はイングランド西部の中心的貿易港の一つであるブリストルに移り住む。彼も長ずるに及んで、船乗りで商人であったジョン・イアマンの徒弟として船に乗り組み、航海の経験を積んでいった。一方、父ウッズのビジネスも好調で、一七〇二年に、一家はブリストルの波止場にほど近いクイーン・スクエアの一角を借りて、そこに瀟洒《しょうしゃ》な邸宅を構えた。

ロジャーズの人生が開けていくきっかけとなったのは、このクイーン・スクエアの近隣に住んでいたある海軍士官との出会いであった。ブリストルの市民でもあったサー・ウィリアム・ウェットストウン提督である。このウェットストウンは、スペイン継承戦争初期に、のちに仏艦隊との戦闘で悲運の死を遂げることで有名になるベンボウ中将の支援のためにカリブ海に派遣され、その後、白軍少将に昇進するなど当時着実に実績を積んでいた海軍軍人であった。ロジャーズは一七〇五年一月にウェットストウンの娘セアラと結婚し、これにより自身もブリストル市民の資格を得る（今日の「市民」と違って、当時はその都市に居住していれば誰でも市民になれたわけではなく、一定の条件を満たさなければ市民権は得られなかった）。こうしてロジャーズは、同年に死去した父の資産を受け継ぐとともに、ブリストルの有力者とのコネクションを築いていったのである。

しかし他方で、フランスやスペインとの戦争は、ロジャーズ家の財政状況に暗い影を落としていた。ロジャーズ自身、スペイン継承戦争中にフランスの通商破壊戦により損害を受けており、その損失を取り戻すべく私掠船や製陶業への投資を行っていた。このような状況にあったロジャーズにとって、太平洋岸への私掠遠征は傾きかけた家計を立て直す手段の一つだったのである。

同様の航海はすでに過去にも幾度か行われていた。十六世紀後半まで遡ればドレイクやキャベンディッシュの航海が挙げられ、また十七世紀後半にも、二章で見たようにバッカニアの一部が太平洋岸に進出していた。さらに、スペイン継承戦争の初期には、不成功に終わったものの元バッカニアの航海者ウィリアム・ダンピアも太平洋岸への私掠遠征（一七〇三〜〇七）を試みていた。このように航海の首尾不首尾は別として、同様の試みは過去にも見られたのであり、ロジャーズの計画もその延長線上に位置づけられるものであった。

この私掠遠征の最大の目的は、当時スペイン領であったフィリピンのマニラとメキシコのアカプルコの間を往復していたマニラ・ガレオン船団の拿捕であった。この船団は、スペイン領アメリカでとれる銀などと引き換えに清朝の高価な工芸品を運搬しており、これを捕えれば莫大な利益が見込まれたのである。

また当時は、サンマロなどフランス大西洋岸の港の航海者や商人が、太平洋岸のスペイン領に直接赴き、貿易で成功を収めている時期でもあった。そのため、ロジャーズ自身が航海記の序文で示唆しているように、ロジャーズや出資者たちには（のちに疑われたような航海中の密貿易ではないにしても）太平洋岸のスペイン領植民地との同様の貿易の可能性を探る意図もあったと思われる。[11]いずれにせよ、太平洋岸のスペイン領植民地を射程に入れたロジャーズの航海は、通常の私掠事業よりもはるかに大がかりな航海となるはずであった。

## 航海の準備

計画の立案後、ロジャーズと出資者たちは準備に着手する。私掠事業を実行に移すにあたってまず必要となるのは資金である。とりわけ、今回の航海のような大規模な事業の場合は多額の資金を集める必要があった。必要な資金を一人で捻出することは難しいため、私掠事業では通常、複数人の出資者が集まり、パートナーシップ制をとって出資するという形態をとった。出資額は出資者によって異なった。株式と同じように、必要な資金の総額を分割して「口」単位に分け、希望に応じた額をたとえば十口分、二十口分といったように出資するのである。これはまた航海が成功し、利益を上げた時の取り分の多寡にも比例した。すなわち、多く出資した者ほど、捕獲物金からより多くの分け前を得ることができたのである。[12]

ロジャーズの航海の場合、出資者の多くはブリストルの名士、とりわけ富裕な商人や商店主などであった。一口分の出資額は百三ポンド十シリングで、二百五十六口が発行された。最も多額の出資を行ったのは、三十六口分、およそ三千七百二十六ポンドを出資した、同市の著名なクェーカー教徒で食料雑貨商のトマス・ゴウルドニーである。出資者には他にも元ブリストル市長のサー・ジョン・ホーキンズ（十口）や、市参事会員でロンドンのシティでも活躍していたジョン・バチェラー（十六口）など、市の要職経験者や現在要職についている者が含まれていた。さらに、三十二口分を出資した内科医トマス・ドーヴァーのように、四十六歳にして自ら航海に参加した出資者もいた。

このように、私掠事業には通常出資者が複数人存在し、大掛かりな事業の場合はそれがさらに多数に及んだ。しかし、実際の事業の監督は、出資者の一人が船舶管理人となって担当するのが通例であった。出資者にとって何よりも重要なのは、乗組員が海賊行為などの違法行為に手を染めることなく航海を成功裏に終えること、そして捕獲物からの収益が横領されることなく確実に自分たちの手に渡るようにすることであった。そのため出資者たちは、船長への命令書や乗組員との同意書といった様々な手段を用いて、船長や乗組員の行動を監督しようと試みた。[13]

オーナーたちからの指令書（出典：TNA：C104/36 part 2）

ロジャーズの航海の場合はさらにカールトン・ヴァンブラ（著名な建築家で劇作家ジョン・ヴァンブラの弟）を含む出資者の代理人二名が航海に随行し、航海から上がる利益が不正なく出資者の手に渡るよう、拿捕した物の記録やその保管に責任を負うことになった。また出資者たちは、乗組員の意思統一を図り航海を円滑に行うため、出資者の一人で航海に同伴するドーヴァー医師を議長とする協議会を定期的に開催し、そこで船の運営に関わる重要事項を決定すべきことを指示した。このような手段を通じて、船上で自分たちの意思が反映され、収益が確保されるよう努めたのである。しかし、航海に随行したドーヴァー医師や代理

「デューク」号と「ダッチェス」号

人たちは、航海中しばしばロジャーズと対立したため、ロジャーズにとって彼らの存在は悩みの種となった。

出資者が集まり資金が調達できたならば、次に行うべきは船と人員の調達である。ロジャーズの私掠遠征には、二隻の船が出資者によって用意された。そのうちの一隻の「デューク（公爵）」号は、この航海のため新たに発注された三本マストの新造船で、記録によって異同はあるものの、大きさは三百二十から三百五十トン、砲も三十から三十六門を備えていた。もう一隻の「ダッチェス（女公爵）」号は、二百六十から三百トン、砲も二十六から三十門と「デューク」号よりはやや小ぶりで、この航海のために購入されたものである。のちにロジャーズの船団は拿捕した船を組み込んで拡張していくが、船団の中核はこの「公爵」と「女公爵」の夫婦船であった。

またロジャーズを支える上級船員（士官層）として、経験豊かな船乗りが幾人か航海に加わった。その中には、のちにロジャーズ同様に私掠遠征の記録を出版することになる「ダッチェス」号の副船長エドワード・クックや、スペイン語の通訳でスペイン領の内情にも通じていたアレクサンダー・ホワイトといった人々が含まれていた。しかし、彼らにもまして重要であったのが、傑出した航海者ウイリアム・ダンピアである。

ダンピアは当時のイギリスの航海者の中でも、太平洋への航海については比類なき知識と経験を有した船乗りであった。彼はすでにこれ以前、一六七〇年代末から九〇年代初頭にかけて「南海者」の一人として中米や太平洋岸のスペイン領の掠奪航海に従事し、さらに太平洋を横断して世界周航にも成功していた。一六九九年から一七〇一年には、海軍省の依頼で、当時「テッラ・アウストラーリス」として知られていたオーストラリアやニューギニアの探検に従事し、また先に述べたようにスペイン継承戦争初期には、失敗に終わったものの太平洋への私掠遠征の指揮官も務めた。

ウィリアム・ダンピア（1651年～1715年）

このようにダンピアはロジャーズの計画が持ち上がる頃までにすでに二度の世界周航の経験があり、また、自身の太平洋などでの航海の経験と観察に基づき著した『新世界周航記』の著者としても名声を博していた。このような豊富な知識と経験を買われて、今回の遠征の水先案内人となったのである。[14]

最後に、私掠事業を行うに際して忘れてはならないのは拿捕認可状の取得である。ロジャーズも、一七〇八年四月に高等海事裁判所判事のサー・チャールズ・ヘッジズによって発行された拿捕認可状を取得している。

## いざ出港！

かくして私掠航海の用意は整った。ロジャーズの率いる二隻の船は、一七〇八年六月にブリストルを出港し、市を流れる（ブリストル）エイヴォン川をボートに曳航されて下っていった。エイヴォン川はやがてセヴァーン川へと注ぎ込むが、ロジャーズの船団はこのセヴァーン川の河口の投錨地に補給のためしばし停泊した後、八月初頭に同地を離れアイルランドへ向けて出発した。

ブリストル海峡を抜けた「デューク」号と「ダッチェス」号は、数日後にアイルランドのコウク近郊に到着し、同地で、脱走などにより減少していた乗組員を、多数の外国人を含む船員を新たに雇い入れて補塡した。コウクを離れる際には、二隻の船は海軍の軍艦が護衛する商船団に随行していたが、やがてその商船団とも離れ、二隻だけで大西洋へと乗り出した。長い航海の始まりである。

ところが、コウクを出発して早々に事件が起こる。港を離れてしばらく後、スウェーデンの旗を掲げた船を発見したロジャーズは、同船を停止させ船内を捜索した。スウェーデンは敵国ではなく、また敵国を助けるような積荷も見つからなかったため、彼はこの船を解放した。この措置は認可状の権限に照らしても妥当なものであった。しかし「デューク」号の乗組員の一部は、彼が獲物になりうる船をあっさり解放したことに不満を持ち船長に反抗した。これに対するロジャーズの措置は迅速かつ厳しいものであった。上級船員の助けを借りて不満分子を監禁し、首謀者の一人を鞭打ちの刑に処するなど厳しく対処して、反抗の気運を抑え込んだのである。

しかし、これはその後たびたび生じた他の乗組員との不和の序幕に過ぎなかった。航海の間、ロジャーズは代理人との意見対立に加え、このような部下の一部の命令違反や反抗にも悩まされることになる。私掠は当時すでに管理された掠奪になりつつあったとはいえ、様々な（そして時には正当な）理由で乗組員が反抗し、場合によっては反乱を起こして船を乗っ取り海賊になる危険性も依然として存在したのである。

一行はその後、大西洋を一路南西に進み、現在のモロッコ南西沖にあるスペイン領カナリア諸島へと向かった。九月には同諸島中のグラン・カナリア島の近くでスペイン船の拿捕に成功する。初めての獲物である。

ところがまたもや拿捕に関して問題が生じた。アイルランド沖で遭遇したスウェーデン船と違い、スペインは敵国であり、この船の拿捕には何ら問題はないはずであった。しかしカナリア諸島は、ワイン貿易の拠点として重要であるという理由で、スペイン領の中では例外的に英・仏・西間の敵対行為の対象からは除外されていたのである。そのため島のスペイン人たちは拿捕の正当性を認めず、交渉のため上陸していたロジャーズの船の乗員の解放と引き換えに、拿捕された船と積荷の返還を要求した。島に居住するイギリス人商人たちはこの対立によるスペイン人住民との関係悪化を恐れたが、ロジャーズは強硬姿勢を崩さず、拿捕が海上でなされたことを根拠にその正当性を主張し、さらに総督の住む町の砲撃までほのめかした。その結果、スペイン人たちは積荷や乗客の解放と引き換えに、しぶしぶ身代金の支払いに同意したのだった。

その後、ロジャーズはさらに船を南西に進め、現在のセネガル沖に浮かぶポルトガル領ヴェルデ岬諸島に寄港した。同地を出発すると、次はいよいよ大西洋の横断である。目指すはリオデジャネイロの西方約九十六キロメートルの地点に浮かぶグランジ島である。当時イギリスの同盟国であったポルトガルに属するこの島には、ダンピアもかつて寄港したことがあり、安全な停泊地であることが知られていた。ダンピアの卓越した航海技術にも助けられ、一行は約六週間かけて無事大西洋を横断し、同島に到着した。そこでは、それまでもたびたびロジャーズと対立していた代理人ヴァンブラが、島を離れようとしていたカヌーに勝手に威嚇射撃を行い、乗っていたインディオの一人を射殺するという痛ましい事件が起こったものの、それを除けば滞在はおおむね平穏に過ぎていった。一行はこの地で水や食料、薪の補給や船の修理を行ったほか、島の総督やフランシスコ修道会士に招かれ、聖母マリアの無原罪懐胎を祝う儀式と宴にも参加して、旅の疲れを癒したのだった。

つかの間の休息の後、航海を再開した一行は南米沖を南進し、フォークランド諸島沖を通過したのち洋上で新年を祝った。その後、嵐に翻弄されつつも、航海の最大の難所の一つである南米南端のホーン岬を廻航し、いよいよ太平洋へと乗り出した。

## 太平洋へ

しかし、この頃からロジャーズたちは新たな問題に悩まされはじめていた。壊血病である。体内のビタミンCの欠乏により生じる壊血病は、十八世紀半ばまで長距離航海に従事する水夫を苦しめ続けた大きな問題であった。数ヵ月間、新鮮な野菜や果物などを補給せずに航海を続けていると、皮膚からの出血、歯の脱落、古傷が開くといった症状が現れ始める。これが重篤化するとついには命を失うのである。

太平洋に入ったロジャーズの一行にも、この壊血病が猛威を振るう兆しが表れ始めていた。そのため一行は、現在のチリのサンティアゴの西方約六百七十キロメートルの太平洋上に浮かぶファン・フェルナンデス島に休息を求めて立ち寄ることにした。ところが、この島で彼らを待っていたのは予期せぬ邂逅《かいこう》であった。

島の近くまで来たロジャーズたちは、無人島であるはずのこの島に、夜、明かりがともるのに気づく。敵国フランスの船が停泊しているのではないかと警戒を強める一行であったが、島に派遣した偵察隊が連れ帰ったのは「山羊の皮を身にまとい、その皮の最初の持ち主「であったヤギ」よりもさらに野性的にみえる一人の男」であった。[15] この人物こそ、一七〇三年から〇七年にかけてのダンピアの世界周航に参加したアレクサンダー・セルカークである。

セルカークは、航海に参加した「シンク・ポート」号の航海士であったが、航海の途中で船長との不仲や船体の状態への懸念から一人ファア

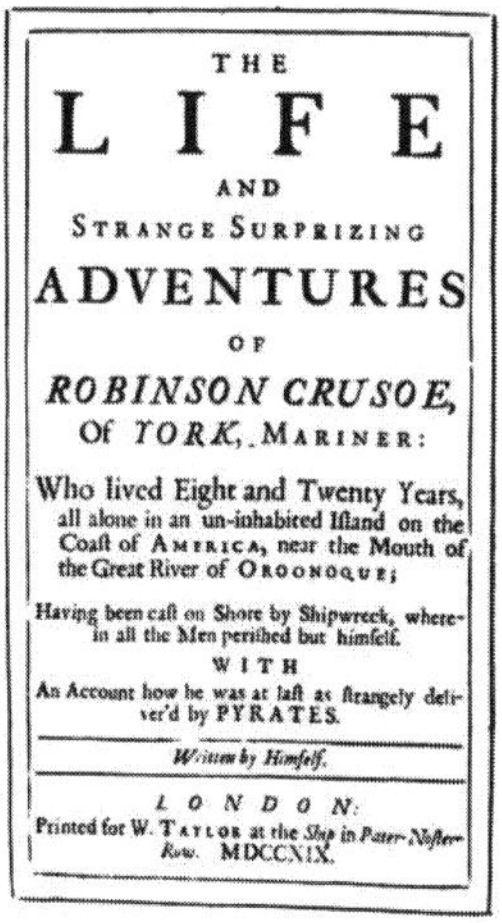
THE
LIFE
AND
STRANGE SURPRIZING
ADVENTURES
OF
ROBINSON CRUSOE,
Of YORK, MARINER:
Who lived Eight and Twenty Years, all alone in an un-inhabited Island on the Coast of AMERICA, near the Mouth of the Great River of OROONOQUE;
Having been cast on Shore by Shipwreck, wherein all the Men perished but himself.
WITH
An Account how he was at last as strangely deliver'd by PYRATES.
Written by Himself.
LONDON:
Printed for W. TAYLOR at the Ship in Pater-Noster-Row. MDCCXIX.

ダニエル・デフォー『ロビンソン・クルーソー』初版本の表紙

ン・フェルナンデス島に残ることを決めた。その後はこの無人島で約四年と四ヵ月の間、ヤギを狩り野草を採って、ペットの猫と子ヤギ以外にはともに暮らす者もない孤独な生活を送っていたのである（ちなみに、このセルカークはデフォーの『ロビンソン・クルーソー』のモデルにもなったと言われている人物である。ただし近年ではデフォーは、ベネズエラ沖の島で生活していたヘンリ・ピットマンなど、同時代、あるいは近い時代に、セルカーク同様の生活を送った他の人物の体験記からも着想を得た可能性が指摘されている）[16]。

ロジャーズたちが「（島の）総督」とあだ名したこのセルカークの助けもあって、一行は新鮮な食料を得て壊血病の犠牲者を二名に抑えることができた。セルカークはともにイギリスに帰ることを希望し、またダンピアも彼が熟練の船乗りであったことを証言したため、彼は「デューク」号の航海士助手として一行に加わることになった。

その後、ロジャーズの船団はチリ沿岸を北上し、途中で現在のペルーのパイタ沖合のロボス島に補給のために立ち寄る。島の近郊で拿捕した商船数隻を加えて勢力を増強した一行は、太平洋岸にあるスペイン領の主要な港の一つのグアヤキルを襲撃することに決めた。その後、敢行された上陸作戦では、乗組員のうち航海に随伴していたロジャーズの弟ジョンを含む三人が死亡、当初企図していた町の奇襲にも失敗したが、最終的に町の占拠には成功した。しかし、町の解放と引き換えに受け取るはずであった三万ピースオブエイトの解放金は思うように集まらず、襲撃の成果は芳しくなかった。おまけに、おそらくは上陸時に襲撃隊が感染した熱病が船内に持ち込まれたことが災いして、乗組員のうちでも死者が発生していた。

## マニラ・ガレオンとの戦い

グアヤキル攻撃は失望に終わったが、しかし町の攻撃はロジャーズの主目的ではなかった。航海の最大の目的は、すでに述べたようにマニラ・ガレオンの拿捕であった。マニラ・ガレオンは通例フィリピン近海での台風の季節を避けるため、五月か六月にマニラを出港し、北上後、黒潮や偏西風の助けを借りて五、六ヵ月かけて太平洋を横断する。カリフォルニア西岸には、不慮の事故がない限り十月から十二月の間に到着すると見込まれていた。それまではまだ半年以上も余裕があったため、一行はガラパゴス諸島や現在のコロンビア沖のゴルゴーナ島でしばし休息した後、カリフォルニア半島南端のサン・ルーカス岬に船を進め、そこで獲物を待ち受けることにした。

しかし、目的の船はなかなか姿を現さず、やがて食料も不足し始めた。なかばあきらめかけていた一七〇九年の十二月二十一日、「デューク」号の見張りが水平線のかなたに船影を認めた。偵察艇を出してみると、果たしてそれは待ち望んだマニラ・ガレオンの一隻であることが分かった。ロジャーズの船団は戦闘準備を整えつつ、一晩かけて徐々に相手との距離を縮めていった。

戦いの火蓋が切られたのは翌朝のことである。ココアを飲み、祈りを捧げていたロジャーズたちの耳に轟音が響いた。風上のスペイン船が砲を放ったのである。スペイン側の砲撃に対し、「デューク」号も砲撃で応え、やがて接近後、スペイン船と並走すると、舷側斉射を浴びせかけた。その後の小火器の応酬の中でロジャーズ自身も左の頰を射抜かれるという重傷を負ったが、「デューク」号は攻撃の手を休めず、ついに相手を降伏に追い込んだ。

ロジャーズは拿捕した船のフランス人指揮官から、この船はマニラ・ガレオン船団の本船ではなくそれに随行していたフリゲート船であったことを知る。船は航海の途上で本船とはぐれ、サン・ルーカス岬沖で合流しようとしていたところを襲われたのである。また指揮官の証言から、ロジャーズの航海の情報は、すでにインド経由でマニラのスペイン人にも伝わっていたことが判明した。

ロジャーズは、マニラ・ガレオンの本船も拿捕しようと、「ダッチェス」号や航海の途上で船団に組み入れたエドワード・クックの指揮する「マーキス（侯爵）」号を派遣して、その探索に当たらせた。本船と遭遇したのは、ちょうどクリスマスの日であった。まず「ダッチェス」号が、次いで「マーキス」号がガレオン船に襲いかかり、遅れてロジャーズの指揮する「デューク」号も攻撃に加わった。しかし、マニラ・ガレオンの本船は九百トン、乗員も乗客を除いて約四百五十名と、先の僚船よりもはるかに大型で、強力な十二ポンド砲二十四門をはじめ多数の砲を備えた重武装の船であった。ロジャーズたちは幾度も舷側斉射を加えたが、その頑丈な船体にはまるで歯が立たなかった。一方、ガレオン船から放たれる砲弾や手投げ弾により死傷者が数十名にのぼり、またマストや索具も激しく損傷したため、一行は拿捕をあきらめサン・ルーカス岬へと撤退した。

本船の拿捕には失敗したものの、ロジャーズたちの手には、先に捕えたマニラ・ガレオンの僚船とその乗組員や積荷が残っていた。一行はフランス人船長と乗組員、それにグアヤキル攻撃の際に捕えた人質の残りを、ロンドンで換金可能な為替手形による身代金の支払いと引き換えに解放することを決め、食料と水を与え、小船に乗せてメキシコのアカプルコへと送り出した。

### 帰国への長い旅路

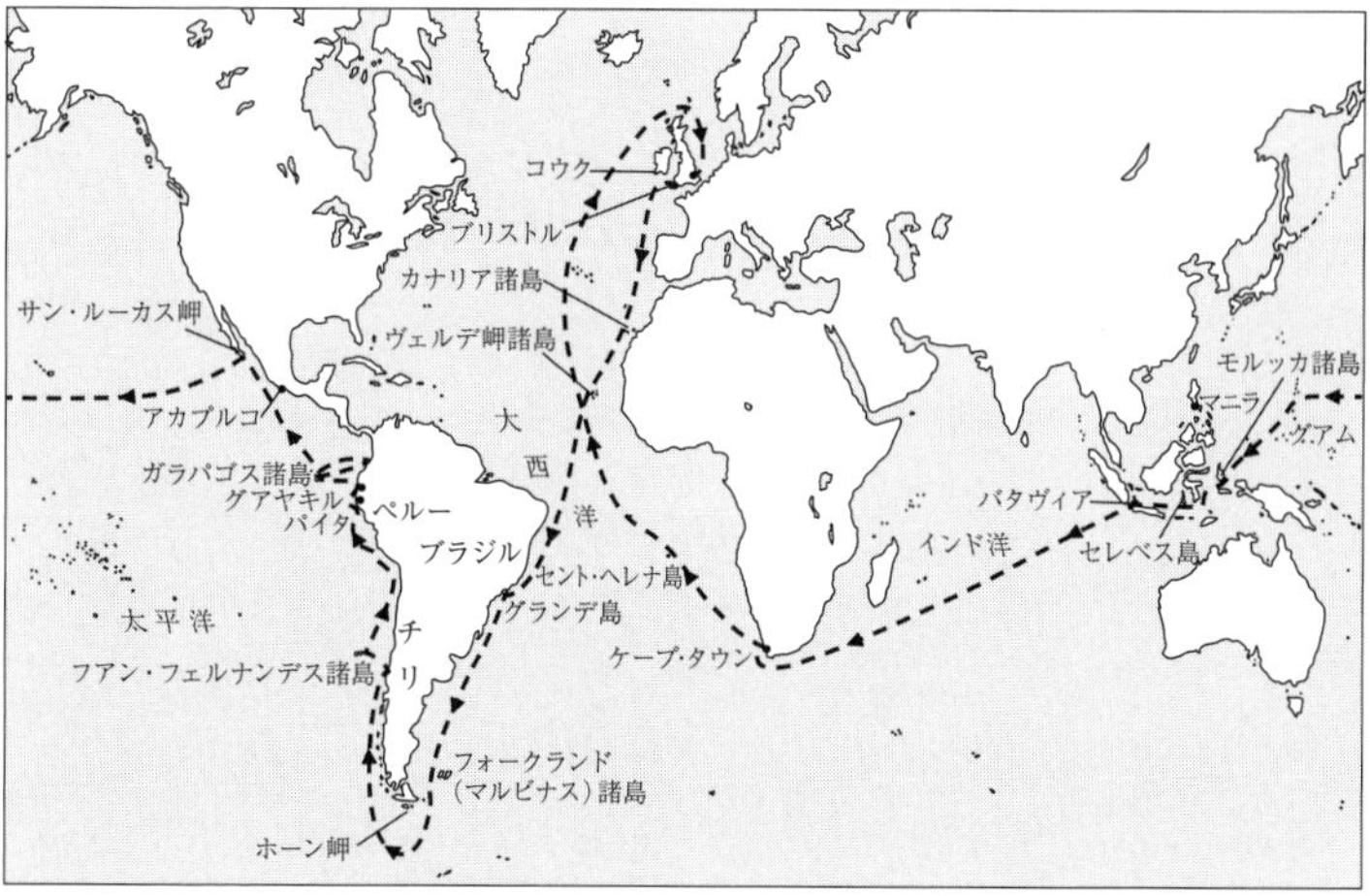


**地図8**　ロジャーズの私掠世界周航（1708～11年）の際の航路（Little, 1960, pp. 52-3をもとに作成）

最大の目的であったマニラ・ガレオンの一部の拿捕に成功したロジャーズたちは、本国への帰路につくことにした。その際に一行が選んだのは危険の多いホーン岬周りで大西洋に戻るルートではなく、日数はかかるものの比較的安全な太平洋横断ルートであった。

一七一〇年一月にカリフォルニアを出発した一行は、食料不足に悩まされながらも、一万キロ近くを帆走し、約二ヵ月の航海の後、最初の目的地グアムに到着する。グアムは当時敵国であったスペインの領土であった。しかし、スペインから遠く離れたこの辺境の植民地ではヨーロッパでの抗争も何処吹く風で、島の総督はロジャーズたちを歓待し、食料の補給も許可してくれた。次に目指すは同盟国オランダの支配下にあったインドネシアのバタヴィアである。グアムより南西に向かった一行は、モルッカ諸島を抜け、セレベス島の南西部を経て、六月、蘭領バタヴィアに到着する。

ここでロジャーズたちは食料の補給と船体の補修を行い、減っていた乗組員をオランダ人船員で補った。またロジャーズ自身も、ガレオン船との戦闘の際に撃ち込まれ口内に留まっていた弾丸の摘出手術を受けた。同地に四ヵ月あまり滞在した後、一行は十月末、インド洋へと出発する。およそ二ヵ月かけてインド洋を横断した後、十二月初頭、南アフリカのオランダ領ケープ・タウンに到着、三ヵ月余りの滞在ののち、ヨーロッパへの帰還を目指して出港した。いよいよ航海も大詰めである。

ロジャーズたちは、ヨーロッパに向かうに際して、オランダ東インド会社船の本国行きの船団に加わって帰国することを決めた。フランスやスペインとの戦争が続いており、フランスの軍艦や私掠者に戦利品を奪われることを恐れたからである。バタヴィアからのオランダ東インド会社船の到着を待ち、ようやく四月初旬にケープ・タウンを出発した船団は、南大西洋をひたすら北上し、セント・ヘレナ島を経て、やがてヨーロッパ近海に到達する。東進してイギリス海峡を抜けようとすればフランス船に襲われる危険があったため、船団はアイルランド西岸を北上して、スコットランド北方を迂回するという遠回りのルートをとってオランダを目指した。このような用心も功を奏して、船団は襲撃されることもなく、一七一一年七月、帰還を祝う祝砲の音に包まれながらオランダのテセル川の河口に投錨した。

その後ロジャーズたちの船は、出資者の要請により本国から派遣された四隻の軍艦に護衛されながらオランダを離れ、イギリス海峡を横断し、十月初頭にイングランドの停泊地ダウンズに到着した。最終目的地であるテムズ川沿いの小村イアリスに錨を下ろしたのは、十月十四日のことである。こうして、三年二ヵ月に及ぶ航海は幕を閉じたのだった。

このロジャーズの私掠遠征は、マニラ・ガレオンの一隻を拿捕したという点で、完全にではないものの、当初の目的を一応は達成したと言える。さらに、この航海にはもう一つ特筆すべき点があった。それは乗組員の死亡率の低さである。ロジャーズの伝記を記したリトルの概算によると、コウクを離れた際に乗船していた三百三十四名の乗組員のうち、本国に帰還できなかった者はおよそ五十から六十人を超えない程度に過ぎなかったという。これは当時の水準で考えると、戦時下での世界周航という、長期かつ危険の多い航海の割には低い死亡率であった。次章でみるアンソンの航海と比べてもその低さは際立っている。[17] この点でもロジャーズの航海はおおむね成功であったと言えよう。

## 戦利品をめぐる争い

こうして成功裡に航海を終えたロジャーズたちであったが、他のより小規模な私掠航海の場合と同様、航海終了後にただちに利益が得られたわけではない。前述のように、私掠者は拿捕した船舶や積荷が正当な捕獲物であるか否かを高等海事裁判所に審査してもらう必要があったのである。この審査はとくに問題がなければ、通常陸揚げ後、二、三週間で終了する。しかし、審査の過程で、拿捕された船や積荷の所有権に関して中立国など第三者から異議申し立てがなされることもあり、その場合、審理はさらに長引いた。[18]

ロジャーズの航海の場合、審査自体は滞りなく済み、一七一一年十月には、マニラ・ガレオンを含む捕獲物は捕獲物等確認判決を受けて正当な捕獲物と認められた。しかし、すでに審査の開始前から、彼の航海の正当性に関して思わぬ方向から疑義が唱えられていた。イギリス東インド会社（EIC）である。同社は、ロジャーズが航行した南米太平洋沿岸は、特許状により同社に認められていた貿易独占権の範囲内に含まれており、今回の航海はその独占権の侵害ではないのか、また一行は同海域で密貿易を行ったのではないかと主張し、ロジャーズたちがオランダに到着した頃から拿捕した船や積荷の引き渡しを要求していたのである。

一方、ロジャーズや出資者の側は、航海は正当な拿捕認可状に基づくものであり、後述する一七〇八年の「アメリカ法」でも私掠遠征が奨励されていることを強調した。さらに同社が明確に独占権を持つインド洋では拿捕を行っておらず、またバタヴィアなどで行った取引は航海に必要な物資を得るためのものに限られていたと訴え、EIC側に反駁した。

ロジャーズが実際に密貿易に従事していたかは定かではない。EIC側はロジャーズの成功から分け前を得ようとして言いがかりをつけたか、あるいは当時揺籃期の南海会社が計画していたように、将来太平洋岸のスペイン領植民地との貿易が行われることで自社の権益が脅かされるのを恐れて、牽制の意味も込めて要求した可能性もある。最終的には、出資者によるEICの理事たちとの再三にわたる交渉の結果、約六千ポンドの大金の支払いと引き換えに手打ちが成立し、同社は拿捕された船への要求を取り下げることに同意したのだった。

このようにEICの要求をやり過ごすと、ロジャーズたちはいよいよ捕獲物の処分に取り掛かった。この当時、捕獲物の管理・売却業務は、拿捕者の任命する捕獲物代理人が行うことになっていた。乗組員の多くの者や、ロジャーズおよび出資者たちもそれぞれ捕獲物代理人を数人雇って、売却の収益のうち数パーセントを手数料として払うかわりに、その保管や売却を任せた。捕獲物の売却は、主として一七一二年二月から翌年十二月にかけて、ロンドンのコーンヒルにあるマリーン・コーヒー・ハウスでの数次にわたる競売を通じて行われた。売却の収益はおよそ十四万七千九百七十五ポンドであった。[19]

次はいよいよ捕獲物金の分配である。十八世紀初頭までは、捕獲物の収益の一部を国王や海軍卿に納めることが義務付けられていた。しかし、前述の一七〇八年の「巡航艦艇・護送船団法」および「アメリカ法」の二法によってその必要はなくなり、拿捕者には捕獲物に対する全所有権が与えられることとなった。[20]一見これは王権や政府の側による多大な譲歩に見える。しかし、実際は王権や政府が捕獲物からの利益を断念したわけではなく、国内に持ち込まれる捕獲物にかかる関税という形で依然として捕獲物からの収入を確保し続けた。[21]ロジャーズの場合も、十四万七千九百七十五ポンドの収益のうちの、実に五分の一に近い二万七千五百二十四ポンドが関税として徴収された。

この捕獲物の売却の収益から、捕獲物の審査や売却の費用、戦闘中に死亡した乗組員の家族や負傷者への扶助金、航海中の糧食の費用といった経費が差し引かれた後、残りが出資者と乗組員の間で分割される。海軍と異なり私掠者に関してはその具体的比率を定めた法律はなかったため、分割は当事者間の事前の取り決めに従って行われた。

まず利益は出資者の取り分と乗組員の取り分に分けられる。出資者はすでに見たように出資の割合に応じて捕獲物金を受け取ることになっていたが、乗組員については船内の階層に応じて取り分の比率が決まっていた。船長（指揮官）が十二から十六口と最も多く、次に船大工、甲板長といった専門職、そして熟練水夫（一口）、平水夫（二分の一口）と階層が下るにつれて取り分も減っていった。この分配の比率の点では、前章で見た海賊船と比べると、私掠船内はいくぶん階層的な社会であったと言える。[22]

捕獲物売却後の利益は、通常は以上のようにして出資者や乗組員の間で分配された。ロジャーズの航海の場合、航海自体は成功と言えたが、分配の結果は出資者、乗組員双方にとって不満の残るものとなった。出資者は事前の取り決めに従い、利益のうちの三分の二を得ることになっていた。経費分を考えなければ、前述の十四万七千九百七十五ポンドの収益の三分の二は、九万八千六百五十ポンドになる。しかし、諸経費を差し引くと出資者全体の受け取り額は五万百九ポンドと、その半分近くに減ってしまった。

経費には船の艤装費や乗組員への賃金など当然の出費も含まれていたが、ＥＩＣに手打ちのために支払った六千ポンドなど想定外の出費もあった。売却の収益に比して取り分が少なかったことから、最大の出資者トマス・ゴウルドニーのように、出資者の中にはロンドンで捕獲物の処分の監督にあたっていた船舶管理人らに疑いの目を向ける者もいた。このように出資者の間には捕獲物金の分配に関して不満がくすぶっていたが、利益率は百パーセント近くに上り、投資としては十二分に成功と言えるものであった。

一方、乗組員の中にも分配の結果に不満を抱く者が少なくなかった。彼らには取り決めに従い売却後の利益の三分の一が与えられることになっていた。その額は一口当たり四十二ポンド十八シリングで、これに褒賞金などの追加収入が加わる。実際の受け取り額は水夫層の場合、二十四から二百五十ポンドと個人差があったが、水夫の収入としては決して少なくない額である。しかし、長く辛苦に満ちた航海の割には額が少ないという失望もあったのであろう、彼らの不満は訴訟という形をとって噴出する。

一七一二年一月、二百名あまりの乗組員の捕獲物代理人契約をとりつけていたスティーブン・クレイなる人物が、出資者やロジャーズらを不正行為の科《とが》で告発し、さらにロジャーズ個人をも出資者を騙しているとして大法官裁判所に訴え出た。クレイが本当に不正行為の証拠を握っていたのか、あるいは不満を抱く水夫たちを焚き付け、勝訴の際にその分け前にあずかろうとしただけなのかは定かではない。その後、一七一二年十二月には判決が下り、分配の比率などが再確認されたが、問題は完全には解決されず、帰還後三年を経てもまだ分け前を手にすることのできない者が残っていた。その後も乗組員の一部は取り分が詐取されているとして、一七一四年六月、そして翌年八月にも貴族院に救済を求める請願を送っている。[23]

このようにロジャーズの航海では、捕獲物金の分配をめぐって事態は紛糾した。しかしそれは、マニラ・ガレオンの一部の拿捕に成功して巨額の捕獲物金を得たということや、この航海が通常の私掠航海よりもはるかに大がかりな遠征であったたぶん関係者も多く、利害関係が錯綜していたことにも起因していたと考えられる。釣り上げた獲物が大きいほど、それに群がる人々も多かったのである。

なお、ロジャーズ自身はこの航海で、船長としての二十四口分の分け前などにより少なくとも千五百三十ポンドあまりを手にした。しかし、この収入も、航海前やその最中に積み重なっていたロジャーズ家の借金を支払うには十分ではなかったようである。帰還後まもない一七一二年一月、ロジャーズは破産宣告を受けたからである。その後、彼はマダガスカルでの奴隷貿易の試みに短期間関わったのち、前章で見たようにバハマの海賊掃討と植民地の再建計画に着手することになる。[24]

このロジャーズの航海は私掠遠征という特殊なタイプの私掠であり、大規模で期間も長く、また捕獲物の価格も並外れて高額であった。ほかの大半の私掠はより近距離の航海で、獲物もより小型の商船であった。しかし、船や人員の準備、拿捕認可状の取得、出港、拿捕、そして帰還後の捕獲物の審査と捕獲物金の分配という、ロジャーズらがたどった一連の手続きは、他の私掠航海とも共通していた。これらの手続きにも見られるように、十八世紀の私掠は海賊行為とは異なり、あくまで政府の定めた法的枠組みの中で行われるべき、管理された掠奪ビジネスになっていたのである。

# 第六章　海軍と掠奪

前章で見たように、近世の海上での戦争においては、艦隊戦のみならず敵国の貿易網に対する通商破壊戦も盛んに行われており、その中では私掠者が敵商船の拿捕に従事していた。しかし、私掠者だけがこの通商破壊戦の担い手ではなかった。正規の海軍の軍艦もまたそれに従事していたのである。

掠奪行為の研究では、しばしば海賊や私掠者の活動に焦点が当てられがちであるが、本章では、近世、とくに十八世紀の掠奪で重要な役割を果たしていたこの海軍による拿捕活動に焦点を当てる。そして海軍による拿捕が、私掠など他の種類の掠奪と比べていかなる特徴を持っていたのか、また当時の海軍士官や水夫にとって拿捕による蓄財がどのような意味を持っていたのかを、ジョージ・アンソン准将による南海遠征(一七四〇~四四)などを例にとって明らかにする。

# 1 通商破壊戦と海軍

### 海軍による拿捕行為

私掠者に比べると海軍の軍艦は、敵艦隊との戦闘や通商の保護が主要な任務であるため、拿捕活動、とくに敵商船の拿捕は本来副次的な活動に過ぎない。しかし、実際には海軍も、私掠者と同じか、時にはそれ以上に活発に拿捕に従事していたのである。

表1からも分かるように、スペイン継承戦争からアメリカ独立戦争までの四つの戦争を比べた場合、拿捕数ではアメリカ独立戦争を除いて、海軍の方が私掠者を上回っていた。また、軍事的に重要

| 期間およびその間に生じた主な戦争 | ※海軍 | 私掠者 | 合計 |
|---|---|---|---|
| 1702～14年（スペイン継承戦争） | 1,266 | 956 | 2,222 |
| 1739～51年（ジェンキンズの耳戦争・オーストリア継承戦争） | 449 | 408 | 857 |
| 1756～63年（七年戦争） | 794 | 382 | 1,176 |
| 1776～85年（アメリカ独立戦争） | 1,021 | 1,312 | 2,333 |
| 合計 | 3,530 | 3,058 | 6,588 |

※認可状なしに拿捕された敵船等も含む。

**表1**　高等海事裁判所で捕獲物等確認判決を受けた捕獲物数の比較（Starkey, 1990, pp. 99, 137, 178, 217をもとに作成）

度の高い敵軍艦や私掠者の拿捕も、その大半が海軍によるものであった。[1]このように海軍による拿捕は、私掠者のそれに勝るとも劣らぬ重要性を有していたのである。

強調すべきは、この海軍による拿捕も、前章で見た私掠者による掠奪同様、合法的な行為であったということである。軍艦が民間の商船を捕えてその積荷を売却するという振る舞いは現代人には一見犯罪そのものにも思えるが、当時は私掠同様に一定の規制の枠内で行われる限りは正当な行為とみなされていたのである。

海軍の拿捕を統制する制度は、高等海事裁判所での捕獲物の審査を含め、大枠では私掠統制の制度と共通していたが、異なる点もあった。たとえば就役中の軍艦は拿捕の権限を当初から有しているとされているため、私掠者と異なり拿捕認可状を申請する必要はなかった。捕獲物金の分配に関しても、船ごとに取り決めがなされた私掠者に対し、海軍の場合は乗員間での捕獲物金の配分の比率は一七〇八年の国王布告によって詳細に規定されていた。

それによれば艦長は、後述する報奨金を捕獲物金に加えた総額から諸経費等を引いた後の八分の三を受け取ることになっていた（ただし、艦船が艦隊の一部として行動している場合、戦隊や海軍管区の司令官は直接拿捕に関与していなくとも総額の八分の一を得る権利を有していた）。次に、正士官層や准士官層、下士官層もそれぞれ八分の一を受け取り、それを各グループ内の人数で割って分配する。最後に熟練水夫、普通水夫、海兵隊を含む平水夫は、総額の八分の二を受け取る。しかし八分の二といっても、大型艦の場合はこの区分に属する者が数百名に及ぶケースもあったため、一人当たりの取り分は士官層に比べればずっと少ないものとなった。この分配の比率は、一八〇八年に改革されるまで基本的には変わらなかった。

この分配の比率で見た場合、掠奪に従事する他の種の船と比べての海軍の特徴は、艦長と一般水夫との著しい格差である。この点でもっとも平等であったのは、四章で見たようにその差が一・五から二倍程度に留まっていた海賊船である。一方、私掠船の場合は船によっても異なるが、船長（指揮官）と熟練水夫との間には約十二から十六倍の、平水夫との間にはさらにその倍の格差があった。海軍の場合、その差はさらに広がった。

一例として砲十八門の小型の軍艦「ペリカン」号による拿捕の例を見てみよう。一七九六年七月、同艦は戦時禁制品を輸送していたアメリカ船「ナンシー号」を拿捕する。その価値の総額は四千六十三ポンド十三シリングで、諸経費を引いたのちの乗組員の正味の取り分の総額は三千八百七十二ポンド八シリングとなった。これを分配した結果、艦長は九百六十八ポンドを受け取り、また上述の規定により艦が属していた艦隊の司令官も四百八十四ポンドを受け取った。一方、八十五名いた平水夫は各々十一ポンド七シリング九ペンスを得た。[2] この例では、熟練水夫、平水夫を含めた一般の乗員と艦長の取り分の差はおよそ八十五倍あったことになる。この比率は乗組員数によっても異なるが、軍艦の場合は艦内の階層的社会構成を反映して、私掠船と比べても艦長と一般乗員との格差は大きかったのである。

もっとも捕獲物金の総額に対する水夫一人あたりの取り分の割合で見ると、私掠船は必ずしも海軍より好待遇とは限らなかった。私掠船の場合、出資者の取り分が引かれたからである。海軍史家ロジャーの試算によると、十八世紀半ばの砲二十八門、乗員二百名の第六等級の小型艦では、熟練水夫一人当たりの取り分は総額の〇・一八パーセントとなる。一方、同じ乗員数の私掠船の場合、通常まず捕獲物金の半分を出資者に支払わなければならず、さらに指揮官の取り分や手数料等も引かれるため、残りを乗員間で分配すると、熟練水夫の取り分は一人当たり総額の〇・一六パーセントと海軍の熟練水夫より若干少ない計算になる。もっともこの割合は艦の大きさや乗員数によっても変動するので一概には言えないが、少なくとも捕獲物の総額に対して得られる額の比率で見るならば、海軍の熟練水夫は私掠船の水夫に比べて必ずしも待遇が悪かったとは言えないのである。[3]

また、海軍による拿捕を考える際に忘れてはならないのが、さまざまな報奨金の制度である。これは軍事的に重要性の高い敵軍艦や私掠船の拿捕の奨励を目的とするもので、それらの船を拿捕した者に対し政府が通常の捕獲物金に加えて支払うものであった。とりわけ重要であったのが、拿捕した敵方の船の乗員一名につき五ポンドが払われる「人頭金」である。

この人頭金は私掠者も得る権利があったが、私掠者には重武装の敵軍艦の拿捕は難しく、実際にこれを得たのは軍艦の乗組員が多かった。スターキーの推計によれば一七三九年から八三年の間の報奨金を伴う拿捕のうち、海軍によるものの割合は、件数では八八パーセント、報奨金の金額では実に九四パーセントを占めたという。[4] 捕獲物金に比べれば相対的に少額だが、この人頭金などの報奨金も、軍艦の乗員にとっては貴重な追加収入源となった。また人頭金は、十九世紀にイギリスが大西洋やインド洋で奴隷貿易の取り締まりに力を入れるようになると、奴隷貿易船の拿捕奨励のため、解放した奴隷の数や、拿捕ないし破壊した船の重量に応じても支払われるようになった。[5]

### 拿捕で財をなす海軍士官

では、このような拿捕を通じての蓄財は、軍艦で働く人々にとっていかなる意味を持っていたのであろうか。軍艦の乗組員は士官層と水夫層とに大別できるが、ここではまず前者について見てみよう。海軍士官にとって捕獲物金などの収入は、通常の給与に加えて得られる貴重な追加収入源であった。さらに艦長や戦隊などの司令官クラスになると、高額の捕獲物を拿捕した場合、このような追加収入が給与収入を大きく上回ることすらあった。高価な積荷を運ぶ多数の商船、あるいはマニラ・ガレオンのような船を拿捕すれば、ひと財産築くことも夢ではなかったのである。[6]

実際、士官の中には拿捕によって財をなす者もいた。その例として、歴史家グウィンが詳細な研究を行った海軍提督のサー・ピーター・ウォレンが挙げられる。[7] 彼はアイルランドのミース州のノックマークのウォレンズタウンで、カトリックのイングランド系移住者の子孫の一家の三男として、一七〇三年か〇四年頃に生まれた。父マイケルはジェイムズ二世に仕えていた元陸軍士官であったが、この父が一七一二年、ピーターがまだ幼い時に亡くなると、以後一家は次第に困窮していく。ピーターの人生の先行きも暗く、一家は彼のために何らかの生活の手段を講じる必要があった。

生計を立てる術として、ピーターは長男オリヴァーも働いていた海軍に入隊することになった。海軍での勤務が許されているのは一八二九年のカトリック解放までは原則的にプロテスタントだけだったので、ピーターも一家の宗旨であるカトリックとしてではなく、プロテスタントとして育てられることになった。一七一六年にダブリンで入隊して以降、彼の助けになったのは、母キャサリンの実家アイルマー家のコネクションである。アイルマー家も元はジェイムズ二世の支持者であったが、キャサリンの兄弟であるマシューはプロテスタントに改宗して海軍に入り、以後着実にキャリアを積んで艦隊総司令官の地位にまで上り詰めていた。また、有力な提督でやはりのちに艦隊総司令官になるサー・ジョン・ノリスが、アイルマーの娘でピーターのいとこでもあるエリザベスと結婚したことも幸いした。こうして若きピーター・ウォレンは、貧しくはあったが強力な後ろ盾を得て、その後、海軍で人生の活路を切り開いていくことになる。

ウォレンはまずアイルランドでの勤務を皮切りに、西アフリカやカリブ海で勤務した。この間、南海会社の依頼を受けて貴金属を輸送し運送料収入を得たほか、公的には禁止されていた軍艦を用いての貿易にも手を染めていたようである。一七二七年には、砲七十門の「グラフトン」号の艦長に任命され、その後、艦や勤務地を変えながら一七三〇年代はもっぱら北米周辺の海域を中心に勤務を続けた。一方、長兄オリヴァーの死後、次兄から故郷の農場の一部を買い取る。またニューヨークのユグノー系の裕福な毛皮商人ドゥランシー家の娘スザンナと結婚し、同家を通じて不動産や有価証券といった形で資産をニューヨーク植民地に得て、本業以外でも着実に資産とコネクションを築いていった。

このように勤務と並行しての蓄財にいそしんでいたウォレンにとって、大きな転機となったのが、後述する一七三九年のスペインとの「ジェンキンズの耳」戦争、そしてそれに続くオーストリア継承戦争であった。彼はこの戦争中の拿捕によってひと財産を築くことになるのである。

ウォレンはまずスペイン領フロリダのサン・アグスティンの包囲戦に参加した後、カリブ海で指揮をとっていたエドワード・ヴァーノン中将のもとで働く。その後、一七四二年にはニューヨークでの勤務に戻るが、同年、自身の提案が受け入れられ、夏には北米近海、冬にはカリブ海を巡航する小艦隊の指揮を任されることになった。彼はこの小艦隊を率いて敵船の拿捕に従事し、特に一七四四年三月にフランスが敵国として参戦した後は、多くの拿捕により多額の捕獲物金を手にする。さらに翌年にはマサチューセッツ湾植民地を中心とするニュー・イングランド住民による北米フランス領の要塞ルイブールへの遠征を支援し、港湾の効果的な封鎖を行い、その攻略に貢献した。この成功は海軍軍人としてのウォレンの名声を高めたのみならず、遠征中のフランス商船の拿捕は再び彼に富をもたらしたのだった。

次に任されたのは、英仏海峡の西の入り口の防衛のために創設された「西方戦隊」での勤務である。この頃、フランスの大西洋艦隊が出撃の気配を見せていたので、それを監視すべく、後に述べるジョージ・アンソン中将の副官として同艦隊での勤務を命じられたのである。この任務のさなかの一七四七年五月、アンソン率いる西方戦隊は、アメリカ植民地や東インドから帰還するフランスの護送船団に遭遇し、商船の多くはとり逃したものの、戦列艦四隻を含む敵船の拿捕に成功した。のちに第一次フィニステーレ海戦とよばれる戦いである。ウォレンはこの戦いで約三万一千五百ポンドの捕獲物金を手にし、さらに戦闘での功績を認められて、軍人に栄誉として与えられるバース騎士団の勲位を得た。

その後、ウォレンは本国に戻ったアンソンに代わり西方戦隊の指揮を託され、病のため指揮を一時エドワード・ホーク少将に譲るまで、同艦隊を率いて、カリブ海からヨーロッパへと戻ってくるフランス商船をさらに五十隻ほど拿捕した。一七四八年、彼は再び西方戦隊の指揮を任される。しかし、この頃フランスはすでにオーストリア領ネーデルラント（現在のベルギー）での陸戦に力を注いでおり、海上では積極的行動を起こさなかったため、大きな戦闘には遭遇しなかった。やがて平和条約の予備交渉がはじまるとウォレンの艦隊にも帰還命令が下り、一七四八年八月、エ・ラ・シャペル和平条約が結ばれる二ヵ月前にイギリスのスピットヘッドへと帰投した。

この戦争中の拿捕によりウォレンは多大な利益を得た。彼自身は捕獲物の利益についてまとまった記録を残していないため、正確な額を知ることは困難であるが、個々の捕獲物の価格を統合したグウィンの推計によれば、その総額は少なくとも十二万七千四百五ポンドにのぼるという。これを上回る額を得た同時代の士官は、のちにみる南海遠征中のマニラ・ガレオンの拿捕と第一次フィニステーレ海戦で多額の捕獲物金を手にしていたアンソンだけである。こうして得た捕獲物金を、ウォレンは他の資金とともに北米のニュー・イングランドやサウス・カロライナ植民地、イングランドのハンプシャー、それにアイルランドの土地に投資し、さらに個人への貸し付けや国債、ＥＩＣや南海会社の株式の購入、年金などの手段によって運用した。もっとも彼の幸運は長くは続かなかった。一七五三年、二十年ぶりに故郷のアイルランドを再訪していた際、感染症にかかって四十八歳の若さで亡くなったからである。

ウォレンの行った蓄財は、現代の我々から見ると勤務を通じて私腹をこやす行為にしか見えないかもしれない。しかし繰り返しになるが、この当時、このような拿捕による捕獲物金の獲得は、それが明らかな任務の無視を伴わない限りは完全に合法的な行為であった。それどころか、それは海軍での勤務の正当な報酬の一部であり、収入を補塡する重要な手段とみなされていたのである。

捕獲物金の獲得は、士官層にとっては時に単なる臨時収入には留まらなかった。それは人生において経済的安定を実現するための重要な手段でもあった。海軍士官の中には貴族やジェントリ（貴族としての爵位を持たないが地主である者）など地主エリート層の子弟も多く存在したが、彼らの多くは父親の土地を相続できる長男ではなく、次男三男であった。あるいは長男であってもしばしば零落した家系の出身者であった（先に見たウォレンの場合もアイルランドの困窮したジェントリの三男であったことを想起されたい）。そのため彼らは所領からの安定した収入は期待できず、自らの手で人生の活路を切り開いていかなければならなかったのである。このような人々にとって、海軍での勤務は体面を保ちつつ経済的安定を成し遂げうる数少ない選択肢の一つであった。そして、高額の捕獲物の拿捕はそれを手っ取り早く実現する手段だったのである。

もちろん当時も、このような拿捕による蓄財に対する懸念や否定的態度がみられなかったわけではない。一つには軍事的観点からの懸念があった。海軍省は、艦長が捕獲物を追い求めて持ち場を離れたり、任務をおろそかにしたりするのではないかと警戒していた。また、あからさまな命令違反でなくとも、捕獲物獲得の期待がより間接的な形で海軍の作戦に影響を及ぼすこともあった。高価な捕獲物を拿捕しうるか否かは航海する海域にも左右されたが、その見込みのある海域での巡航の任務に艦隊中の誰を派遣するかという問題は、時に艦長たちの間に摩擦を引き起こし、また艦長の庇護者である有力な提督や政治家も巻き込んでの対立の一因にもなった。

捕獲物拿捕による蓄財は、当時の階層意識とも結びついた価値規範の点からしても必ずしも好ましいものとは見られていなかった。これは海軍士官という社会的立場の持つ両義的で曖昧な性格にも由来するものであった。海軍史家ロジャーが指摘するように、十八世紀においては正士官層、とりわけ艦の指揮官たる艦長は、操船の実務に熟達した水夫《シーマン》であるとともに、名誉の重視など指揮官にふさわしい価値観を有するジェントルマンたらねばならぬと考えられていた。[8] 実際の出自がどうであれ、彼らは社会的にはジェントルマンとして扱われ、またそのように振る舞うことを期待されていたのである。

しかし他方では、前述のように、彼らはたとえ地主エリート層出身であっても、頼るべき資産を持たず、捕獲物金の獲得などを通じて自らの手で経済的安定を勝ち取る必要のある者たちであった。ところが、十八世紀のジェントルマン的価値規範からすると、このような富の追求は好ましいものではなかった。なぜならば本来土地などの形ですでに資産を有しているはずのジェントルマンは、（現実はともかく理念としては）私益の追求にあくせくする必要のない者たちであり、それゆえにこそ社会の支配者層の資格があると考えられていたからである。そのため捕獲物の拿捕に血道を上げることは、本来ジェントルマンにはふさわしくない行為なのであった。

このように、捕獲物拿捕による蓄財は軍事的観点からだけでなく、当時の社会的価値規範の点からも肯定的にとらえられていたわけではなかった。しかし、当時は戦時の捕獲物拿捕は制度の枠内で行われる限りは合法的な行為であり、明らかな命令違反や任務の軽視につながらない限り、海軍省には個々の艦長による拿捕を止める権限はなかった。かくして艦長をはじめとする士官たちは、富を求めて海上で捕獲物を追い求めたのである。

## 海軍の水夫と捕獲物

では、軍艦内の社会を構成するもう一つの重要な階層である水夫たちにとって、捕獲物金はどのような意味をもっていたのであろうか。士官層に比べると水夫が自ら捕獲物について語っている史料が乏しいため、その考えを直接知ることは難しい。しかし、ヒルやロジャーら海軍史家が指摘するように、士官同様、水夫にとっても捕獲物金という臨時収入は大きな魅力であったと思われる。[9]

そのことをうかがわせる史料の一つは、当時流布していた俗謡（バラード）の歌詞である。海軍に関連する俗謡を収集した研究者のファースによると、十六、十七世紀には、俗謡は今日で言う一種の新聞のような役割も果たしており、実際に起こった出来事を韻文で描写する俗謡がしばしば職業的俗謡書きによって作られていたという。その中には事件の描写にとどまらず、水夫たちの日々の生活を歌ったものもあった。さらに十八世紀になると、水夫自身や時には士官が、自ら参加した戦いを称揚するために作った俗謡も頻繁に見られるようになった。[10]

このような水夫の生活の様子を歌う俗謡の中には、捕獲物拿捕に言及しているものもあった。次にあげるのは、一七〇七年に出版された「海での戦い、あるいは拿捕されたフランスの捕獲物」という俗謡の一節である。

こういう風に、こういう風に彼女［敵船］をとどめておけよ。うまいこと舵が切れたぞ、坊主たち。
俺たちゃ、すぐ奴さんに飛びかかるからな。
いまだ、野郎ども、獲物の上の金《ゴールド》のために。
奴さんをものにした時、そいつは全部お前のものになるからな。[11]

この歌が職業的俗謡書きの手になるものか、あるいはもともと水夫たちが歌っていたものなのか、判別は難しい。しかしたとえ前者であっても、それが聞き手の共感を得るためにはある程度のリアリティを有していることが必要である。そのためこの歌も、当時水夫たちが捕獲物金に対して抱いていた期待のいくばくかを伝えるものとは言えるであろう。

また、捕獲物金の魅力を歌う俗謡の多くは、しばしば水夫たちを海軍での勤務に勧誘するためのものでもあった。その一例が次の、「古きイングランドの命知らずの勇敢な若者たち」という歌の一節である。

さあ、みんな、やって来い、奮起しろ。メインに急ごう！

そして、スペインドル［ピースオブエイト銀貨］で櫃《ひつ》を満たして戻ってこよう。
奴らを［前に］やっつけたのだから、もう一度それをやろう。
それこそが、ああ、古きイングランドの命知らずの勇敢な若者たちだ[12]！

ここで「メイン」として言及されているのは、かつてドレイクの掠奪活動の舞台にもなったスパニッシュ・メイン、すなわち南米大陸のスペイン領のカリブ海沿岸部のことである。ドレイクによる過去の掠奪の記憶も喚起しつつ、スペイン相手の戦いでの捕獲物拿捕の可能性を歌いあげることで水夫たちを勧誘しようとしたのである。

このような宣伝が必要とされた背景には、当時の水夫確保の問題があった。十七世紀末から十九世紀初頭にかけてのいわゆる「長い十八世紀」を通して、戦時の水夫労働力の確保は海軍にとっての重大事であった。戦時には海軍拡張に伴い必要な水夫の数が急増したが、この時代はまだ海軍専属の「水兵」は存在しなかったため、水夫は労働力市場からその都度調達しなければならなかった。しかし、水夫を必要としたのは商船や私掠船も同様であった。そのため、しばしば両者、とくに海軍よりも高額の給与を提示する商船との間で水夫獲得競争が生じたのである。

このような競争に際し、海軍は人員不足が深刻化すると、三章でも触れたように、港町や入港する船から力ずくで水夫を連行する「強制徴募」にも頼った。かつては、海軍の水夫はこのように無理やり徴募されたならず者が大半を占めるというイメージも根強かったが、近年の研究は、少なくとも「長い十八世紀」の終わり頃の海軍は、水夫の多くを志願者によりまかなっていたことを明らかにしつつある。フランス革命戦争期の強制徴募を計量的に分析したダンシーの見積もりによれば、年ごとの変動はあるものの、平均して海軍の水夫の約八割は志願者であったという。[13] 捕獲物金獲得のチャンスは、この志願者募集の際に水夫たちをひきつけるために大いに喧伝されたのである。[14]

このような華々しい宣伝文句は必ずしも羊頭狗肉とは言えなかった。実際、幸運に恵まれれば水夫たちも、士官ほどではなくとも、少なくない額の臨時収入を得ることができたからである。例えば先に紹介した「ペリカン」号による拿捕では、平水夫は各十一ポンド七シリング九ペンスを受け取ったが、これは海軍の熟練水夫にとってはおよそ九ヵ月分の給与に相当する額であった。

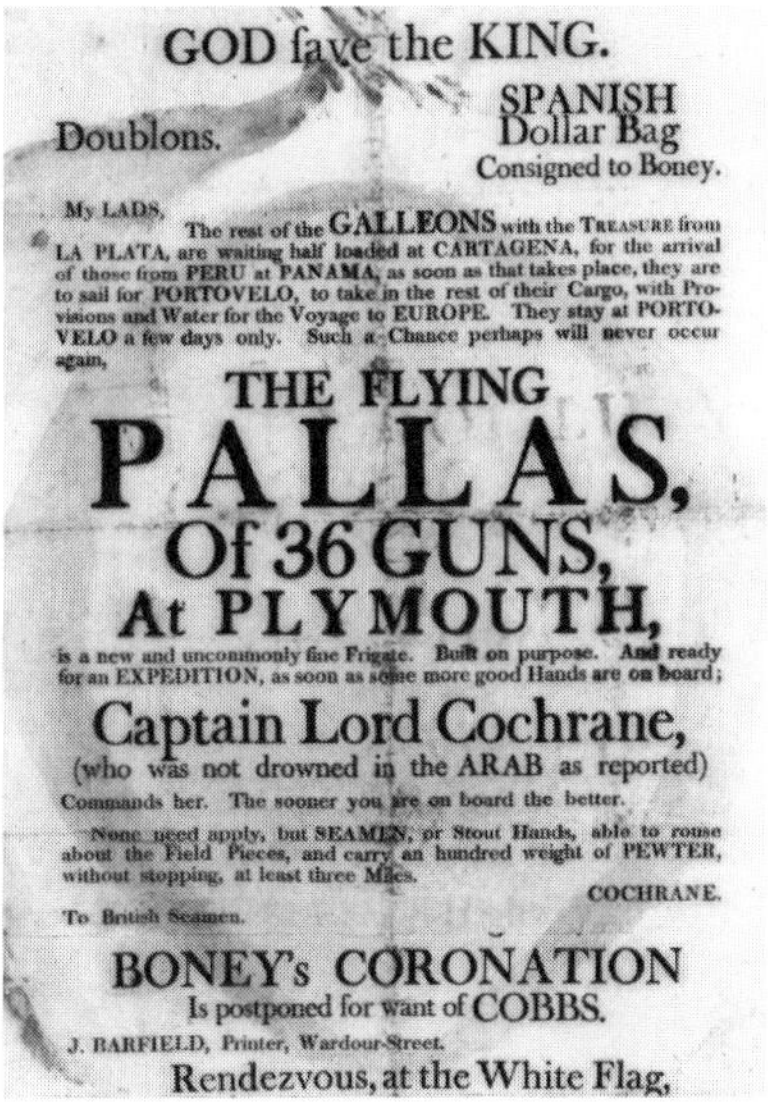

**水夫募集の広告**　ナポレオン戦争中、トマス・コクラン艦長がスペイン銀船団拿捕の可能性を喧伝しつつ、軍艦「パラス」号の乗員を募集しているもの（National Maritime Museum蔵）

しかし運よく捕獲物を拿捕しても、水夫たちはその成果をすぐに享受できるとは限らず、私掠者同様に、捕獲物金を手にするにはさらにいくつかの難関を乗り越えなければならなかった。最大の問題であったのは支払いの遅れである。拿捕した船や積荷を持ち帰り、高等海事裁判所での審査など諸々の手続きを経てから捕獲物金が払われるまでには、しばしば長い時間がかかったのだった。

　フランス革命戦争およびナポレオン戦争期の海軍による捕獲物拿捕について、拿捕から捕獲物金分配までの期間を分析したヒルによれば、商船の拿捕の場合、調査対象三百二十七件のうち二六・九パーセントが一年以内に分配を終えていた。しかし一年を超えて二年以内に分配を終えたケースが全体の二六パーセント、二年目を超え、三年から四年以内のケースがあわせて二六パーセントあり、さらに分配が終わるまで四年以上かかったケースも二一・一パーセントも存在した。遅滞が起こる理由には様々なものがあったが、多かったのは中立国の商人による拿捕への異議申し立てや上訴が行われた場合である。また複数の艦船が拿捕に関わる「共同拿捕」の場合も、単独の船による拿捕に比べて利害関係が錯綜しているため、審査に時間がかかることが多かった。

　審査や積荷の売却が済み、捕獲物金を分配する段階になっても問題は続いた。水夫たちは職業柄、勤務先の船が変わることも多く、捕獲物金の支払い時には別の艦や外国船で勤務していて不在のことも多かった。そのため水夫たちはしばしば一定の手続きを踏んだ上で、第三者に賃金とともに捕獲物金の受け取りの代行を依頼した。このような代理人は水夫たちが日頃つきあいのある小売商、とくに水夫用衣類《スロップ》などの生活用品を売る「スロップ売り」——十九世紀初頭の時点では、その中には少なからぬ数のユダヤ人も含まれていた——が務めることも多かった。しかし代理人に対しては捕獲物金のかわりとして衣類を高値で押し付ける、通常よりも高額の手数料をとって捕獲物金を全額渡さないといった苦情が水夫から寄せられることもあった。

　一方、水夫たちも詐取される側にばかり回っていたわけではない。水夫の中でも抜け目のない者は代理人から金を前借りしておいて逃亡する、あるいは前借りした後、代理人を乗り換えて別の代理人から捕獲物金を受け取るなどして金を騙し取る者もいた。[15] 捕獲物金自体が海上での掠奪によってもたらされるものであったが、その掠奪の果実をめぐって、陸上でも密やかな争奪戦が繰り広げられていたのである。

## 2　アンソンの南海遠征計画

では、次に海軍による捕獲物拿捕の具体例を見てみよう。ここで取り上げるのはオーストリア継承戦争中の一七四〇年から四四年にかけて行われたジョージ・アンソン准将による南海遠征である。一章で述べたように、エリザベス期のドレイクらによるスペイン相手の海戦はイングランドの輝かしい栄光の歴史として記憶され、それをもとに十七、十八世紀には（海軍や私掠者による）海戦こそイギリスにふさわしい戦い方であるとする「海戦支持の言説」が形成された。[16] このような議論は、政権と対峙する野党側により、大陸での陸戦を遂行する政府を批判するために用いられることもあった。しかしそれに留まらず、その時々の政権の主要閣僚にもこの議論の支持者がおり、時には海軍力を対外的に積極的に活用する種々の作戦が実行に移されることもあった。しばしば歴史家により「海洋派政策」とも称される政策である。スペイン領アメリカへの遠征もこの政策の代表的なものの一つであったが、掠奪世界周航はその一変種と言える。

**ジョージ・アンソン**　初代アンソン男爵
(1697年〜1762年)

ドレイクの世界周航を先駆けとして、掠奪世界周航はその後も、前章で触れたスペイン継承戦争中のダンピアやロジャーズの航海、あるいはシェルヴォックとクリッパトンの航海（一七一九〜二二）のように幾度か試みられていた。これらは私掠者によるものであったが、十八世紀半ばには海軍も同様の遠征を企画した。それがこのアンソンの南海遠征である。

これは本章で見てきた拿捕に比べるとはるかに大がかりな作戦であり、海軍による拿捕の典型例とは言えない。しかし、軍艦の乗組員にとっての拿捕による蓄財の意味を端的に示す例として、ここで取り上げてみたい。この遠征については近年ウィリアムズが航海日誌や海軍省関係文書、のちに出版された航海記など複数の史料を駆使して詳細な研究を行っている。ここでは主としてこのウィリアムズの研究や、一七四八年に出版されたアンソン監修の公式の航海記録である『ジョージ・アンソンの世界周航記』（以下、『世界周航記』）などを参照しつつ、航海の様子を見てみよう。[17]

## 計画の発端

アンソンの航海の原案となる南米太平洋岸を含む太平洋一帯（当時の言葉では「南海」）への遠征計画が持ち上がったのは、一七三九年六月のことである。すでにその数年前から、カリブ海や南米海域でのスペインの沿岸警備隊によるイギリス商船の拿捕問題や北米植民地の国境問題が原因で、英西関係が悪化しつつあった。双方の政府は当初外交交渉を通じて問題の解決を図ったが、イギリス国内での対スペイン強硬策を主張する野党側の突き上げや、スペインから貿易特権を得ていた南海会社とスペイン宮廷との交渉のもつれが原因で、双方の戦争回避の努力も虚しく、一七三九年十月、両国間に戦争が勃発する。いわゆる「ジェンキンズの耳」戦争である（なお、この戦争の風変わりな名前は、英商船の船長ジェンキンズがかつてスペイン沿岸警備隊に捕まった際に切断されたという耳を議会に持ち込んで証言したという逸話に由来する。しかし、今日では彼が実際に議会で証言したという事実自体が疑問に付されている）[18]。その後この戦争は、一七四〇年十二月のプロイセンのフリードリヒ二世によるシュレジア侵攻に端を発し、ヨーロッパの主要な国々を巻き込んだオーストリア継承戦争に合流する。

太平洋岸のスペイン領への遠征計画は、この戦争における軍事作戦の一環として計画されたものであった。同地を攻撃し、銀などの貴金属や交易拠点を確保するとともに、スペインやその同盟国の軍資金の供給源を絶つことで敵国の弱体化を狙ったのである。実際、戦争初期の一七三九年十一月には、同様の期待に基づいて、ヴァーノン中将が小艦隊を率いて中米スペイン領のポルト・ベロに遠征し、その攻略に成功していた。イギリス国内はその成功に沸き立ち、スペイン領へのさらなる遠征を求める声が起こっていた。

このような状況の中、南海遠征計画が浮上する。南海会社の元商館員によって政府に提出された当初の計画は、ペルーやパナマの奪取のみならず、南米太平洋岸での新植民地の建設、そこを拠点にしての太平洋岸のスペイン領との貿易も視野に入れた大がかりなものであった。これに加え喜望峰経由でフィリピンに艦隊を送り、マニラ攻撃やマニラ・ガレオンの拿捕を試みるという別の計画も提案されていた。

これらの計画に対し、時のウォルポール政権の中には慎重な意見も見られた。しかし結局は、マニラ遠征は諦め、派遣する艦隊の規模を大幅に縮小したうえで実行に移されることになった。その主な任務は、カリブ海側からの別の遠征隊と協力してパナマなど太平洋岸のスペイン領を攻撃すること、およびマニラ・ガレオン船団の拿捕である。

その指揮官として白羽の矢が立てられたのが、アンソンである。のちには軍人としてだけでなく行政官としても傑出した存在になるこの人物も、この頃はまだ一介の海軍士官にすぎなかった。

一六九七年にスタフォードシャーの小ジェントリの家に生まれたアンソンは、一七一二年、十四歳の時に海軍に入隊する。その後は本人の実力に加え、のちに大法官となるおじトマス・パーカーの後援もあって順調に昇進を続けていった。四国同盟戦争時のパッサロ岬沖海戦に参加した後、一七二〇年代から三〇年代半ばまでは、まず北海で、次いで北米のサウス・カロライナ植民地で勤務し、その生真面目だが人好きのする性格で同植民地の中心都市チャールストンの社交界の人気者となった。その後、数年間は雇用されなかったが、一七三七年に「センチュリオン」号の指揮を任され、西アフリカで貿易保護に従事する。このように、着実に経験を積んではいたものの、とくに華々しい戦功をあげたわけではないアンソンが抜擢された理由としては、彼が海軍総司令官サー・ジョン・ノリスなど有力者との間に持っていたコネクションの影響が指摘されている。

## 出発の遅れ

アンソンが指揮することになったのは、一千五トン、砲六十門の旗艦「センチュリオン」号から、二百トン、砲八門の「トライアル」号までの大小六隻の軍艦、それに補給物資を積んだ商船二隻からなる小艦隊である。乗員は、総勢約千五百名の水夫と、上陸時の兵力となる約五百名の兵士で構成されることになっていた。ところが遠征隊の出発は大幅に遅れた。その理由の一つは人員確保の問題である。

前述のように、「長い十八世紀」を通して、戦時の水夫確保は海軍にとって悩みの種であった。今回もその例にもれず、アンソンは一部強制徴募にも頼りつつ水夫の確保に奔走しなければならなかった。遠征に随伴する陸上兵力も問題であった。当初は正規の連隊の兵士が加わるはずであったが、実際に送られてきたのは、老齢や怪我のため通常の軍務には不適格となりチェルシーの陸軍病院で年金生活を送っていた傷病兵や、まだ経験の浅い海兵隊員たちだったのである。おまけに海兵隊員や水夫の間で疫病が蔓延したことも人員確保の問題をいっそう悪化させた。

このような事情もあって出発は大幅に遅れ、結局、艦隊が約千九百名の乗員とともにイギリス南部のスピットヘッドを出港できたのは、ようやく一七四〇年九月半ばになってからのことであった。ところがこの遠征の情報は、当時まだ中立国であったフランスの在ロンドンのエージェントを通じて敵国スペインへと漏れていた。これを受けてスペイン側もアンソンを阻止すべく、十月にはドン・ホセ・ピサロ提督指揮下の五隻の軍艦を出発させた。このように、すでに出発直後から一行の前途には暗雲が立ち込めていたのである。

### ホーン岬廻航

イギリスを発ったアンソンの艦隊は、まず大西洋に浮かぶポルトガル領マデイラ諸島に向かった。十月末、同地に到着したアンソンは、そこでピサロのものと思われるスペイン艦隊の目撃情報に接し、次の目的地ブラジルへと急ぐ。しかし、大西洋を横断する彼の艦隊には早くも問題が発生しつつあった。多数の乗員が詰め込まれていた艦内の不衛生な環境も一因となり、艦内で発疹チフスなどの疫病が発生し、さらに大西洋横断後に寄港したブラジル沖の島でもマラリアに罹患する者が現れたのである。その結果、「センチュリオン」号と「セヴァーン」号だけで七十五名の乗組員が死亡した。しかし、これはアンソンらを待ち受けていた幾多の困難の序曲に過ぎなかった。

その後、一行はアルゼンチン南部の港を経て、世界周航における最大の難所である南米南端のホーン岬へ向かった。一七四一年三月、まずは南米大陸部とスターテン島（現ロス・エスタードス島）の間のル・メール海峡の通過を試みる。当初は天気も良く海は穏やかで、追い風を受けて通過は無事に済むかと思われた。しかし最後の二隻が通過する頃から天候が急速に悪化し、艦隊は西からの強風と荒れくるう海に翻弄されることになった。イギリスからの出発が遅れたこともあり、一行は折悪しく、この地域で強風が激しく吹き始める時期に到着してしまったのである。

追い打ちをかけるように、乗組員の間では壊血病が頭をもたげつつあった。最初の犠牲者は出港前から健康状態のよくなかった傷病兵たちである。この当時でも柑橘類が壊血病に効果があることは一部の水夫には経験的に知られており、長距離航海に従事するEIC船などはしばしばレモンジュースを積んでいた。しかし、その知見はまだ海軍には共有されてはおらず、軍艦でそれが常備されるのは一七四七年のジェイムズ・リンドによる実験とその結果の出版を経て、ようやく十八世紀末になってからのことであった。今回の航海でも壊血病は警戒されていたが、王立内科医協会の助言をもとに海軍が事前に講じた措置は、ことごとく的外れなものばかりであった。そのため、一行が悪天候の中をホーン岬廻航に苦闘していた数週間の間に、数百名が命を落とすことになったのである。

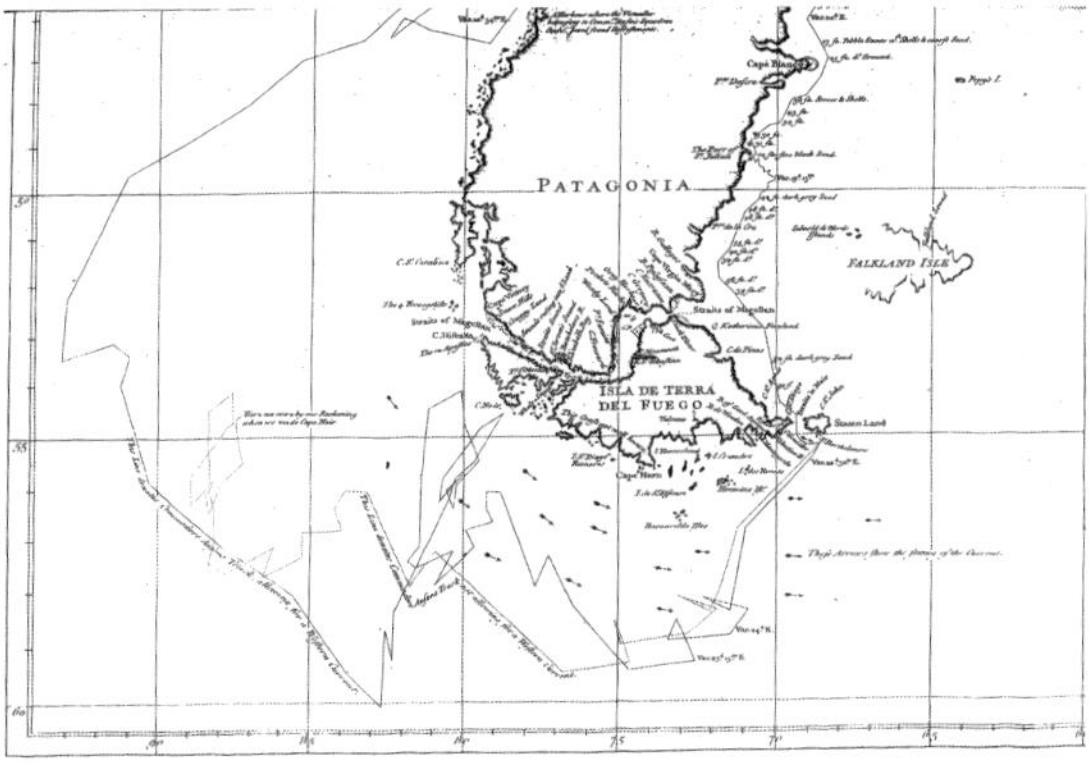


**地図9**　南米南端のホーン岬廻航時のアンソン船団の航路。矢印は風向き。想定より東にいることに気づいたアンソンの一行は再度南下を余儀なくされた（出典：*A Voyage Round the World* [London, 1780].）

　このような苦境にもかかわらず、アンソン艦隊は一団となって航行を続け、やがてホーン岬を通過したと思われる地点で針路を北に変えた。途中、「セヴァーン」号と「パール」号が脱落したが、事前に決めていた合流地点で落ち合うことを期待して本隊は北上を続けた。ところが数日後、先頭を進んでいた船が前方に想定外の陸地を発見して警告を発する。座礁は回避したものの、アンソンらは予期せぬ事実に直面して驚愕した。近辺の陸地の形状から、想定よりおよそ四百八十キロメートルも東にいることが判明したのである。このような事態が起こった原因は、ひとえに十八世紀前半まで経度の正確な測定が困難であったことにある。その正確な測定は時計技師ジョン・ハリソンによる一七六一年のクロノメーター（海洋時計）四号機の開発と、その普及を待たねばならない[19]。

誤りに気づいたアンソンらは、座礁の危険を回避すべく再度安全な地点まで南下しようと試みたが、そのさなか、さらに「ウェイジャー」号が脱落する。南緯六十度を超える地点まで下った後、一行は北西に針路を変更し、再度の挑戦でようやくホーン岬廻航に成功した。しかしこの遅れは壊血病によるさらなる死者の増加をもたらした。

最初の集合場所のソコーロ島に到着したものの、他の僚艦の姿が見あたらず、また悪天候にも見舞われたため、一行は別の集合場所であるフアン・フェルナンデス島に向かった。前章で見たように、ここはかつてセルカークが暮らしていた島であり、水や動植物にも恵まれていた。しかし、島の位置について得ていた情報が不正確であったためその発見に手間取り、壊血病の犠牲者はさらに七、八十名増加した。ようやく島に着いた時には、操船の任に耐えうる健康状態の者は各船数名のみという有様であったが、生き延びた者たちは新鮮な食料を得て徐々に健康を取り戻していった。

## マニラ・ガレオンを求めて

ホーン岬廻航で損害を蒙《こうむ》ったのはイギリス側だけではない。前述のようにスペイン側はアンソンらを妨害すべくピサロ提督の艦隊を派遣していたが、実はこの艦隊もアンソンに先んじようとホーン岬廻航を試みた際に、嵐や食料不足により甚大な被害を蒙ったのである。結局、ピサロ艦隊のうちチリにたどり着いたのは一隻のみで、しかもその時にはアンソンらはチリを去った後であった。一方、それより前に陸路を通じてアンソンの情報を得ていたチリのスペイン人たちは、フアン・フェルナンデス島近海で待ち伏せていたが、アンソンが島の位置を見誤り彷徨《さまよ》っている間に、敵はホーン岬廻航に失敗したと早合点して引き揚げてしまっていた。この点はアンソンにとって不幸中の幸いであった。

一方、ホーン岬廻航中にアンソンの本隊から脱落した「セヴァーン」号など三隻の軍艦の乗員の中には、様々な経路で先に本国に帰り着いた者もいた。アンソンの航海の様子は彼らによってイギリスに伝えられ、新聞等でも詳細に報じられていた。

そのようなこととは露知らず、アンソンらははぐれた僚艦の乗組員の身を案じながら、フアン・フェルナンデス島でつかの間の休息を得たのち、九月には再び出発の準備にとりかかった。しかし、壊血病や疫病により人員は大幅に減っており、当初計画していたスペイン領の主要都市の攻撃は難しくなっていた。また、途中で拿捕した商船から、カリブ海側でのヴァーノンによるカルタヘナ攻撃の失敗の報を知り、太平洋岸からこの部隊と連携する希望も潰えた。一行はかわりにチリ北部やペルー沿岸を航海しつつ、スペイン船の拿捕やペルー北端の小都市パイタの攻撃を行ったが、いずれも当初の計画からすると取るに足らない戦果であった。

このままでは遠征は多大な犠牲を払った挙句、無残な失敗に終わってしまう。これを挽回する唯一の手段はマニラ・ガレオンの拿捕であった。マニラ・ガレオンにはマニラから大西洋を東に向かうものとアカプルコから西に向かうものの二種があったが、前者は例年通りならば七月にマニラを出発し、約半年かけて太平洋を横断したのち、十二月か一月頃アカプルコに到着することになっていた。北上し、十二月にアカプルコ沿岸に到着した一行を待ち受けていたのは、マニラからの船はすでに入港を終えたとの情報であった。だが、逆ルート、すなわちアカプルコ発のガレオン船が翌年三月初頭に出港するとの報を得て、アンソンらは今度はこれを待ち伏せすることにする。しかし、三月末になってもいっこうにガレオン船が出港する気配はなかった。アンソン艦隊に気づいたスペイン側が出発を延期したのである。もはや待ち伏せは無意味と悟ったアンソンは、太平洋を横断して帰国することを決断した。

北東貿易風を受けての太平洋横断は、過去のダンピアやロジャーズの航海の経験からすると、日数はかかるもののホーン岬廻航に比べれば平穏に済むはずであった。しかし、今回の航海では一つ計算外の要素があった。北東貿易風が吹き込む熱帯収束帯の位置は、夏には北寄りに移動する。しかしこれまで五月にアメリカ西海岸を出航したイギリス船はなかったため、アンソンらはこのことを知らず、そのせいでアカプルコから南下する際に北東貿易風を捕え損ねてしまったのである。一行は赤道付近まで南下してから誤りに気づき、再度北西に針路を変え、ようやく北東貿易風を捕まえることに成功した。この時点でアカプルコ近海を出発してからすでに七週間が経過しており、艦内では再び壊血病が頭をもたげ始めていた。

その後、太平洋をひたすら西進する一行であったが、いよいよ「グロスター」号の損傷が激しくなってきたため、これを洋上で燃やして破棄した。『世界周航記』によれば、火をつけられた同艦は、引火した大砲を打ち鳴らしたのち一晩中燃え続け、翌早朝に黒煙を高々と上げて爆発したという。[20] こうしてとうとう「センチュリオン」号一隻となったが、こちらも浸水が激しいため、士官も水夫も一丸になって絶えずポンプで排水する必要があるという有様であった。

一行がようやく太平洋を横断し、グアム北東の北マリアナ諸島のテニアン島に到着したのは、一七四二年八月末のことである。乗員にはすでに衰弱しきっていた者も多く、上陸までにさらに二十一名が死亡したが、生存者は新鮮な野草や果物を得て徐々に健康を取り戻していった。島の滞在中には「センチュリオン」号が嵐で一時沖に流されるという事件も起こったが、乗り組んでいた数人の水夫の懸命の努力により事なきを得た。十月後半には同島を出航し、翌月、ポルトガル商人の居留地マカオに到着する。

## ガレオン船を待ち伏せる

マカオでの滞在後、アンソンは船の修理と物資補給のため、ヨーロッパ人が清朝との取引を許されている広東に赴き、同地のＥＩＣの駐在員を仲介役にして清朝の官吏と交渉を試みた。しかし、彼らを海賊の一種ではないかと疑う清朝側と、清朝の慣行や儀礼が理解できないアンソン側との文化的なすれ違いもあり、交渉は難航した。この時の経験も影響したのであろう、『世界周航記』では軍事面も含めた清朝の文化や制度、慣習が否定的に描かれているが、それはのちにモンテスキューやルソー、ヴォルテールにも取り上げられ、当時のヨーロッパでの中国評価をめぐる議論に新たな材料を提供することになる。[21]

マニラ・ガレオンの一隻と交戦する「センチュリオン」号（左）

　ようやく修理が完了し、マカオを出航したのは一七四三年の四月中頃である。この時点での乗組員はマカオで補充した者を加えても総勢二百二十七名と、出発時に比べると激減していた。おまけに、それまでの戦果もほとんどなしという有様であった。起死回生の手段としてアンソンが考えたのが、アカプルコから来るマニラ・ガレオンの拿捕である。洋上に出ると彼はこの計画を乗組員に打ち明け、マニラ・ガレオンの頑丈さに関する噂は誇張されたものであり、断固として戦えば必ずや一隻は拿捕できるであろうと言って、一同を鼓舞した。『世界周航記』によれば、乗組員は海軍の慣行に従い、三度の熱烈な喝采によってこの提案を歓迎したという。[22]

　マカオで加わったイングランド人から得た情報に基づき、アンソンたちはフィリピンのサマール島のエスピリトゥ・サント岬でガレオン船を待ち伏せすることにした。戦闘訓練をしながらその到来を待っていた一行は、六月二十日、水平線の彼方に船影を認める。はたせるかな、マニラ・ガレオン船「ヌエストラ・セニョーラ・デ・コバドンガ」号であ

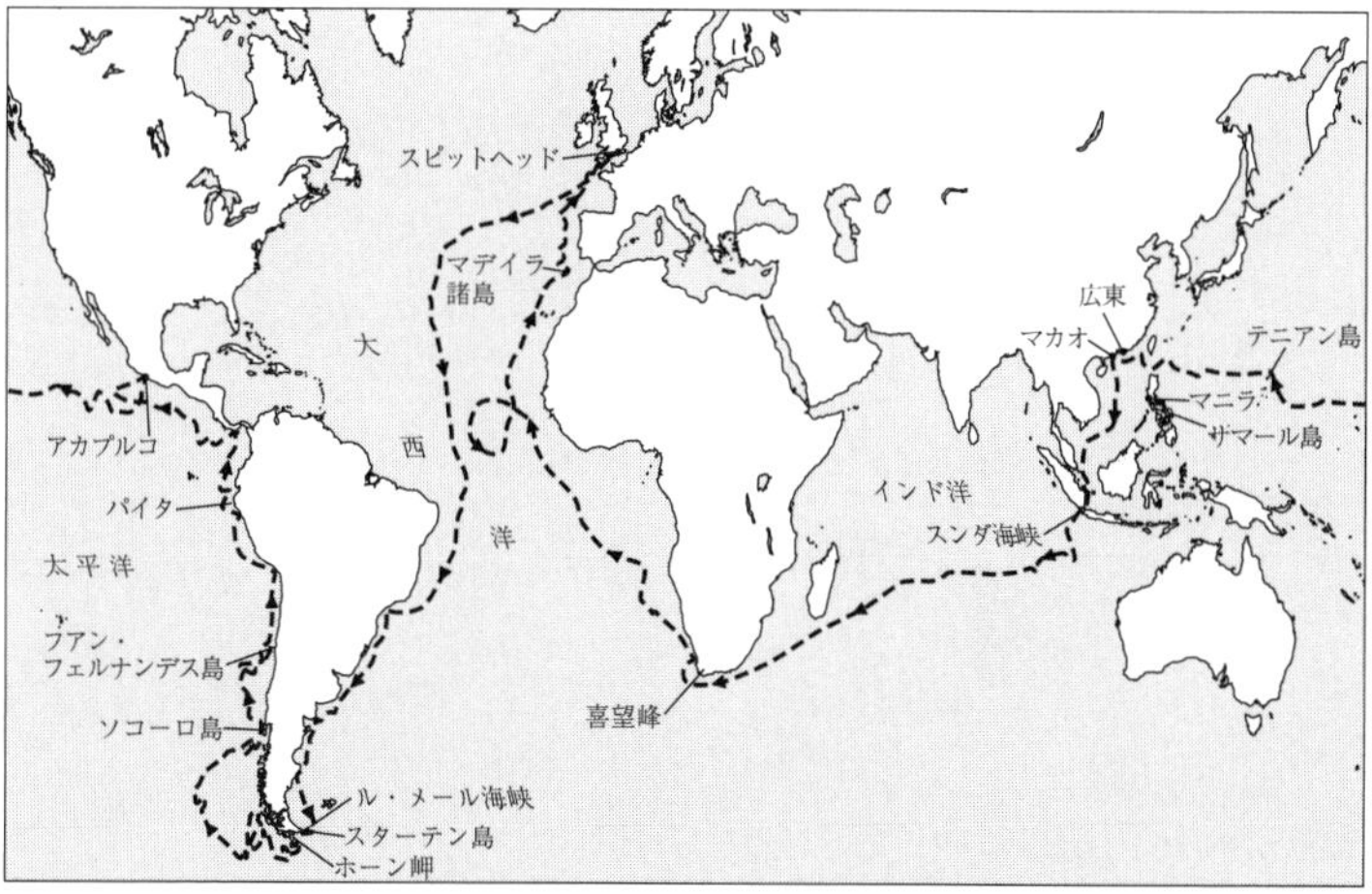


**地図10**　アンソンの世界周航（1740～44年）の際の航路（*A Voyage Round the World...By George Anson...Compiled from his Papers and Materials, by Richard Walter*...The fifteenth edition［London, 1780］収録の地図を基に作成）

った。こちらを同郷の船と誤認したのか相手から近づいてきたため、「センチュリオン」号も接近し、戦闘が開始された。アンソンらの猛攻の前に敵船が降伏したのは、およそ一時間半後のことであった。

こうして拿捕に成功したアンソンは、同船を引き連れマカオに戻った。積荷を調べると、百三十一万三千八百四十三枚におよぶピースオブエイト銀貨、三万五千六百八十二オンスの純銀や銀の延べ棒などきわめて高額のものであることが判明した。賭けは成功したのである。

一行はその後、七月半ばに広東に戻り、再び清朝の官吏と補給のための交渉を行った。またもや遅々として進まぬ交渉に苛立つアンソンであったが、EIC社員の懸命な仲介の努力もあって無事補給を済ませると、十二月、広東を出航した。それ以降の航海は、それまでとはうってかわって平穏なものであった。インドネシアのスンダ海峡を通過し、インド洋を横断すると、喜望峰を回って故国へと向かう。出発地点のスピットヘッドに到着したのは、一七四四年の六月十五日である。

出発当初の乗員のうち、「センチュリオン」号とともに帰還したのはわずか百八十八名であった。本隊からはぐれた僚艦の乗員で先に帰国した者を計算に入れても、出発当初の約千九百名の乗組員のうち、およそ千四百名が死亡したことになる。とくに被害が激しかったのが傷病兵や海兵で、前者のほぼ全員、そして後者の大半は生きてイギリスの土を踏むことはなかったのである。

このように多大な犠牲を払ったアンソンの南海遠征であったが、マニラ・ガレオンの高価な積荷を伴っての帰国は、イギリスでは大いに歓迎された。当時イギリスはフランスの参戦に直面し、また一七四四年二月のトゥーロン海戦での海軍の失態もあって、戦況は楽観視できない状況であった。アンソンによるマニラ・ガレオンの拿捕は、そのような沈鬱な雰囲気を一掃する輝かしい戦果、ドレイクの世界周航にも匹敵する偉業として称賛されたのである。捕獲物をポーツマスから輸送する際には、アンソンら生還した乗組員は、銀などの捕獲物を満載した三十二台の荷馬車とともにロンドンの街路を行進した。

では、「センチュリオン」号で帰還した者たちは、いったいどれくらいの金額を手にしたのであろうか。これについては分配の記録が残っていないため、正確な額を知ることはできない。しかし同艦の士官の一人フィリップ・サマレズが、七千六百五ポンドを得たことは判明している。この金額と先に述べた海軍での配分の比率に基づくウィリアムズの推計によれば、アンソンの取り分は約九万一千ポンドということになる。航海中の艦長としての給与は約七百二十ポンドであったので、この推測が正しいとすれば、実に給与の約百二十六倍の額を捕獲物金で得たことになる。

このように航海自体は経済的には大成功と言えるものであったが、その後日談は苦い後味を残すものであった。ロジャーズの航海同様、捕獲物金の取り分をめぐって帰還者の間で法廷闘争が起こったのである。争点のひとつは、航海の途中で遺棄した「グロスター」号と「トライアル」号の正士官および准士官の地位であった。それぞれの艦を遺棄した際、各艦の士官は「センチュリオン」号へと移ったが、その際に士官の地位を保ったまま移ったのか、あるいは平水夫と同じ扱いの余剰人員として移ったのかが議論となったのである。それにより取り分が十倍以上も変動し、それに応じて他の士官の受取額も増減するからである。艦の遺棄という判断の妥当性の問題ともあいまって事態は紛糾した。航海中は苦楽をともにした一行であったが、帰還後は捕獲物金をめぐって泥沼の争いを繰り広げることになったのである。

## 拿捕行為の与えた影響

高額の捕獲物獲得に成功したこのアンソンの航海は、すでに述べたように海軍による拿捕の事例としてはやや特殊なケースと言える。しかし、先に見たウォレンのように、より一般的な作戦行動でも、海戦や商船団の護衛と並行して捕獲物の拿捕は頻繁に行われていた。そして、幸運に恵まれた者には少なからぬ臨時収入をもたらしたのである。

では、このような拿捕行為が海軍の活動に与えた影響はどのようなものだったのであろうか。「長い十八世紀」を対象とする近年までのイギリス海軍史研究では、海軍の成功の要因を探ることに関心が向いていたこともあり、海軍による捕獲物の拿捕は艦隊戦や封鎖作戦、通商防衛といった中心的任務の妨げになる活動として否定的な評価が下されるか、あるいは軽視されてきた。しかし、近年では経済学の観点からこれを肯定的に評価する研究も現れている。経済学者のアランは帆船時代のイギリス海軍の成功の要因を探った論文の中で、海軍士官には捕獲物金の獲得という強い経済的インセンティヴがあったことを一因として挙げている。もっともアランは、このようなインセンティヴは戦時服務規程や戦闘指令書、艦長のパトロネージによる昇進制度など、士官層の行動を監視し、彼らが敵艦との戦闘よりも商船の追跡を優先することを防ぐための制度とセットで機能した点を強調していることには注意すべきである。[23]

アランの議論は、現代の経済学の概念をいささか安直に十八世紀に当てはめているところもあり、そのまま首肯することはできない。しかし捕獲物の拿捕は、それが海軍の活動に貢献したか否かという問題とは別に、それ自体の重要性を持っている。捕獲物はこの時期の海軍の活動や組織を理解する上では無視できない要素であった。富を得る期待は、人々を海軍での勤務に駆り立てた主要な動機の一つであった。水夫だけでなく士官層にとってもそうであった。とくに社会的上昇や経済的安定を求めて海軍に入隊した者にとっては、時にはそれこそが主目的だったのである。こうして海軍士官による捕獲物の拿捕は、ジェントルマン的価値観からすれば眉をひそめられるようなものであっても、少なくとも「長い十八世紀」の間は、海上での勤務に付随する当然の活動、一種の権利として続けられたのであった。[24]

第七章

# 自由貿易思想の興隆と私掠の廃止

これまでの章では、非合法な海賊行為が取り締まられる一方、私掠者や海軍による拿捕の制度が整備され、通商破壊戦のための管理された合法的掠奪として十八世紀を通して続いていったさまを見た。しかし、たとえ合法的であっても私掠者や海軍による拿捕は、他のヨーロッパ諸国との間、とくに交戦国との貿易に従事する中立国との間に摩擦を引き起こした。このように掠奪が外交や貿易の障壁となり、それゆえ規制の対象になるという事態はすでに十六世紀から見られ、その結果、海賊たちが鎮圧されたことも四章で見たとおりである。しかし十八世紀末からは、イギリスで重商主義に代わり徐々に支配的になっていく自由貿易思想の追い風も受け、戦時の掠奪規制の動きはいっそう強まっていく。この動きはまた、ヨーロッパやアメリカでの戦争観の変容という、より緩やかではあるが抗いがたい深層流の変化ともあいまって、掠奪、とくに私掠行為を呑み込んでいった。その結果、私掠はついに一八五六年のパリ宣言によってイギリスを含む世界の大半の国で廃止されることになる[1]。

## 1 戦時の中立通商と掠奪

### 自由船自由貨の原則

すでに見たように、イギリスをはじめとする近世ヨーロッパの海洋諸国は、当時優勢であった重商主義思想を背景に、戦時には海上で私掠者や海軍による通商破壊戦を展開した。しかし、実際の経済活動はこのような表面上の対立を超える複雑な様相を呈していた。戦争は確かに交戦国間の経済活動を大きく減退させはしたが、双方の商人は非公式の経路を含む様々な手段で相手国との経済的紐帯を維持しようとしたからである。その一つが密輸である。これには本来敵国の通商破壊に従事するはずの私掠者が関与することもあった[2]。たとえば十七世紀末のフランスとの九年戦争では、イングランドの私掠者がフランス商人と共謀して、禁制品の仏製品を、拿捕した捕獲物として密輸入していた事例が報告されている[3]。

この戦争中の敵国との貿易には第三のアクターが関わることもあった。いずれの交戦国にも与しない広義の中立国の船舶（中立船）である。この中立船による交戦国との貿易、いわゆる中立通商は、近世の海上での戦争の重要な一局面であった。戦争が勃発し通常の貿易が困難になると、交戦国の商人は、時に中立船を利用して敵国との貿易を継続しようとした。しかし、このような行為は批判の的となり、十八世紀後半のイギリスの高等海事裁判所では、自国臣民による中立船を用いての貿易や中立国に居住しての敵国との貿易を違法とみなすようになった[4]。

一方、中立国の商人にとって戦争はビジネスチャンスでもあった。開戦に伴う交戦国間の貿易の一時的途絶や減少は、中立船がその間隙を縫って双方の交戦国と貿易を拡大する絶好の機会を提供したからである。これに対し交戦国の政府は、自国の益になる限りはそれを容認したが、ひとたび敵国を利するとみなせばこれを厳しく取り締まった。

このような中立船が敵国に属する積荷（敵貨）を輸送している場合、それは正当な拿捕の対象になるのか、あるいは逆に敵船上の中立国の積荷（中立貨）はどうなのかという論争は、すでに十四世紀末頃から見られた[5]。拿捕の基準は個別の条約によって決められていたものの、実際には特定の拿捕が条件を満たしているかどうかは判断が難しいケースも多く、そのような場合、しばしば拿捕者と被拿捕者の間で係争が生じた。

交戦国がとくに問題視したのが、敵国の戦争遂行を助けるような物資、すなわち「戦時禁制品」の取引である。交戦国はそのような取引への関与が疑われる船を臨検捜索し、戦時禁制品を発見すればそれを押収することは交戦国の権利であると主張した。他方、戦争中もできるかぎり自由な貿易を望む国々はこれに強く反発した。両者の対立は『海洋自由論』(一六〇九)を著したグロティウスや、それに続くプーフェンドルフ、ヴァテルといった法学者の議論も援用しながら、十八、十九世紀にも続いていった。[6]

交戦国、中立国の別は戦争ごとに変わるため、どの国がどちらの立場をとるかは一定しなかったが、十八世紀の間は概してイギリスが前者の立場を、オランダやスウェーデン、プロイセン、そして十八世紀末にはロシアなどが後者の立場になることが多かった。交戦国はいかなる場合に中立船やその積荷を拿捕しうるのか、その点をめぐって両者の間では、力関係の変化も反映しつつ、外交交渉や条約の締結を通じて綱引きがなされた。

拿捕に関するルールとして十七世紀前半までヨーロッパで有力であったのは、十四世紀に編纂された地中海の海事法の集成である『コンソラート・デル・マーレ』に基づくものである。これは中立船上にある敵国の積荷(敵貨)は拿捕できても、中立船自体や他国の貨物は拿捕できないとするものであった。また、敵船上の中立貨も原則的には対象外とされた。一方、これとは異なる慣行が「ローブの原則」である。これは、敵に関わるものはすべて敵性を帯びるとする「敵性感染主義」に基づくもので、中立船上の敵貨のみならず、船そのものや他国の貨物、さらに敵船上の中立貨も拿捕の対象とするものである。そのため中立国にとっては先の『コンソラート・デル・マーレ』の原則よりもいっそう不利な内容であった。このロープの原則は十六世紀にフランスの海事法廷で採用されていき、フランス海事法の一大集成である一六八一年の「海事王令」でも確認されたほか、イングランドの海事法廷においても十七世紀後半まで採用されていた。[7]

しかし、第三次英蘭戦争終結後の一六七四年に英蘭間で交わされた通商条約には、これとは大きく異なる取り決めが含まれていた。それが「自由船自由貨」の原則である。この条約では、以後のイングランドと他国との間の戦争で、オランダ船が中立船として活動する場合、その積荷はたとえ敵貨であっても、武器や弾薬などの「戦時禁制品」でない限りは拿捕されないとされた。つまり、船が中立であればその積荷も、戦時禁制品を除いては拿捕の対象外とされたのである。同様の原則はこれ以前の条約にも見られ、またその後の条約にもこれに反する原則はしばしば見られた。しかし、この英蘭間の条約を重要な先例として、「自由船自由貨」の原則は、中立国が戦時の貿易を交戦国の干渉から守ろうとする際の主張の拠り所になっていったのであった。[8]

## 戦時禁制品と封鎖作戦

注目すべきは、この「自由船自由貨」の原則を盛り込んだ一六七四年の条約でも戦時禁制品は保護の対象外とされていたことである。この戦時禁制品の範囲も重要な争点の一つであった。十七世紀からは、二国間条約において、条約締結国の敵国との取引が禁止される物資が列挙されるようになった。だが、何がそれに該当するかは諸国間で共通の合意はなく、条約ごとに異なるのが実情であった。無論、武器弾薬のように明らかに軍事目的で用いられる物資は戦時禁制品とされたが、それ以外にも、商船だけでなく軍艦の建造や補修にも必要とされる麻や材木などの海事物資（船舶必需品）や、軍隊の糧食にもなるチーズやビール、さらには穀物のような一般的食品すら含まれることもあった。しかし、食料まで含めることに対しては、それらの物資の輸送に従事する国からの批判も強かった[9]。

また、たとえ戦時禁制品の範囲についての合意があっても、海上を航行する中立船がそれを積んでいるか否かは実際に積荷を調べてみなければ分からない。そのためイギリスを含む交戦国は中立船が戦時禁制品を輸送していると疑わしき場合、乗船して積荷を検査する「臨検捜索」を行う必要があった。では、ここでその手続きを見てみよう[10]。

まず標的の船を発見した場合、軍艦や私掠者はそれが拿捕に適した船かどうかを見極めつつ接近する。その時には必ずしも自国の国旗を掲げている必要はない。実際に拿捕を試みる場合はさらに接近して、信号旗やトランペット、あるいは警告の砲撃により、船首を風上に向けて停止し臨検に応じるよう要求する（ただし警告の砲撃をする際には、それまで偽の国旗を用いていても必ず自国の国旗に替えなければならなかった）。相手船が逃走や抵抗を試みない場合、拿捕者側は砲撃の射程外にとどまったまま臨検の手続きに移る。

臨検に際しては、相手船に乗り込んだ検査官が、船籍証明書、原産地証明書、通行証、船荷証券、航海日誌などの船舶書類を調べ、また船長や乗組員、乗客と話して書類の内容や船籍の真偽を確かめた後、船内をくまなく検分する。その際、施錠されている箇所や容器は開けるように要求できるが、断られた場合でも実力行使は許されていなかった。次に船の乗組員に質問して書類の破棄や投棄が行われていないかを確認したのち、船長を先の書類一式とともに拿捕者側の船に連れて行き、艦長による書類のチェックや質問を受けさせる。

臨検の結果、それが拿捕の対象外の船、たとえば戦時禁制品を積んでいない中立船と判明した場合は、即座に解放しなくてはならなかった。しかし、戦時禁制品を運んでいたり書類を偽造している疑いがある場合には、審査のため近隣の自国の港まで連れて行くことになる。その際の証人として、拿捕した船から船長あるいは航海士、それに一、二名の乗員を連れていくことが義務付けられていた。

イギリスはこのような臨検捜索は交戦国が持つ当然の権利であり、それに実力で抵抗を試みる船は拿捕の対象になると主張した。しかし、中立通商に従事することの多い国々は、航行の妨害や遅延をもたらすとしてこれに強く反発した。とくに船団が自国海軍の護衛付きで航海し、公人たる艦隊指揮官が戦時禁制品を運んでいないことを保証している場合は、交戦国は臨検捜索をすべきでないと訴えたのだった。[11]

この臨検捜索とも関連して、交戦国と中立国の間にはもう一つ重要な争点があった。それは「封鎖」の状態にある敵国の港への出入りである。これは、交戦国が軍艦や私掠船を用いて敵国の港を監視し、中立船を含めた船舶の出入港を禁ずる措置である。封鎖の実施国は、ちょうど包囲下の都市への物資の運送が禁じられているように、封鎖中の港に入ろうとする船はすべて拿捕の対象となり、戦時禁制品を運んでいればそれも没収しうると主張した。しかし十八世紀も半ばになると、交戦国側が継続的かつ効果的な監視をしていないのに封鎖を宣言しているような場合には、中立船は拿捕されることなく敵国の港と貿易を続けうるとの考え方が登場する。こうして封鎖の「実効性」が問われるようになったのである。[12]

この封鎖は公海上の拿捕とは一見関係なく見えるが、実際にはそれともかかわりの深い活動であった。封鎖はそれを突破した船舶（封鎖侵破船）の拿捕の可能性があってはじめて意味あるものになったからである。また、封鎖侵破船の拿捕を通じて得られた捕獲物は、公海上での拿捕同様に売却され、拿捕者の利益になった。このような封鎖、とりわけ通商妨害を目指す商業封鎖は、敵国の海上貿易を妨害し、敵経済に打撃を与えることを目指す点で、拿捕による通商破壊戦にも似た目的を持つものであった。そしてそれは十九世紀以降、公海上での拿捕に勝るとも劣らぬ重要性を持つようになるのである。

## 七年戦争、アメリカ独立戦争と中立通商

戦時の中立通商をめぐるイギリスなどの交戦国と、オランダ、スウェーデン、デンマークなど中立通商に従事する国々との間の緊張は、十八世紀後半から末にかけて高まっていく。その契機となったのが、十八世紀半ばの七年戦争（一七五六〜六三）中の中立通商に対するイギリスの規制強化策である。

その背景には、最大の敵国フランスの海外貿易における方針転換があった。仏海軍による戦時の自国商船団保護の試みは、この時期までに英海軍の優位の前に困難となっていた。このような状況の中、フランスはそれまで平時には自国船にのみ許していた仏領カリブ海植民地やバルト海地域との貿

易を、オランダやデンマークといった中立国の船に委託することで存続を図った。そのためイギリスがフランスの海上貿易を妨害し、その戦争遂行能力を削ごうと思うならば、いまやその多くを肩代わりしている中立船に対する規制を強化する必要が出てきたのである。

その際イギリスが行ったのが、それまでにも他国の条約や自国の海事裁判所で法的先例のあった「一七五六年の戦争の規則」（以後、「一七五六年の規則」）、および「継続航海の原則」の、より厳格な適用である。[13] 前者の「一七五六年の規則」は、中立国が平時に禁じられている貿易に戦時において従事することを禁ずるものである。一方、「継続航海の原則」は、敵国の港を最終目的地とする積荷は中立港を経由する場合でも、航海上のどの地点でも拿捕の対象になるというものであった。たとえば積荷が中立港Aを出発して他の中立港Bを経由したのち、最終的に敵国の港Cに輸送される場合、その積荷は中立港と敵港を結ぶBC間だけでなく、中立港同士のAB間でも拿捕しうるのである。これらはいずれも戦時の中立通商、とくにフランスとの貿易をより困難にする措置であった。

ところが、イギリスの軍艦や私掠船がこれらを根拠に、対仏貿易に従事する中立船を実際に臨検、拿捕するようになると、そのような貿易に従事するオランダやスペインからは抗議の声が沸き起こった。その結果、英政府も譲歩を余儀なくされ、一七五九年に新たな私掠法を制定して、逸脱行為の多かった小型の私掠船への規制を強化するなどして私掠活動の引き締めを図った。しかしこのような措置も中立国との摩擦を解消するには至らず、戦時の中立通商をめぐる対立は続いた。[14]

一七六三年のパリ条約によって七年戦争を有利に終結させたイギリスであったが、やがて新たな紛争の狼煙が自らの北米植民地で上がる。植民地への課税問題に端を発する北米十三州植民地人と本国との対立は双方の対抗措置の応酬により先鋭化し、やがてアメリカ独立戦争へと発展したのである。そのさなかの一七七五年十二月に英本国がアメリカとの貿易を全面的に禁止したことに対し、十三州植民地人の大陸会議は航海法を無効とし、アメリカ諸港を外国船に開放することで対抗した。これに対しイギリスも、フランスなどヨーロッパ諸国による「反乱軍」側への物資供給を断つため、十三州植民地の諸港の封鎖や「一七五六年の規則」の再導入による中立通商の規制を試みた。

　ところがイギリスの措置は、今回は中立諸国からの組織的反撃にあうことになる。その中核となったのは、十八世紀を通して次第に台頭しつつあった北方の雄ロシアである。ロシアのエカチェリーナ二世は戦争中の一七八〇年三月、中立船による交戦国の港の間の自由な航行を容認することや、中立船が敵貨を運んでいても武器等の明らかな戦時禁制品を輸送しない限りは拿捕しないことなどを交戦国に要求した。このロシアにデンマークやスウェーデンなどが加わって武装中立同盟が結成される。これらの国々は麻や帆柱用の材木といった海事物資の主要な産出国であり、この海事物資を含めた商品の自由な輸送を認めることを交戦国に要求したのである。この同盟にはまたヨーロッパにおける中立通商の主要な担い手の一つであったオランダも参加を検討していたが、これはイギリスを刺激するところとなり、その結果、一七八〇年十二月には英蘭間での新たな戦争すら勃発したのだった。[15]

　その後、イギリスによる封鎖は、北米の王党派の私掠者の助勢もあって戦争中盤から終盤にかけて強化されていく。しかし、それも結局は十三植民地の独立を防ぐことはできなかった。こうして誕生したアメリカ合衆国は、後に見るように中立通商の主要なプレイヤーの一つになっていくのである。

### フランス革命戦争・ナポレオン戦争と経済封鎖

アメリカ独立戦争の後、十八世紀末から十九世紀初頭にかけて、ヨーロッパ諸国はフランス革命戦争（一七九二～一八〇二）、ナポレオン戦争（一八〇三～一五）という二つの大戦争を経験することになる。これらの戦争においても、戦時の中立通商を継続したい国と、敵国を利するような貿易は極力規制したい交戦国との間に対立が生じ、ついには新たな戦争を生み出した。

まず、フランス革命戦争期を見てみよう。この戦争においてイギリスは革命政権が支配するフランスの経済封鎖を試み、中立船による対仏貿易を厳しく取り締まった。実際に海上で臨検捜索や拿捕に従事したのは、海軍の軍艦や私掠船である。これには当初、革命の波及を恐れるロシアなど他の国々も同調した。しかしイギリスが十七世紀にも先例のあった、実際に港を監視しなくとも宣言だけで封鎖は有効とする「名目的封鎖」の実施や、「一七五六年の規則」の再導入などの強硬措置をとったため、中立国側の不満は次第に高まっていった。その結果、一八〇〇年には、ロシア、スウェーデン、デンマーク、プロイセンの間で武装中立同盟の結成が再度試みられる。しかし今回の企てはロシア皇帝パーヴェル一世の暗殺や、ネルソンも参加した英海軍によるデンマークの首都コペンハーゲン攻撃の結果、潰えることになった。

一方、フランスの総裁政府も中立国による対英貿易に対して同様の規制を試みる。一七九六年にはイギリス製品のみならず対英貿易を通じて得られる一切の商品の輸入を法律で禁じ、イギリス製品を輸送する中立船はすべて拿捕の対象とした。しかし、その実施は現実には困難であり、イギリスはオランダのアムステルダム、次いでハンブルクなど北ドイツの中立港を利用して、大陸諸国との貿易を継続した。

続くナポレオン戦争でも、中立国はヨーロッパの覇権をめぐって争う英仏の思惑に翻弄される。この戦争での両国の海上での抗争は、とくに一八〇六年以降は一種の経済戦争の様相を帯びた。同年五月の国王布告によりエルベ川河口からブレストまでの海岸線の封鎖を宣言したイギリスに対し、ナポレオンはかつての総裁政府の方針を発展させ、「大陸体制」の構築による対英経済封鎖構想を打ち出す。これは主に、イギリス製品のヨーロッパ大陸への輸出を禁じ、正貨の供給を絶つことでイギリスを経済的に困窮させるとともに、仏工業の育成と仏製品の大陸市場での販路拡大を狙ったものである。

この構想に基づきナポレオンは一八〇六年十一月、ベルリン勅令を発布し、イギリス側による封鎖への報復措置としてイギリス諸島が封鎖状態にあることを宣言、中立国による一切の対英貿易を禁止し、イギリス人が所有する商品やイギリスを出入りする品物を没収の対象とした。また、同国から来航する船にはフランスの支配地域の港への入港が禁じられた（この措置は、さらに翌年末の第一回ミラノ勅令によって、入港禁止から拿捕へと強化された）。

これに対し英政府も、一八〇七年初頭から中立国による大陸諸国との貿易を規制する一連の枢密院令を発布して対抗する。これによりまずフランスやその同盟国の二港間の航海が禁止され、ついでフランスやその同盟国、植民地、あるいはイギリス船が排除されている港はすべて封鎖状態にあるとされ、そこに向かう船も拿捕の対象とされた。しかし、その年の十一月の枢密院令では英政府は軌道修正を試みる。イギリスの港に寄港し関税を支払った中立船には敵国の港に赴くことを認め、また許可証を購入した船には外国産品の輸出や再輸出を許したのである。

多くの研究者が指摘するように、イギリスのこの新たな政策は、大陸諸港との貿易を統制下に置き、仏製品の輸出を制限してその収入源を奪いつつも、フランスにイギリス製品を買うよう仕向けることを目指したものであった。当時すでにヨーロッパ随一の工業国となっていたイギリスにとって、自国の工業製品の販路確保や海運業の維持のためにも、敵国との中立通商の完全な禁止ではなく、それを自国に有利な形で継続することがより重要な目標になっていたのである。もちろん、このような政策をとりえた背景には、イギリスが海軍力や工業力の面で圧倒的優位に立っていたということも大きい。

このようなイギリスの政策に対し、ナポレオンは一八〇七年十二月に二回目のミラノ勅令を発布して対抗する。これは従来の措置をさらに強化したもので、イギリス側の臨検に服したか、あるいはイギリスに寄港し税を払った船は、すべて拿捕の対象とするものであった。もっともナポレオンものちに軌道修正を試み、イギリス同様の許可証制度の導入や関

**トゥーロン港の封鎖**　1813年11月、封鎖作戦に従事中のペルー中将指揮下の英艦隊が仏艦隊と交戦しているところが描かれている（National Maritime Museum蔵）

税操作を通じて、対英貿易の禁止でなくその統制を目指すようになった。しかし工業力や海軍力の点で劣るフランスは、イギリスとの経済戦争では終始不利な立場にあった。追い打ちをかけたのは、一八一〇年末のロシアの離反である。その結果行われたナポレオンのロシア侵攻とその帰結である一八一二年の敗北により、ナポレオンの経済封鎖構想はあえなく瓦解した。[16]

### アメリカとの摩擦――「疑似戦争」と一八一二年戦争

貿易統制をめぐる英仏間の熾烈な抗争の余波は他国にも及んだ。とくに影響を受けたのが、当時中立通商において躍進中であった新興のアメリカ合衆国である。アメリカ商人を取り巻く環境は合衆国の独立にともない大きく変化した。それまで英領植民地として享受していた英海軍の保護と他の英領植民地市場を失ったかわりに、従来は原則的に禁じられていた他国やその植民地との貿易を自由に行えるようになったからである。

アメリカ商人がとりわけ活躍の機会を見出したのが戦時の中立通商であった。[17] 十八世紀末からヨーロッパの多くの国々を巻き込んで吹き荒れた戦乱の嵐は、交戦国の商船の貿易活動にも多大な影響を及ぼした。とくにフランスの海上貿易への影響は甚大であった。ボルドー船などによる仏領カリブ海植民地との貿易や、一七九一年のサン・ドマング（現在のハイチ）での奴隷反乱後に重要性を増していく他国のカリブ海・南米植民地との貿易は、英海軍や私掠者の格好の標的となり、フランス船での貿易を危険なものにした。

そのような状況の中、フランス船に代わって砂糖やコーヒーなどの植民地産品の輸送を担ったのが、ニューヨーク、フィラデルフィア、ボストンといった北米諸港の商船である。ヨーロッパでの戦争に対し、合衆国は一八一二年まで基本的には中立を保っていたため、交戦国が課したいくつかの条件を守りさえすればいずれの交戦国とも交易することが可能であった。アメリカの船主はこのような利点を生かして、デンマークやスウェーデンなど他の中立国とともに戦時の中立通商に従事した。

一方、フランス商人にとっても、中立船を介しての貿易は戦争により切断された貿易路を回復し、外国や植民地の産品を入手するために必要であった。また、そのようなアメリカ船の中には、実際にはフランス商人が所有するものも少なくなかった。他方、イギリス商人もフランスほどではなかったが、フランス革命戦争中のように戦時の貿易継続のために中立船を活用した。しかし両国政府とも、あくまで自国の経済に資する限りで中立船の活用を認めたに過ぎず、敵国を利する可能性がある場合は中立通商を厳しく規制しようとした。

このような英仏による中立通商の規制策は、英仏二国と合衆国との間に摩擦を引き起こした。まず、フランス革命戦争末期には、米仏関係が悪化する。この戦争中に合衆国は、一七九四年のジェイ条約により自由船自由貨の原則を一時放棄し、戦時禁制品の範囲を広げるなどして、対仏貿易規制策をとるイギリスに歩み寄る姿勢を見せた。これに対しフランスの総裁政府は、合衆国への自由船自由貨の原則の適用を止め、イギリス製品を運ぶアメリカ船を拿捕するようになった。これはさらなる米仏関係の悪化を招き、その結果、宣戦布告こそなされなかったものの、一七九七年から一八〇一年にかけて両国は、合衆国近海やカリブ海で互いの船を拿捕し合う「疑似戦争」と呼ばれる半戦争状態に陥った。[18]

続くナポレオン戦争では今度は米英間で対立が深刻化する。イギリスによる合衆国商船からの水夫の強制徴募の問題や、一連の枢密院令による中立通商の規制、さらにはイギリスと結ぶネイティヴ・アメリカンとのオハイオ渓谷をめぐる対立が原因となって、アメリカの対英感情が悪化したのである。この時すでに対仏戦で手一杯であった英政府は戦線のさらなる拡大は望まず、一八一二年六月に枢密院令を一部撤回し、アメリカに譲歩する姿勢を見せた。しかし時すでに遅し、この決定がなされた時には合衆国はすでにイギリスに宣戦を布告していた。こうして、両国間で一八一二年戦争（米英戦争）が勃発したのである。

この戦争における海上での戦いは、双方による海上貿易への攻撃という形をとった。イベリア半島に展開する自軍への食糧供給の必要性から戦争初期には続けていた対米貿易が不要になると、イギリスは一八一二年末から合衆国諸港の封鎖を開始する。アメリカ側の軍艦や私掠船が封鎖をすり抜け、イギリスの軍艦や商船の拿捕を図ると、イギリス側もこれに対抗して合衆国の軍艦や商船を捕獲した。このように英米の海上での戦いは、艦隊戦というよりもむしろ小規模な衝突や拿捕合戦の様相を呈した。対立はまた、海上だけでなく合衆国と英領カナダの間に横たわる五大湖上にも及んだ。そこでは制海権ならぬ制「湖」権を相手に渡すまいと、双方の側で軍艦の建造競争や衝突が起こったのだった。[19]

戦争末期になると、イギリスによる港湾封鎖はいっそう強化される。ある推計によれば、開戦前の一八一一年には四千七百七十万ドルだった合衆国の実質輸出額は、一三年には二千二百万ドル、一四年にはわずか五百四十万ドルまで落ち込んだという。[20] やがて合衆国内では厭戦気運が高まり、また元来、この戦争に乗り気でなかったイギリス側も譲歩に応じる構えを見せた。その結果、この戦争は一八一四年十二月のゲント条約の締結により幕を閉じたが、強制徴募や中立通商など海事問題をめぐる両国間の争点は解決されないまま残った。[21]このように英仏の中立通商規制策は新興のアメリカ合衆国の利害と激しく対立し、米仏間の「疑似戦争」や米英間の一八一二年戦争のような軍事衝突すら生み出したのである。

## 2　自由貿易思想と掠奪

### 戦争観の変化

このような交戦国と中立国との対立は、十九世紀半ばの私掠廃止の重要な要因となったが、部分的にはそれとも連動する形で生じていた思想上の変化も無視できない要因であった。それは戦争そのものや、戦争と私有財産や貿易との関係に対する認識の、緩慢だが着実な転換である。このような意識の変化は、十八世紀後半に私掠を含む海上での拿捕行為への批判を顕在化させ、その廃止を後押しすることになった。次にそれを見てみよう。

この時期の戦争観の重要な変化の一つとしてしばしば指摘されるのが、戦争の主体についての意識の変化である。これは通例次のように説明される。戦争の当事者に関して中近世に支配的であった見解は、「個人的敵対」の観念であった。これは、戦争を現代のように国家という抽象的な政治体の間の抗争ではなく、君主など具体的な個人の間の争いとみなす考え方である。この戦争観のもとでは、敵の君主だけでなく、それに忠誠を誓い人的に結びついている臣民やその財産すべても攻撃の対象となった。いわば、戦争はそれぞれの君主を核として有機的に結びつく人的ネットワーク同士の衝突ととらえられていたのである。

しかし、戦争を「文明化」し、その被害をできるだけ限定しようとする啓蒙思想の影響もあって、十八世紀後半までにこのような「個人的敵対」の観念は弱まっていた。そして戦争は人的ネットワーク同士の争いではなく、より抽象的な政治体である国家間の争いであるととらえられるようになっていったのだった。このように、もはや戦争が人的ネットワークの衝突とみなされなくなると、戦争の影響も互いの国に属する諸個人には必ずしも及ぶものではないとの考えが登場する。さらにそこから戦闘員と非戦闘員とを区別し、後者は戦時の攻撃対象からは除外すべきとの主張も生まれてきたのであった。[22]

このような新たな態度を端的に表明するものとしてしばしば引き合いに出されるのが、一七六二年にジャン・ジャック・ルソーが記した『社会契約論』中の一節である。ルソーは他者を一方的に支配する権利が存在するか否かを論じる中で、それは戦争で勝者が敗者に対し持つ権利に由来するというグロティウスらの主張を、「個人的敵対」に基づく戦争観自体を否定することで反駁した。ルソーはこう述べる。「……戦争は人と人との関係でなくて、国家と国家の関係なのであり、そこにおいて個人は、人間としてでなく、市民としてでさえなく、ただ兵士として偶然にも敵となるのだ、祖国を構成するものとしてでなく祖国を守るものとして[23]」。さらにルソーは、武器を捨て敵国の守り手たることをやめた者からは生命を奪ってはならないとも主張した。

戦争はあくまで国家と国家の争いであり、個人はそれに直接従事しない限りは敵とはみなされないとするルソーの戦争観は、新たな時代の思想潮流を反映したものであった。もっとも実際には、戦争観や戦争にまつわる様々な規範意識の変化を分析したベストが指摘するように、その後のアメリカ独立戦争やフランス革命の時のように、軍人ではない一般の人民《ピープル》が武器をとって戦う状況が増えてくると、このような区別はむしろ明確ではなくなっていく。[24] しかしそれでもこの区別は、後の時代に続く、戦争を統制し、その災禍を減じようとする運動の行くべき方向を指し示す、一種の「ともし火」として重要であり続けたのである。

戦争の主体についての意識が変化し、戦闘員と非戦闘員が区別されていくのと並行して、戦時の私有財産の扱いに関する新たな見方を打ち出す者も現れる。その一人が、十八世紀中葉に活躍したスイスの外交官で法律家のエメリッヒ・フォン・ヴァテル（エメール・ドゥ・ヴァテル）である。彼は、原則的には敵国の国民も敵とみなされるとしつつも、敵国政府に直接的間接的に属する財産と、非戦闘員たる私人の財産とを区別し、後者は軍事上やむを得ない場合を除いて戦時には掠奪から保護すべきであると訴えた。私人の財産は政府のそれとは異なり、敵国の戦争遂行に貢献するとは限らないからというのがその論拠であった。

さらに、このような考えを海上にもあてはめ、陸地だけでなく海上を運ばれる私有財産も保護すべきとの議論も登場する。しかし、海上の私有財産の保護を論ずる場合には、陸上とは異なる要素も考慮する必要があった。諸国の船が往来する公海上では、中立船も巻き込まれるケースが頻出したからである。そのため、海上ではこの中立国の資産も含んだ私有財産を交戦国の拿捕から保護すべしとの主張が唱えられるようになった。[25]

この主張はフランスをはじめヨーロッパの大陸諸国で多くの支持者を得たが、同時に新興のアメリカ合衆国でも、ベンジャミン・フランクリンやトマス・ジェファソン、ジョン・アダムズら「建国の父」たちの支持を得た。このような支持を背景に、合衆国は早くも独立直後の一七八五年、プロイセンとの間に、戦時における自由船自由貨の原則の遵守や、(一時的なものではあったが)両国間の戦争では私掠認可状を発行しないことを定めた条約を結んだ。一方、中立通商をめぐって合衆国などと対立することの多かったイギリスでは、敵国の私有財産を拿捕する権利を擁護する声が根強く存在した。しかし、ここでも十八世紀後半からの重商主義批判や、十九世紀の自由貿易思想の興隆を受け、海上での私有財産保護を擁護する意見が登場することになる。[26]

## イギリスにおける自由貿易思想の興隆

イギリスではすでに十八世紀後半から、ジョサイア・タッカーやデイヴィッド・ヒューム、そしてアダム・スミスらにより、植民地保有や特許会社による独占貿易といった重商主義体制を支える諸制度に対する批判が起こっていた。その後、十八世紀末から十九世紀初頭には政治改革や社会改革を求める哲学的急進主義運動が興隆するが、その中心的存在であったジェレミー・ベンサムも、防衛費の負担などにより資本の有効な活用を妨げるとして、一時期は植民地保有に異を唱え、植民地の解放と自由な貿易を求めるとともに、貿易の保護に必要なもの以外の海軍力の放棄を訴えた。

このような重商主義批判やより自由な貿易を求める動きは、やがて先に見た中立船の拿捕をめぐる議論とも結びつき、十九世紀になると貿易は戦時にも交戦国に干渉されずに自由に行われるべきとの主張を生み出した。すなわち、市場をめぐって戦争が行われ、また貿易自体も攻撃の対象であった重商主義的抗争の段階を脱して、貿易をできるだけ戦争から切り離して、その悪影響から守ることこそが諸国の利益になるという考え方が登場するのである。

イギリスでこのような批判を展開したのは、自由主義者や急進主義者であった。これらの人々は十九世紀初頭から、交戦国が中立船上の敵貨に対し臨検や拿捕を行う権利を有するとの考え方を批判しはじめる。彼らはこのような慣行を、航海の自由、海洋の自由を侵害する「旧《ふる》き決まり」と呼び、かわりに「自由船自由貨」の原則を「新しき決まり」として支持した。その一人が、J・S・ミルの父であり功利主義哲学者として有名なジェイムズ・ミルである。哲学的急進主義運動の同志ベンサムの影響を強く受けたミルは、ベンサムの見解を踏襲して植民地保有を批判し、防衛に最低限必要なもの以外の軍備の放棄を唱えた。さらに海上貿易に関しても、平時だけでなく戦時にも貿易の自由を守るべきことを訴え、「戦時禁制品」

リチャード・コブデン（1804年〜1865年）

の概念の放棄すら主張したのだった。[27]

このような批判は十九世紀半ばにも受け継がれるが、その中では私掠もまた、戦時の国際貿易の阻害要因としてやり玉に挙げられた。この時期の批判の急先鋒であったのは、マンチェスターの実業家リチャード・コブデンとクェーカーの政治家ジョン・ブライト率いる「マンチェスター学派」である。この学派は経済的自由主義や自由貿易の信奉者であり、一八四〇年代には保護主義的な穀物法撤廃のための一大キャンペーンをはり、その廃止に貢献したことでも知られている。とりわけコブデンにとっては、国際貿易の推進は単に経済的利点のみならず、キリスト教的平和主義の観点からも追求されるべきものであった。コブデンは諸国間の自由で活発な貿易の発展は、人々の間にそのような経済的紐帯を損なう戦争への反対を生み出し、その結果、世界に平和がもたらされると考えていたのである。[28]

穀物法撤廃運動に比べるとあまり知られていないものの、このマンチェスター学派は自由貿易推進の一環として戦時の貿易、とくに中立通商の問題にも強い関心を示していた。一八四六年に穀物法が、そして四九年には重商主義政策のもう一つの支柱であった航海法が廃止されたのち、次に彼らが目を向けたのが戦時の国際貿易の問題であった。とくに批判の対象になったのは、港湾封鎖や中立船に対する臨検といった交戦国による中立通商への干渉や、私掠者による貿易への攻撃である。彼らにとって貿易は、戦争中でも、また敵国とすら可能な限り自由に行われるべきものであった。そのため彼らはこれらの行為を自由な海上貿易を阻害するものとして糾弾したのである。[29]

こうして、十八世紀末から起こりつつあった海上での掠奪への批判や私有財産の保護を求める思潮は、十九世紀初頭からは自由貿易思想とも結びつき、戦時の中立通商保護と私掠廃止を求める運動へと発展していった。このような自由貿易論者の主張は、次に見る十九世紀半ばのクリミア戦争において一部実現することとなる。

## クリミア戦争と私掠

クリミア戦争はオスマン帝国内のギリシア正教徒の保護問題を発端として、一八五三年十月に、まずロシアとオスマン帝国の間に勃発した戦争である。やがてロシアの勢力拡大を恐れるイギリスも、翌年三月、フランスとともにオスマン帝国側に立って参戦する。戦争の名前の由来である黒海のクリミア半島におけるセヴァストポリ要塞の攻防戦は有名であるが、イギリスがバルチック艦隊の封じ込めを図って艦隊を派遣したため、バルト海もまた戦場となった。

戦争がはじまるや否や英仏両政府は、この戦争の間は「自由船自由貨」の原則を採用することや、敵船上の中立貨は拿捕の対象外とすること、私掠認可状を発行しないことなどを宣言した。さらに封鎖についても、ナポレオン戦争で見られた「名目的封鎖」ではなく、「実効的」な封鎖のみが合法的な封鎖であるとした[30]。

英仏両政府のこの決定は、マンチェスター学派など交戦国による戦時の貿易への干渉に反対してきた人々には歓迎すべきものであった。しかし、この決定は必ずしもこれら自由貿易推進派の運動の結果なされたものではない。近年の研究が明らかにしているように、これには直接的には、合衆国など中立国への配慮という外交的要因も大きかったのである。

当時、ロシアとの戦争に際し英政府が懸念していたのは、中立通商への過度の干渉により有力な中立国を敵に回してしまうことであった。実際、中立国のなかには、戦時の貿易に関してイギリスを牽制する国も存在した。英仏とロシアとの戦争の可能性が高まりつつあった一八五四年一月、スウェーデンは、バルト海が戦場になった場合の交戦国による自国海運への干渉を防ぐため、デンマークとともに新たな武装中立同盟の結成を示唆した。そして交戦国である英仏露に対し、中立船上の敵貨のみならず、敵船上の中立貨も拿捕の対象外とするよう要求したのだった。

これに対し英政府内にも、時のアバディーン内閣の外務大臣クラレンドン伯爵や海軍大臣サー・ジェイムズ・グラハムのように、中立国への譲歩の必要性を認めていた人々は存在した。工業用の原材料の多くを輸入に頼っていたイギリスにとって、これら中立国の船は戦時におけるその輸送者としても重要であった。また海軍戦略の面から見ても、来るべきロシアとの戦争において生じるであろうバルト海での戦闘に際してスウェーデンの港を利用するためにも、その要求はある程度呑まざるを得ない面もあった。さらに通商妨害は海軍や私掠者による海上での臨検に頼らずとも、ロシア諸港の封鎖で十分との目算もあった。

他方、同盟国のフランスも、中立国を将来味方につけるべく、それまでの慣行を一時止め、敵船上の中立貨保護に応じる姿勢を見せていた。英仏間には「一七五六年の規則」の是非をめぐって意見対立も見られたが、イギリスは中立国の要求に宥和的なこのフランスとも歩調を合わせる必要があった。イギリスがフランスと並び、クリミア戦争中の「自由船自由貨」の原則の受け入れを宣言した背景には、このような外交的事情もあったのである。[31]

もう一つ英政府が懸念していたのが、ロシアが中立国の船舶を私掠者として利用する可能性である。とくに中立通商をめぐり合衆国と緊張が高まった場合、当時急成長を遂げつつあった合衆国の商船隊が、ロシアから拿捕認可状を得て、私掠者として太平洋や大西洋でイギリス商船を襲うことが危惧されていた。これはイギリスの貿易商や保険業者にとっては、悪夢のようなシナリオであった。英米の衝突という事態は現代の我々からすると想像し難いかもしれないが、すでに見たように十九世紀初頭には実際に英米間で戦争が起こっており、この時点でもそれは決してありえない話とは考えられていなかったのである。とくに徐々に普及しつつあった快速の蒸気船が通商破壊に用いられた場合、当時はまだ帆船主体であったイギリスの商船隊が容易にその餌食になることが危惧されていた。このような懸念を背景に、英政府は「自由船自由貨」の原則を受け入れるなどして中立国の利害に配慮を示した。さらにフランスとともに率先して私掠の利用を控え、むしろ私掠をイギリスが廃止に尽力した奴隷貿易にも比すべき野蛮な海賊的掠奪行為として非難し、他国に私掠への参加や協力を慎むよう求めたのだった。

イギリスはさらに一歩踏み込んで、私掠禁止のための条約を合衆国と締結する可能性も模索する。しかし、この試みはアメリカ側の強硬な反対にあって頓挫した。大規模な商船隊を保有しつつも、海軍力はまだ弱体であった当時の合衆国では、私掠はイギリスのような海軍大国と戦争になった場合に、海上で頼りうる唯一の武器とみなされていたからである。このようにイギリスは、潜在的脅威であったアメリカに私掠禁止を同意させることには失敗した。しかし、スウェーデンやオーストリアなどの中立国が自発的に、あるいはイギリスの圧力の下で、国内での港の利用や捕獲物の売却を私掠船に禁じたため、ロシアがアメリカ船を私掠船として用いて通商破壊戦を行うことは実質的には困難となった。その結果、イギリスが恐れていたような事態の勃発は防がれたのだった。[32]

## 3　パリ宣言と私掠の廃止

### パリ宣言の背景

交戦国の権利を制限し、中立通商の保護と私掠抑制を目指す傾向は、戦争終結後の一八五六年四月に出されたパリ宣言として結実する。この宣言は国際法学の分野では多数国間の立法条約の最初の事例として知られているが、同時に戦時の拿捕と中立通商の保護にも大きな変化をもたらした条約でもあった。

このパリ宣言においてイギリスは、「自由船自由貨」の原則の受け入れなど戦時の中立通商の保護を一定程度認めるとともに、他の主要なヨーロッパ諸国とともに私掠廃止に踏み切った。このようなイギリスの方針転換の理由としては、マンチェスター学派の自由貿易思想の影響やアメリカの私掠者への警戒、あるいはそもそもイギリスは有事の際には宣言に従うつもりはなかったといった様々なものが挙げられてきた。しかし、近年パリ宣言と私掠の廃止についての詳細な分析を行ったレムニツァーの研究は、この宣言は英仏両政府（とくにイギリス）と合衆国との間の、中立通商の保護や私掠の問題をめぐる緊張関係から生まれてきたものであることを明らかにしている。

中立通商の旗手アメリカは、すでにクリミア戦争中から、「自由船自由貨」の原則の受け入れなど、英仏両政府が戦争中の一時的措置として認めた決定の永続化を求める運動を起こしていた。一八五四年七月、アメリカはロシアと条約を結び、「自由船自由貨」の原則や敵船上の中立貨の拿捕の免除を中立国の権利として認めることで合意する。さらにアメリカは、この条約には正式な批准の手続きなしでも宣言だけで加盟可能であるとして他国にも参加を呼びかけた。これは当時の条約締結の方法としては革新的なものであった。しかし、中立国への過度の譲歩に反対するイギリスへの配慮もあり、呼びかけに好意的な態度を示したのはプロイセンなど一部の国だけで、実際の参加国も両シチリア王国、ハワイ王国など少数に留まった。

ヘンリー・ジョン・テンプル　第三代パーマストン子爵（1784年～1865年）

こうして一度は失敗に終わったアメリカの中立通商保護運動であったが、戦争終盤の一八五五年の九月、合衆国のピアス政権は、再び「自由船自由貨」の原則の永続化や敵船上の中立貨の完全な保護を提唱する。イギリスのパーマストン政権はこの提案には好意的な態度を示しつつも、「自由船自由貨」の原則を今後も認める代わりに私掠廃止に同意するよう合衆国に迫った。しかし、私掠を重視するアメリカは、敵船上の敵貨も含む海上での私有財産の完全な保護が認められない限りは廃止は受け入れられないとして、またもや難色を示した。このようにアメリカは中立通商の保護強化を求める一方、私掠廃止には簡単には応じようとしなかった。パリ宣言成立の背景にはこのような、私掠廃止をアメリカに迫る英仏両政府（とくにイギリス）と私掠廃止とは切り離した形で中立通商の保護を訴えるアメリカという対立の構図があったのである。[33]

一八五六年にはクリミア戦争の講和会議であるパリ会議が開かれる。この会議において海事問題に関する宣言を出すことを提案したのは、フランスに帰化したポーランド生まれの貴族で、全権大使として会議に参加していた仏外務大臣のヴァレヴスキー伯爵である。一八五六年四月、彼は信教の自由を保障したウェストファリア条約や、奴隷制廃止やヨーロッパの河川通行の自由を定めたウィーン会議の例をひきつつ、パリ会議を長年の国際的懸案であった戦時の海事問題解決の場とすべきことを主張した。そして、一八五四年三月の英仏両政府の宣言を土台にして、それまでの議論も加味した上で宣言の骨子を短期間でまとめあげたのだった。

その内容は以下の四原則からなる。一つ目の原則は私掠の廃止である。二つ目は戦時禁制品を除く「自由船自由貨」の原則の承認、三つ目は（戦時禁制品を除く）敵船上の中立貨の拿捕の対象からの除外である。最後の原則は封鎖に関するもので、封鎖が拘束力のあるものとみなされるには、港への接近を実際に危険にするような十分な数の艦船を用いた実効的なものでなくてはならないとされた。以上の内容は、それまでも個別の二国間条約で認められていた中立国の権利を再度確認するとともに、そこに私掠廃止という新たな取り決めを加えたものであった。また、この四原則は不可分であり、いったん加盟した国はそれらすべてを含まないような他の条約には加われないとされた。

このパリ宣言の重要な点は、中立通商の保護と私掠廃止をセットにして、後者に同意しない限り前者は与えないとしたことにある。[34] つまり、二つの問題を抱き合わせにして別個に論じられないようにしたのである。また、この宣言は、会議に招かれていない国も後から加盟しうるとされたが、その際の参加のハードルも大きく引き下げられた。すなわち一八五四年の米露間の条約の手法に倣い、この宣言は各国議会の批准がなくとも政府の受け入れ表明だけで加盟でき、かつ条約と同等の法的拘束力を有するとされたのである。

このような策も功を奏して、一八五六年五月、講和会議に参加した英、露、オスマン帝国など七ヵ国が宣言に加盟したのに続き、会議に招聘されていなかった国々も次々に加わった。このように多くの国が加盟した背景には、もともと私掠をそれほど活用していなかった国にとっては、加盟で得られる戦時の貿易保護という利点の方が、私掠のそれよりも圧倒的に大きいという事情もあった。初期の加盟国の多くはヨーロッパや南米の国々であったが、のちに他地域の国々も加わった（なお、日本も一八八六年に加盟している）。当時の世界の主だった国のうち最後まで加盟を拒んだのは、私掠の放棄に強く反対していたアメリカと、スペイン、メキシコ、ベネズエラだけであった。[35]

## パリ宣言体制への批判と「マーシーの修正条項」

こうして、アメリカなど一部を除く世界の大半の国がパリ宣言に加盟したことで、私掠行為は実質的に終焉を迎えた。宣言は他にも中立通商の保護を強化する条項を含んでいたが、それらについても世界の多くの国の同意が得られた。[36] その結果、戦時の拿捕や海上貿易の保護に関して、「パリ宣言体制」とでも呼びうる一種の国際秩序が形成されたのである。

しかし、これにより掠奪をめぐる問題が完全になくなったわけではない。海軍による拿捕はその後も続けられ、また私掠についてもパリ宣言の加盟国と非加盟国の間で時折問題が持ち上がったからである。このような事態が生じた背景には、パリ宣言には「私掠者」や「戦時禁制品」の定義などの重要事項に関して曖昧な点が少なくなかったことや、非加盟国への対応といった実際の運用面での想定が十分でなかったこともあった[37]。そのためパリ宣言体制は、主要な加盟国たるイギリスの内部からも、また他国からも批判に晒されることになったのである。

パリ宣言への批判には大きく分けて二方向からのものがあった。ひとつは英国内、とくにダービー伯ら保守党議員の間に根強く存在した批判で、同宣言を、海軍国イギリスにとって重要な交戦国の権利を制限する不利な取り決めとして非難するものであった。一方、これとは真逆の方向からの批判も存在した。すなわちパリ宣言は戦時の海上貿易を保護するには不十分であり、自由主義的改革をさらに推し進めて、より徹底した貿易の保護を目指すべしという議論である[38]。

後者のような主張はすでに宣言の成立直後からアメリカでなされていた。宣言締結後まもなくの一八五六年七月、ピアス政権下の国務長官ウィリアム・マーシーは、英仏主導のパリ宣言に対抗して「マーシーの修正条項」として知られる修正案を提唱する。これは私掠廃止に応じる代わりに、私有財産はいかなる国の国民のものであっても、戦時禁制品を除いて公海上での拿捕から免除されるべしとの内容を宣言に加えることを求めたものであった。この提案は中立貨だけでなく敵貨も免除の対象としていたため、パリ宣言よりもいっそう踏み込んだ内容の保護を求めるものであった。

この提案に対しては、ブレーメンなど、貿易保護のための十分な海軍力を持たないヨーロッパの中小国が賛意を示したほか、当時のいわゆる「五大国」のうち、ロシア、フランスやプロイセンもこれを支持する姿勢を見せた。一方、イギリスでもコブデンら急進主義者はもちろんのこと、閣僚内にもパーマストン首相や外務大臣クラレンドン伯など提案に好意的な者が存在した。しかし他方で英国内には、公海上での敵商船の拿捕すら禁じるこのような修正案は、イギリスの海上統制力を弱めるとして反対の声も強かった。おまけに修正条項を提案した当のアメリカでも、ブキャナン新政権に代わると、封鎖の制限も含むより徹底的な保護でなければ私掠廃止には応じられないとして修正条項を取り下げようとする動きが起こったため、交渉は頓挫した[39]。

この修正条項はその後、一八五九年にも甦る。この年、オーストリアとサルディニア、フランス間での戦争勃発に際し、米国務長官ルイス・キャスがこの修正条項を新たな国際法にすべしと呼びかけたことに触発され、ブレーメンを中心として戦時の海上貿易保護を求める一大キャンペーンが起こったのである。この運動はヨーロッパの中小海洋国を巻き込んで、一時は大きな盛り上がりを見せた。しかし、五大国の中でイギリスと対立する危険を冒してまで主導権をとろうとする国が現れなかったため、結局は失敗に終わった。

その後も合衆国は、基本的にはイギリスに対し中立通商の権利を擁護する動きの中心的アクターであり続けた。しかし、一八六一年に始まる南北戦争では、英米の立場に一種の逆転が生じる。すなわち、この戦争中には、南部諸港の封鎖を実施する北部側が中立通商への統制を強めようとする一方、南部との貿易継続を試みるイギリスなどの中立国が、「継続航海の原則」の適用範囲をめぐって北部

南北戦争中に封鎖破りに従事した南部側の「バンシー」号（U.S. Naval History and Heritage Command蔵）

側と対立したのである。またこの戦争中に、南部側が私掠を活用しようとしたため、パリ宣言の非加盟国が私掠を用いた場合、イギリスなどの加盟国はいかに対処すべきかという問題も生じた。この時は英政府は自国民に私掠や「封鎖破り」への参加を控えるよう求めつつ、他の加盟国と協力して南部の私掠船が自国の港を利用することを禁じ、その活動を実質的に封じ込めることで対処した。その結果、南部私掠船の活動は大きく制限され、その多くは私掠に代え、北部側の封鎖を突破して貿易を試みる「封鎖破り」に従事するようになった。[40]

南北戦争中に生じたこのような問題はまた、イギリスでパリ宣言への批判を再燃させた。ディズレイリら保守党の政治家は、宣言を交戦国の権利を制限するものとして糾弾し、海軍大国イギリスの復活のため宣言からの離脱を要求した。他方、コブデンら急進主義者は、海上貿易の保護をさらに推し進めるべく「マーシーの修正条項」の採用を訴えた。しかし、当時のパーマストン政権は宣言からの離脱には応じない一方、修正条項を呑めば次には英海軍の十八番たる封鎖作戦の禁止も要求されかねないとしてこれにも応じなかった。その後、一八七〇年代にもパリ宣言への批判は再燃した。[41]

このような度重なる批判にもかかわらず、英政府は十九世紀を通してパリ宣言を堅持し続けた。それはなぜか。そこには中立国を敵に回したくないとの計算が働いていたことは否めない。しかしもうひとつ忘れてならないのは、十九世紀後半には、イギリス自身もしばしば中立の立場に回ったということである。十九世紀の中立概念を検討したアベンハウスは、クリミア戦争後のイギリスの立場は、通常言われている「孤立主義」というよりも、他国の戦争に巻き込まれるのを防ぐためには活発な外交活動も展開する「便宜的中立国」というほうがふさわしいと指摘する。この中立の立場は自由貿易支持の観点からすれば、いまやグローバルに広がるイギリスの貿易網を維持し、他国の戦争に邪魔されることなく貿易を続ける上で重要であった。そのため中立通商を保護するパリ宣言は、しばしばイギリスにも有利に働くものだったのである。[42]

しかし、他方でイギリスは依然として海軍大国であり、交戦国として封鎖作戦を行う可能性が常に存在した。そのため、より徹底した中立通商の保護を目指す「マーシーの修正条項」を採用するまでには至らなかったのである。このように十九世紀の間、英政府は両極の主張の間でバランスをとりつつ、自国にも利点のあるパリ宣言体制の維持に努めたのであった。

このようなイギリスの支持もあり、パリ宣言体制は批判や挑戦を受けながらも十九世紀後半を通して存続した。その後、一八七〇年から七一年の普仏戦争（近年は独仏戦争とも呼ばれる）では、プロイセンによる商船の「義勇海軍」への転用計画や、フランスによる拿捕したドイツ商船の乗員の扱いや公海上での商船の破壊が問題視されることはあったが、十九世紀末までこの法的枠組みに大きな変更が加わることはなく、あっても部分的な修正に留まっていた。[43]しかし次章で見るように、世紀末からのヨーロッパでの緊張の高まりは、やがてパリ宣言体制の動揺をもたらすことになるのである。

# 終章　第一次世界大戦の勃発とパリ宣言体制の崩壊

十九世紀の間は最大の海軍国イギリスの支持を受けて維持されたパリ宣言体制であったが、世紀末から起こったヨーロッパでの緊張の高まりは、やがてこの体制に動揺をもたらすことになる。しかし国際的緊張の高まりは、それを緩和しようとする動きも促し、その結果、二回にわたるハーグでの平和会議、およびロンドンでの国際海軍会議が開催される。そこでは海上貿易保護の問題も議論の俎上に上り、拿捕統制のための新たな国際的ルールの策定が目指された。それはこれまで見てきた拿捕統制の試みの到達点となるべきはずのものであったが、諸国間の利害の不一致や各国の政治的事情により、結局十分な成果を上げることはできなかった。やがて勃発する第一次世界大戦でのイギリスによる海上封鎖の強化と、ドイツ側による無制限潜水艦戦の応酬の中で、パリ宣言体制はいったんは崩壊することになる。

## 1　世紀転換期の挑戦

### 国際的緊張の高まりと第一回ハーグ平和会議

十九世紀後半から二十世紀初頭にかけて、ヨーロッパでは英仏露独などの国が海軍力の拡張を競ういわゆる「建艦競争」が展開される。その結果、一八八〇年代には約一千万ポンドであったイギリスの海軍費は、一九〇四〜〇五年の時点では三千八百万ポンド超にまで増大していた。

競争はまず一八八〇年代に仏露との間に始まった。海軍拡張を開始した仏露に対し、イギリスでは両国におくれを取っているとの言説が流布し、一八八四年と八八年には「海軍恐怖」と呼ばれるパニックが発生する。近年の研究では、当時の仏露の海軍は実際には差し迫った脅威ではなかったとの見方が優勢であるが、海軍予算の縮小に反発する一部士官が脅威を煽り、海軍省内部からもそれを後押しするような情報が提供されたため、海軍力増強が推し進められた。その帰着点と言えるのが、一八八九年の「海軍防衛法」である。これにより、海軍力が二位と三位の国の合計を上回る海軍力を保持すべしとの「二国標準」の方針が正式に定められた。その結果、英海軍は一八九八年までには、仏露の合計を上回る二十九隻の戦艦と二十一隻の大型の巡洋艦を持つまでに肥大していたのである。[1]

　このような軍拡競争により国際的緊張が高まる一方、この時期には緊張緩和を試みる国際的な運動も活発化した。これは十九世紀初頭に端を発し、一八七〇年代以降に再び興隆した平和運動に後押しされ、ときには自由貿易主義とも結びつく形で発展してきたものである。そのもっとも顕著な成果がオランダのハーグでの二回にわたる平和会議の開催である。もっともこれらの会議で論じられたのは軍縮や戦争回避の方法だけではない。会議では戦争が起こった場合、いかにしてそれを中立国や交戦国の非戦闘員への被害が少ない形で行いうるかも議論さ

1899年の第一回ハーグ平和会議に集まった各国の代表（Imperial War Museum 蔵）

れ、またその一環として海上での拿捕行為をより強固な国際法の規制のもとで統制しようという動きも見られた。[2]

第一回のハーグ平和会議は、一八九九年にロシア皇帝ニコライ二世の提唱により開かれた。会議では軍備制限に加え、戦時の海上貿易保護の問題も議論の俎上にのぼった。その主導権を握ったのはマッキンリー政権下のアメリカ合衆国である。南北戦争では一時中立通商の規制強化の立場に回った合衆国であったが、その後は一八九八年の米西戦争で継続航海の原則を適用しないなど、再び中立国の利害に配慮した政策をとるようになっていた。米代表団はこの会議でも戦時の海上貿易の保護強化の立場を鮮明にし、戦時禁制品を除く私有財産の拿捕からの完全な免除を提唱した。

イギリスでもこの主張に対しては、その恩恵を直接被る商業利害だけでなく、下院院内総務アーサー・ジェイムズ・バルフォア（のちの首相）のような主導的政治家の中にも支持者が現れていた。バルフォアは、最強の海軍力を持つイギリスにとって、敵国の経済的弱体化は封鎖作戦で十分達成しうるのであり、またそのような免除は自国商船を保護する上でも有益であると考えていたのである。しかし、このような意見は英政府の公式見解になるまでには至らなかった。

対照的にアメリカではこの提案に異議を唱える者も現れつつあった。著名な海軍戦略家で代表団の一員でもあった、海軍軍人アルフレッド・セイヤー・マハンもその一人である。マハンは交戦国の権利を制限するこのような措置は、当時海軍力が伸長しつつあったアメリカには不利になるとして批判的であった。他国から十分な支持を得られなかったことに加え、このような内部対立も響いて、アメリカの要求は今回も実現しなかった。[3] 結局、第一回ハーグ平和会議では海上貿易の保護に関する重要な改革はなされず、議論は一九〇七年の第二回会議に持ち越されることになった。

### 英独建艦競争と第二回ハーグ平和会議

二十世紀初頭になると、仏露にかわり今度はドイツ海軍がイギリスの新たな脅威として浮上する。その背景にあったのはドイツの政策転換である。一八九〇年、巧みな外交政策により新生国家ドイツの保全とヨーロッパの秩序維持に努めてきた「鉄血宰相」ビスマルクが新皇帝ヴィルヘルム二世との対立から辞任すると、ドイツの外交・軍事政策は転換点を迎える。若き皇帝は「世界政策（ヴェルトポリティーク）」と呼ばれる積極的帝国主義政策を推進し、ドイツが遅れを取っていた植民地獲得競争への参入を本格化させた。その結果、ドイツは英仏と対立を深めていくことになる。[4]

このようにヨーロッパでの対立や植民地獲得競争が高じる中、ドイツは海軍力の拡張を開始する。一八九七年に海軍大臣に就任したアルフレッド・フォン・ティルピッツは、皇帝の後援を受け、翌年および一九〇〇年に制定された「海軍法」に基づき、艦隊の継続的かつ着実な増強に努めた。これがすぐにイギリスの反発を引き起こしたというわけではないが、やがてイギリスもドイツの艦隊増強策を警戒するようになり、第一海軍卿サー・ジョン（「ジャッキー」）・フィッシャーの指揮の下、大型戦艦の建造に本腰を入れ始めた。その結果、今度は英独間で建艦競争が開始されたのである。

この競争においてイギリスは一九〇六年、従来の戦艦の性能を大きく上回る「ドレッドノート」号を建造し、さらに一二年にはその「ドレッドノート」号級の弩級戦艦すら上回る「超弩級」戦艦を建造するなど、ドイツを超える建艦規模を堅持する姿勢を見せつけた。これによりドイツは一九一三年までにコストのかかる建艦競争を実質的に放棄し、仏露の陸軍に備えるべく、以後は陸軍力強化に傾注するようになった。建艦競争はイギリスの勝利に終わったのである。[5]

このように国際的緊張が高まる中、一九〇七年六月、ハーグで第二回平和会議が開催される。この会議でも戦時の貿易保護に関する様々な事案が議論されたが、今回も列強間の利害対立や思惑の違いにより会議は紛糾した。この会議でも米代表団は合衆国の年来の主張である戦時の海上の私有財産の拿捕からの免除を訴えた。当時は海軍総合委員会（海軍戦争委員会）委員長のジョージ・デューイや国務長官エリフー・ルートなど米政府の要人にも、戦略的観点からこの主張に批判的な者も増えつつあったが、それも合衆国の伝統的立場に沿ったローズヴェルト政権の方針を変えるまでには至らなかったのである。

一方、イギリスではエドマンド・スレイドらの海軍軍人や帝国防衛委員会書記のサー・ジョージ・クラークといった専門家が、敵船拿捕や封鎖と比べての中立通商への干渉が持つメリットを疑問視し始めていた。このような意見を背景に、英政府はこの頃までに、敵貨の拿捕や封鎖の権利は堅持しつつも中立通商のさらなる保護を一部容認する方向へとかじを切っていた。これに基づき英代表団は、会議において戦時禁制品概念の完全な撤廃を打ち出す。しかしこの提案も先のアメリカの提案も、期待していた相手方の支持が得られず不発に終わった。[6]

一方、議題のうちで実現がもっとも有望視されていたのが、捕獲物審査のための国際的機関である「国際捕獲審検裁判所」の設立構想である。これはもともとドイツが最初に提唱したものであったが、イギリスも同様の提案をし、またアメリカもそれを支持する構えを見せた。しかし、議論の過程で諸国間の利害対立が再燃し、相互の不信も重なって交渉は難航した。

とりわけ議論が紛糾したのが、この裁判所で使用すべき法の問題である。超国家的な枠組みでの捕獲物審査が有効に機能するには、諸国が同意できるような統一的な法を用いる必要があった。各国はすでに捕獲法を持っていたが、それらの間には、共通点とともに戦時禁制品の定義などの点で無視できない相違も見られた。このような中、イギリスは英米系の法を基盤にすることを主張してフランスの賛成を取り付けたが、ドイツとは真っ向から対立した。英独間には拿捕や封鎖の具体的な法解釈に関しても対立が見られた。当時すでに戦争が生じた場合、海軍力で勝るイギリスは封鎖の実施側に、海軍力で劣勢のドイツは封鎖される側、および公海上での拿捕に頼る側に回ることが予想されていた。そのため、両国ともそれを見込んだ上で、少しでも自国に有利な条件になるよう綱引きを繰り広げたのである。

最終的に英独は妥協点を見出し、国際捕獲審検裁判所の設立は実現に近づいたかと思われた。しかし、その時までに平和会議自体が閉会を迎えてしまう。その結果、この会議では裁判所設立に関する協定が結ばれたに留まり、問題の最終的な決着は次の会議に持ち越されたのだった。[7]

## ロンドン国際海軍会議

一九〇八年十二月、先の第二回ハーグ平和会議では決着しなかった問題を論ずるため、イギリスが主催国となってロンドン国際海軍会議が開かれた。先の会議とは異なり、今回の参加国は英、独、仏、露、伊、オーストリア＝ハンガリー帝国、それに日本といった当時の世界の主要な海軍保有国に限られていた。英代表団はこの会議でも先の第二回の会議と同様の方針をとった。すなわち、封鎖の効力を減じるような譲歩には慎重な姿勢を取る一方、中立通商の保護に関しては、運用上の困難が予想される継続航海の原則などの点で譲歩を認めるというものである。

会議ではまず先の第二回平和会議での英独間の合意が確認され、幸先のよいスタートを切ったかに思われた。ところが、イギリスを含む大半の国が大幅な制限ないし廃止に傾いていた継続航海の原則に関して、米代表団がまたもやその維持に固執したため議論は紛糾した。これにより会議は暗礁に乗り上げるかに思えたが、アメリカはこの原則自体の存続を他国に認めさせることに成功すると妥協に転じ、翌年二月にはロンドン宣言が採択された。[8]

ようやく成立したロンドン宣言は、アメリカではさしたる反対もなく批准された。しかし、イギリスでは、その内容が公表されるや否や各方面から厳しい批判が浴びせられた。まず野党の統一党（保守党および自由党から分裂した自由統一党の連合体）の議員や一部の海軍士官、それに「帝国海事同盟」のような圧力団体から、宣言が交戦国の権利を過度に制限しているとして不満の声が上がった。

これとは別に、戦時の食糧確保の観点から宣言を批判する声もあった。かねてイギリスでは、敵国の通商妨害により戦時に食糧を含む物資の供給が不足する事態が懸念されていたが、ロンドン宣言では食糧が「条件つき戦時禁制品」に含まれていたことから、その不安が再燃したのである。ロンドンや各地の商業会議所や海運会議所の他に、自治領の一つでイギリスへの代表的食糧供給国でもあったオーストラリアも同様の懸念を表明していた。また宣言では、拿捕側が中立船を審査のために自国の港に連れ帰るのが困難な場合には、乗組員を退避させるなどした上で撃沈することを認めていたが、この点に関しても中立通商保護の観点から批判が寄せられた。このようにロンドン宣言には、パリ宣言と同様に、交戦国の権利を過度に制限しているというものと、中立通商を含めた戦時の貿易を十分保護していないという、異なる二方向からの批判が浴びせられたのである。

このような状況の中、英政府は批判に一部応じる構えを見せつつ、ロンドン宣言を「海軍捕獲物法案」という形で議会に提出した。しかし野党が反対派の結集に成功したこともあり、一九一一年十二月、この法案は貴族院で否決される。その後も政府や海軍省は、各艦長への捕獲物に関する指令書の中に宣言の内容を一部組み込むことで宣言に実質的効力を持たせようと努めた。しかし、ロンドン宣言自体はイギリスではついに正式に批准されることはなかった。こうして、数世紀にわたる拿捕統制の試みの帰着点として、拿捕の審査を行う初の国際的機関となるはずであった国際捕獲審検裁判所の設立は、最大の海軍国イギリスが批准を拒んだことで実現には至らなかったのである。[9]

## 2　第一次世界大戦と拿捕の変容

### 第一次世界大戦の勃発と経済封鎖

ヨーロッパで高まっていた緊張は、一九一四年六月二十八日のボスニア・ヘルツェゴビナの町サライェボでのオーストリア＝ハンガリー帝国の皇太子夫妻の暗殺事件を機に、ついに世界中を巻き込む大戦争へと発展する。当時名声を博したノーマン・エンジェルの著書『大いなる幻想』（一九一〇）

が説いていたように、戦争前には、各国が経済・金融面で相互に依存する現代では、他国への侵略は侵略国自体の経済にも打撃を与えるため、戦争はもはや起こりえないとの楽観的な見方もイギリスでは優勢であった。しかし、その予測はあえなく裏切られたのである。[10]

この第一次世界大戦は、戦争のあり方の面での大きな転換点であった。すなわちこれは利用可能な資源と武器をすべて投入し、自国の生存をかけて敵国の殲滅《せんめつ》を図る、いわゆる「総力戦」の最初のものだったのである。実際、この戦争では毒ガス、装甲車、飛行機、自走式魚雷、潜水艦といった兵器が本格的に使用され、また銃後の社会でも国家が国民を総動員して工業生産力を最大限活用することが目指された。それに伴い第一次大戦では、いまだ間接的にではあるが、銃後の社会自体も攻撃の対象となった。フランス革命・ナポレオン戦争、南北戦争、普仏戦争なども総力戦に近い性格を持っていたとされることもあるが、第一次世界大戦はより明確に総力戦の特徴を帯びており、それまでの戦争のあり方からの大きな跳躍であったと言える。[11]ヨーロッパ諸国、そして世界の国々が新たな形態の戦争に突入していく中で、パリ宣言、そしてロンドン宣言による戦時の海上貿易の保護体制は大きく後退することになる。

この第一次大戦では大規模な海戦は、一九一五年一月のドッガーバンク海戦や一九一六年五月から六月にかけてのジャットランド（ユトランド）海戦などを除くと、あまり見られなかった。また、大戦中にはダーダネルス海峡やベルギー沿岸部に対して陸海共同作戦も試みられたが、いずれも失敗に終わるか、あるいは期待されていたような成果を上げることはなかった。[12]海上での中心的作戦になっていったのは、むしろナポレオン戦争時にも似た経済封鎖と通商破壊戦である。[13]

英海軍による封鎖は、当初は食糧の扱いや石炭の輸出規制の点で緩やかなものに留まっていた。しかし、このような封鎖ですら当時の国際法の慣行に反するものであった。そもそもこの戦争中にイギリスが行った封鎖は遠隔封鎖であり、パリ宣言で合法とされていた「実効的封鎖」ではなかったことには留意すべきである。さらに戦争が進むにつれイギリスは封鎖強化のため、中立国オランダに食糧を運ぶ中立船の拿捕や、鉄鉱石、石油などの原料も絶対的戦時禁制品とみなすなど、当時の国際法、あるいは自国の捕獲法の慣行すら逸脱する措置を次々と取っていった。また、一九一四年十一月には北海一帯に機雷を設置し、安全な航路に関する指示を与えるとの名目で、中立船にイギリスへの寄港を強いた。しかし、このような国際法の侵犯は、中立を宣言していた米国民の反発や交戦国ドイツからの批判を招くことになった[14]。

キール港に停泊するドイツ軍のUボート部隊（Library of Congress蔵）

**ドイツの無制限潜水艦戦**

イギリスへの反撃としてドイツが採用したのは、中立船を含めイギリスと貿易する商船に対する通商破壊戦の強化である。ドイツは開戦当初から巡洋艦による

**入港する「ルシタニア」号**　無制限潜水艦戦によるこの船の撃沈事件がアメリカの対独世論を硬化させる一因となった（Library of Congress蔵）

通商破壊戦を行っていたが、その活動は英海軍の反撃により無効化されていた。これに代わり一九一五年二月から開始したのが、潜水艦による無差別の通商破壊戦、いわゆる「無制限潜水艦戦」である。ドイツはイギリス諸島の周辺海域を交戦区域として、そこを航行する商船はすべて攻撃対象にすると宣言したのである[15]。同様の作戦は、すでに十九世紀末にフランスで「青年学派《ジューヌ・エコール》」と総称される一派が提唱していたが、ドイツはその構想をより推し進めた形で実現したと言える[16]。

　しかし、このドイツの通商破壊戦も潜水艦によって行われたことで、当時の国際法の慣行を大きく逸脱することになった。前章で見たように船舶拿捕に関する当時の慣行に従えば、拿捕者は対象となる船を臨検捜索し、捕獲物になりうる場合は乗員の一部を相手船に送り込み、審査のために捕獲審検裁判所に連れ帰る必要があった。その例外規定として一九〇九年のロンドン宣言では、やむを得ない場合、乗組員や必要書類を避難させた上で船を撃沈することが認められていた。しかし潜水艦の場合、このような措置を取ることは難しかった。潜水艦には拿捕した船に割けるような余分な乗員はいないうえ、そもそも水面への浮上自体が自艦を危険に晒すことになったからである。そのため無制限潜水艦戦は通例警告なしに中立船を含めた標的を乗員ごと撃沈するという形をとった。

しかしこれは明らかな国際法違反であり、アメリカなど中立国の激しい反発を招くことになった。とくに一九一五年五月のアイルランド沖でのイギリスの豪華客船「ルシタニア」号撃沈事件は、百二十八名のアメリカ人乗客が犠牲になったこともあり、米国民の間に反独感情を掻き立てた。[17]

ドイツが無制限潜水艦戦を開始すると、イギリスも報復として一九一五年三月、封鎖の強化を宣言する。しかし、このような経済的締めつけの強化は、ドイツの食糧供給を遮断したことで、従来の封鎖よりも非戦闘員たるドイツ市民にいっそう深刻な影響を及ぼすことになった。イギリスの経済封鎖が効力を発揮しはじめると、ドイツでは食糧や肥料、飼料の輸入が減少し、これに政府の食糧政策の不備も相まって国民の食糧事情は徐々に悪化した。その結果、女性や子供を中心に餓死者が続出し、その数は前線での死者数約百八十万人のおよそ四二％に相当する七十六万三千人近くに上った。[18]

このような状況の中、アメリカの反発を恐れて一時「無制限」の潜水艦戦を取りやめていたドイツ側は、一九一七年二月に作戦再開を決断する。その背景には艦隊戦による勝利が望めなくなったことに加え、潜水艦の効力への過剰な期待と国内の一部に根強く存在した反英感情があった。今回は質量ともに前回を上回る規模の潜水艦が投入されただけでなく、作戦自体も、告知された特定海域内を航行する船はいかなる国籍のものでも警告なしに撃沈するという、より徹底したものであった。これにより、中立船を含めイギリスに食糧を輸入する多数の商船が撃沈された。最も被害を受けたのはイギリス船で、連合国および中立国をあわせた総撃沈トン数の六割近くを占めていた。最終的に、終戦までにイギリス側の商船は約四千隻、八百五十万トン近くが撃沈され、一万五千人以上の商船員の命が暗い水底に消えたのだった。もっとも英国内では海外からの輸入に助けられ、また食糧の増産政策も功を奏したことで、ドイツのように多数の餓死者を出すまでに追い込まれることはなかった。[19]

このように総力戦となった第一次世界大戦は、パリ宣言体制の崩壊を告げるものであった。この戦争でイギリスはパリ宣言で定められていた封鎖の規定を逸脱し、ロンドン宣言の内容も徐々に修正、破棄していった。一方、ドイツ側も潜水艦を駆使した無制限潜水艦戦を展開したが、これはパリ宣言締結時には想定されていなかった戦術であり、ロンドン宣言の規定も無視するものであった。こうして第一次大戦では、十八、十九世紀に形成され、パリ宣言やロンドン宣言へと結実していった中立通商や海上での非戦闘員保護の体制は、戦争の総力戦化、および自走式魚雷や潜水艦といった新兵器の活用によりいったんは瓦解したのである。

しかし、このような無差別な攻撃はドイツには高くつくことになった。無制限潜水艦戦の再開はアメリカの参戦を招き、それが戦局を連合国側に大きく傾けることになったからである。また、遅まきながら連合国側が駆逐艦を随伴した護送船団などで対抗したことや、連合国間の海運業の協力体制を構築したことで、無制限潜水艦戦の効力自体も徐々に減退していった。撃沈されたイギリス船のトン数は増減を繰り返しながらも、一九一七年七月以降は着実に減少していった。[20]

さらに米国の参戦は、米国による中立国経由でのドイツへの食糧や原材料の輸入停止と対独経済封鎖のいっそうの強化をもたらした。やがてドイツでは一九一八年八月の西部戦線での敗走と、十一月のキール軍港での水兵反乱に端を発する革命の激化を経て、皇帝ヴィルヘルム二世が亡命する。同月にはドイツは連合国側と休戦協定を結び、第一次大戦は終結したのであった。

最後に、この第一次世界大戦で見られた掠奪活動の獲得的側面の「残滓」について触れておこう。六章で見た海軍の捕獲物金の制度は、アメリカでは米西戦争後の一八九九年に廃止されていたが、イギリスでは十九世紀を通して存続し、第一次大戦でもいまだ残っていた。私掠廃止後も海軍の軍艦は封鎖や公海上での拿捕を通して捕獲物を得る可能性があり、それに伴い捕獲物金が発生したからである。

ただし、大戦の勃発とともに、捕獲物金の分配方法には大きな変化が見られた。それまでのように個々の艦ごとに捕獲物金を計算するのではなく、すべての捕獲物からの収益はいったん共通の海軍捕獲物基金に集められることになったのである。そしてその利益は、議会が決定する比率に従って、終戦後に海軍および海兵隊で勤務していた者の間で分配されることになった。終戦後の一九一八年には海軍捕獲物法廷が設置され、拿捕時の状況の調査や、捕獲物の収益が捕獲物基金に属するか否かの審査を行った。この新制度のもとで発生した第一次大戦中の捕獲物金の総額はおよそ千四百万ポンドで、大半は海上封鎖に伴う戦時禁制品の拿捕から生じたものであった。最終的な分配額は将官が約四千ポンド、艦長が平均八百ポンド、熟練水夫が二十五ポンドとなり、地位によるその分配比率の格差は十八世紀よりもずっと小さいものになっていた。この捕獲物金の制度は最終的には第二次世界大戦の終結時まで続いていく。[21] しかし、すでに第一次大戦の時点までに、拿捕は個人が一攫千金を狙う手段としての意味をあらかた失っていたのである。

## 3　エピローグ

では、最後にこれまで見てきたイギリスと掠奪の関係の変遷の歴史を振り返ってみよう。近世のイギリス諸島に住む人々にとって、海洋は貿易活動の場であるとともに拿捕と蓄財の場であった。掠奪は人々にとって貴重な臨時収入を得る機会であり、運が良ければ一攫千金が狙えるチャンスであった。人々はこのような期待に駆り立てられ、あるいは経済的困窮に強いられ、そして多くの場合はおそらくこの二つが入り混じった理由で、海上での掠奪活動に身を投じたのである。

掠奪活動は中世後期には、報復的拿捕の体裁をとるものから純然たる海賊行為まで、様々な形態のものが混然一体として入り乱れた混沌《カオス》的状況を呈していた。イギリス諸島近海で海獣の如くに荒れ狂う掠奪に対し、イングランド王権はそれに法の轡《くつわ》をはめて統制し、馴致しようと試みた。しかし、取り締まりのための強制力が不十分な時代にあっては、その統制は難しかった。

やがて掠奪活動はスペイン、ポルトガルの新大陸進出の後を追ってアメリカ海域にも広がり、また後にはイギリス自体の貿易活動の拡張とも並行して、地中海、太平洋、インド洋へと地球規模で拡大していく。このように活動範囲を拡げる掠奪は、海賊行為であっても、それがイングランド政府や植民地の利益になる限りは黙認されていた。むしろ、バッカニアのように揺籃期の植民地の防衛力となることで、十分な海軍力を欠いていた初期のイングランドの植民地帝国の形成を一部手助けした側面もあったのである。

しかし、やがて掠奪がスペインやムガル帝国など他地域との通商やイギリス自身の大西洋貿易の妨げとなり、また海軍力の伸長に伴いその補完的軍事力としての利用価値が低下すると、政府は十七世紀末から掠奪行為の取り締まりに本腰を入れはじめる。まず海軍や植民地当局による鎮圧作戦の結果、ヨーロッパ人主体の海賊行為は十八世紀初頭までにいったんはほぼ抑え込まれる。一方、私掠者や海軍による拿捕統制のための法制度の整備も進み、十八世紀初頭までにそれらは「管理された掠奪」としての性格を強めていった。こうして飼い馴らされた掠奪は、いまやヨーロッパの主権国家間の重商主義的戦争の道具になったのである。

こうして掠奪がより管理されたものになった後も、それは依然として掠奪に従事する人々に蓄財や経済状況改善の機会を提供するものであり続けた。一攫千金の期待は多くの場合、失望に終わった。しかし、より慎ましい額ではあっても、富は実際に掠奪品や捕獲物金、配当金といった形で、私掠船員や私掠船の出資者、海軍の士官層や水夫、あるいはその家族のもとに時折舞い込んだのだった。このような海での戦いの獲得的側面は、現代の我々にはもはや理解しがたいものになっているが、それは前近代の戦争の無視できない一側面を構成するものだったのである。

人々のこのような利益獲得の期待と、戦時における敵国の経済の弱体化を狙う政府の思惑に支えられ、掠奪は海軍や私掠者による戦時の拿捕行為という形で十八世紀を通して続いていく。しかし、掠奪の管理化は大規模な海賊行為の発生は防いでも、私掠者や海軍による臨検や拿捕が戦時の中立通商に従事する国との間に摩擦を引き起こすことまでは防げなかった。この交戦国と中立国の利害の衝突は、十八世紀後半から台頭してきた自由貿易思想の追い風も受け、拿捕行為、とくに私掠者による拿捕への批判を生み出す一因となる。この批判は十九世紀半ばの列強の外交的駆け引きとも結びつき、やがて一八五六年のパリ宣言における世界の大半の国での私掠の禁止をもたらした。

こうして成立した拿捕統制のためのパリ宣言体制は、様々な批判を受けつつも十九世紀後半を通して続いていく。一方、イギリス海軍はこの時期、臨検や拿捕を伴う封鎖作戦を強力な武器の一つとして磨きあげていった。十九世紀後半にも、交戦国と中立国との間の戦時の貿易をめぐる綱引きは続き、十九世紀末から二十世紀初頭には、二回にわたるハーグ平和会議やロンドン国際海軍会議で諸国間の利害の調整が図られた。これはまた、自由貿易思想を背景に十八世紀後半から興った、貿易と戦争を切り離し、貿易を戦争の災禍から可能な限り守ろうとする試みの到達点でもあった。

しかし、潜水艦や魚雷など新兵器の登場や総力戦の到来は、通商破壊戦自体の在り方も大きく変えていった。十八世紀的な蓄財の機会としての掠奪の残滓は、のちの第二次大戦時まで「捕獲物金」という形でかろうじて残っていくが、掠奪の獲得的側面は第一次大戦の時点であらかた失われていたといってよいだろう。イギリス側の経済封鎖、そしてドイツ側の無制限潜水艦戦に顕著に見られたように、第一次大戦時に新たな形で甦った通商破壊戦からは掠奪の獲得的側面はほぼ抜け落ち、加害的側面だけが残っていた。通商破壊戦は、利益獲得の側面もあった近世のものとは異なり、いまや文字通り通商を「破壊」し、非戦闘員を含めた人々を直接的間接的に殺戮するものとなったのである。見方を変えるならば、獲得的側面が脱落し、海洋が富を獲得する場としての性格を失うに伴い、海上での戦いはより残虐性を増したとも言えよう。

こうして、二十世紀の初頭までには海洋はもはや掠奪を通じて富を奪取する場ではなくなっていた。では、はたして今後はどうであろうか。現代はヴェーバー的な近代国家による暴力の独占という図式が崩れつつある時代であることが指摘されている。軍事活動の民営化が進み、時に多国籍企業の一部でもある民間軍事請負業者（民間軍事会社）が、実際の戦闘から兵站《へいたん》、軍事コンサルティング、はては軍事情報の収集まで、かつては国家が担っていた軍事活動の多くをグローバルな市場を通して請け負うようになっている。近年の研究によれば、すでに二〇〇三年のイラク戦争、およびそれに続く時期にも、このような企業が兵站や技術支援など軍事支援の重要な部分を担っていたという。[22]

こうした状況の中で掠奪行為が復活する可能性はあるのだろうか。もちろん戦場での非合法な掠奪は今後も国際紛争において発生しうるであろうし、また、一九九〇年代のマラッカ海峡やソマリア近海での海賊行為の復活は、海上でも現在も非合法な掠奪が起こりうることを示している。[23] しかしこれらはかつてのヨーロッパ諸国による私掠や海軍による拿捕とは異なり、あくまでも非合法な掠奪に過ぎない。

では、掠奪行為が公的認可の下で公然と行われるような事態が再来する可能性はあるのだろうか。現在進んでいる軍事力の民営化と民間軍事請負業者の台頭は、掠奪による直接的な利益獲得という形ではないものの、陸上の軍事活動が間接的な形で経済活動と再結合しつつあることを示している。また海上でもマラッカ海峡での海賊行為に対して、船主が重武装の民間警備会社を雇用して対抗するというケースも出てきている。[24] だが、このような軍事力の民営化が、正規の軍事活動により直接的利益の獲得を目指すという意味での合法的掠奪の復活に直接つながるとは考えにくい。グローバル化した現代の経済と物流を脅かす海上での掠奪を、国際社会やグローバル企業が容認するということは想像し難いからである。海上での掠奪は、さしあたっては現今起こっている海賊行為のような、非合法かつ散発的な形でしか起こりえないであろう。

しかし、ヨーロッパを含む人類の戦争の歴史と長きにわたり結びついてきた掠奪行為、とくに前近代の戦争の重要な一部を構成していた獲得的側面を伴う海上での掠奪行為が、果たして完全に無くなるものなのであろうか。戦争を通じて直接的に経済的利益を得ようとする衝動は本当に消え去ったと言えるのであろうか。何らかの理由で国際的規制の箍《たが》が外れたときに、海洋で富を直接奪い取るという行為が別の装いのもとで甦り、再び牙をむく可能性がないとは言えない。あるいは戦争の獲得的側面は、新技術の登場に伴い、我々の予想もしなかったような新たな形や新たな場所――たとえばサイバー空間――で噴出するのかもしれない。そしてそれが我々にいかなる影響をもたらすのかはまったくの未知数である。我々の行く手に横たわる仄暗い未来の大海原は、未だ海図には記されていないのである。

# 主要参考文献一覧

（紙幅の都合上、註では著者名と出版年のみを記した。完全な書誌情報はこの文献一覧を参照されたい）

## 一次史料


National Maritime Museum, AGC 7/7

The National Archives (TNA)

　Records of the Colonial Office (CO)

*A Voyage Round the World, in the Year MDCCXL, I, II, III, IV. By George Anson... Compiled from Papers and Other Materials of...George Lord Anson, and Published under His Direction. By Richard Walter...* (London, 1748).

Defoe, Daniel, *Defoe's Review: Reproduced from the Original Editions, with an Introduction and Bibliographical Notes by Arthur Wellesley Secord, Facsimile Book 1-22 of Vols. I-IX* (New York, 1938).

Exquemelin, Alexander O., *The Buccaneers of America* (Amsterdam, 1678, repr. New York, 2000).

Firth, C. H. (ed.), *Naval Songs and Ballads* (London, 1908).

Johnson, Charles, *A General History of the Robberies and Murders of the Most Notorious Pyrates...* (London, 1724).［邦語訳　チャールズ・ジョンソン　朝比奈一郎訳『イギリス海賊史（上）・（下）』（リブロポート、１９８３年）］

*Reasons Humbly Offered to the Right Honourable the Lords Spiritual and Temporal Assembled in Parliament, to Induce the Speedy Passing an Act for Further Encouraging Privateers...* (London?, 1695?).

Rogers, Woodes, *A Cruising Voyage round the World: First to the South-Seas, Thence to the East-Indies, and Homewards by the Cape of Good Hope. Begun in 1708...* (London, 1712).［邦語訳　ウッズ・ロジャーズ　平野敬一・小林真紀子訳『世界巡航記』（岩波書店、２００４年）］

Savage, Carlton (ed.), *Policy of the United States toward Maritime Commerce in War: Vol. I 1776-1914* (Washington, 1934).

カント　宇都宮芳明訳『永遠平和のために』（岩波文庫、

１９８５年）
ルソー　桑原武夫・前川貞次郎訳『社会契約論』（岩波文庫、１９５４年）

## レファレンス類

H.C.G. Matthew and Brian Harrison (eds.), *Oxford Dictionary of National Biography: in Association with the British Academy: from the Earliest Times to the Year 2000* (Oxford, 2004). ［*ODNB* と略］

Cordingly, David, 'Bonny, Anne (1698-1782), pirate', *ODNB,* vol. 6, p. 564.

Gwyn, Julian, 'Warren, Sir Peter (1703/4-1752), naval officer and politician', *ODNB,* vol. 57, pp. 495-7.

Zahedieh, Nuala, 'Morgan, Sir Henry (*c.*1635-1688), privateer and colonial governor', *ODNB,* vol. 39, pp. 121-8.

## 二次文献

Abbenhuis, Maartje, *An Age of Neutrals: Great Power Politics, 1815-1914* (Cambridge, 2014).

Allen, Douglas W., 'The British Navy Rules: Monitoring and Incompatible Incentives in the Age of Fighting Sail', *Explorations in Economic History,* vol. 39 (2002), pp. 204-31.

Andrews, Kenneth R., *Elizabethan Privateering: English Privateering during the Spanish War, 1585-1603* (Cambridge, 1964).

———, *Drake's Voyages: A Re-assessment of their Place in Elizabethan Maritime Expansion* (London, 1967).

———, 'The Expansion of English Privateering and Piracy in the Atlantic, *c.* 1540-1625', in Commission Internationale d'Histoire Maritime, *Course et Piraterie: Études Présentées à la Commission Internationale d'Histoire Maritime à l'Occasion de son XVe Colloque International pendant le XIVe Congrès International des Sciences Historiques* (Paris, 1975), pp. 196-230.

———, *Trade, Plunder and Settlement: Maritime Enterprise and the Genesis of the British Empire,*

*1480-1630* (Cambridge, 1984).

Antony, Robert J., *Pirates in the Age of Sail* (New York and London, 2007).

Appleby, John C., 'Wars of Plunder and Wars of Profit: English Privateering during the Late Sixteenth and Early Seventeenth Centuries', in David J. Starkey and Morten Hahn-Pedersen (eds.), *Bridging Troubled Waters: Conflict and Co-operation in the North Sea Region since 1550: 7th North Sea History Conference, Dunkirk 2002* (Esbjerg, 2005), pp. 59-79.

———, 'The Problem of Piracy in Ireland, 1570-1630', in Claire Jowitt (ed.), *Pirates? The Politics of Plunder, 1550-1650* (Basingstoke, 2007), pp. 41-55.

———, *Under the Bloody Flag: Pirates of the Tudor Age* (Stroud, 2009).

Baer, Joel, *Pirates* (Stroud, 2007).

Bak, Greg, *Barbary Pirate: The Life and Crimes of John Ward, the Most Infamous Privateer of his Time* (Stroud, 2006).

Baugh, Daniel A., *British Naval Administration in the Age of Walpole* (Princeton, NJ, 1965).

Beattie, Tim, *British Privateering Voyages of the Early Eighteenth Century* (Woodbridge, 2015).

Benton, Lauren, *A Search for Sovereignty: Law and Geography in European Empires, 1400-1900* (Cambridge, 2010, repr. Cambridge, 2011).

Best, Geoffrey, *Humanity in Warfare* (New York, 1980).

Bialuschewski, Arne, 'Daniel Defoe, Nathaniel Mist, and the *General History of the Pyrates*', *Papers of the Bibliographical Society of America*, vol. 98 (2004), pp. 21-38.

———, 'Pirates, Markets and Imperial Authority: Economic Aspects of Maritime Depredations in the Atlantic World, 1716-1726', in Mark Galeotti (ed.), *Organised Crime in History* (London, 2009), pp. 52-65.

Black, Jeremy, *The War of 1812 in the Age of Napoleon* (Norman, 2009).

———, *Naval Warfare: A Global History since 1860* (Lanham, ML, 2017).

Bourguignon, Henry J., *Sir William Scott, Lord Stowell:*

*Judge of the High Court of Admiralty, 1798–1828* (Cambridge, 1987).

Brigden, Susan, *New Worlds, Lost Worlds: The Rule of the Tudors, 1485–1603* (London, 2000, repr. New York, 2002).

Bromley, John S., 'Outlaws at Sea, 1660–1720: Liberty, Equality and Fraternity among Caribbean Freebooters', in John S. Bromley, *Corsaires and Navies, 1660–1760* (London and Ronceverte, 1987), pp. 1–20.

Bruijn, Jaap R., 'The Long Life of Treaties: The Dutch Republic and Great Britain in the Eighteenth Century', in Rolf Hobson and Tom Kristiansen (eds.), *Navies in Northern Waters 1721–2000* (London, 2004), pp. 41–58.

Cain, Peter, 'Capitalism, War and Internationalism in the Thought of Richard Cobden', *British Journal of International Studies*, vol. 5, no. 3 (1979), pp. 229–47.

Camus, Michel Christian, *L'île de la Tortue: Au Cœur de la Flibuste Caraïbe* (Paris and Montréal, 1997).

Capp, Bernard, *Cromwell's Navy: The Fleet and the English Revolution, 1648–1660* (Oxford, 1989, repr. Oxford, 2001).

Chet, Guy, *The Ocean is a Wilderness: Atlantic Piracy and the Limits of State Authority, 1688–1856* (Amherst and Boston, 2014).

Clark, George N., 'Trading with the Enemy and the Corunna Packets, 1689-97', *English Historical Review*, vol. 36, no. 144 (1921), pp. 521–39.

Cochran, Hamilton, *Freebooters of the Red Sea: Pirates, Politicians and Pieces of Eight* (Indianapolis, 1965).

Coogan, John W., *The End of Neutrality: the United States, Britain, and Maritime Rights, 1899–1915* (Ithaca and London, 1981).

Cordingly, David, *Under the Black Flag: The Romance and the Reality of Life among the Pirates* (New York, 1996, repr. San Diego, New York and London, 1997).

———, *Seafaring Women: Adventures of Pirate Queens, Female Stowaways, and Sailors' Wives* (originally published under the title, *Women Sailors and Sailor's Women: An Untold Maritime History*) (New York, 2001, repr. New York, 2007).

———, *Spanish Gold: Captain Woodes Rogers and the True Story of the Pirates of the Caribbean* (London, 2011).

Cordingly, David (ed.), *Pirates: Terror on the High Seas* (Atlanta, GA, 1996). ［邦語訳　デイヴィッド・コーディングリ編　増田義郎・竹内和世訳『図説 海賊大全』(東洋書林, ２０００年)］

Cruikshank, Brig.-General E. A., *The Life of Sir Henry Morgan: With an Account of the English Settlement of the Island of Jamaica* (1655-1688) (Toronto, 1935).

Crump, Helen, J., *Colonial Admiralty Jurisdiction in the Seventeenth Century* (London, 1931).

Cullen, Patrick, 'Private Security Companies in the Malacca Straits: Mapping New Patterns of Security Governance', in Alejandro Colás and Bryan Mabee (eds.), *Mercenaries, Pirates, Bandits and Empires: Private Violence in Historical Context* (New York, 2010), pp. 187-212.

Dancy, J. Ross, *The Myth of the Press Gang: Volunteers, Impressment and the Naval Manpower Problem in the Late Eighteenth Century* (Woodbridge, 2015).

Davis, Lance E., and Stanley L. Engerman, *Naval Blockades in Peace and War: An Economic History since 1750* (Cambridge, 2006, repr. Cambridge, 2012).

Davis, Ralph, *The Rise of the English Shipping Industry in the Seventeenth and Eighteenth Centuries* (Newton Abbot, 1962).

DeConde, Alexander, *The Quasi-War: The Politics and Diplomacy of the Undeclared War with France, 1797-1801* (New York, 1966).

De Souza, Philip, *Piracy in the Graeco-Roman World* (Cambridge, 1999, repr. Cambridge, 2002).

———, 'Piracy in Classical Antiquity: the Origins and Evolution of the Concept', Stefan Eklöf Amirell and Leos Müller (eds.), *Persistent Piracy: Maritime Violence and State-Formation in Global Historical Perspective* (Basingstoke and New York, 2014), pp. 24-50.

Earle, Peter, *The Sack of Panama: Sir Henry Morgan's Adventures on the Spanish Main* (New York, 1981).

———, *The Pirate Wars* (London, 2004).

Ehrman, John, *The Navy in the War of William III, 1689-1697: Its State and Direction* (Cambridge, 1953).

Ford, C. J., 'Piracy or Policy: The Crisis in the Channel, 1400-1403', *Transactions of the Royal Historical Society*, 5th ser., vol. 29 (1979), pp. 63-78.

Fox, E. T., *King of the Pirates: The Swashbuckling Life of Henry Every* (Stroud, 2008).

Fusaro, Maria, *Political Economies of Empire in the Early Modern Mediterranean: The Decline of Venice and the Rise of England, 1450-1700* (Cambridge, 2015).

Gerhard, Peter, *Pirates of the Pacific, 1575-1742* (Glendale, 1960, repr. Lincoln, NE and London, 1990).

Green, Geoffrey L., *The Royal Navy and Anglo-Jewry, 1740-1820* (London, 1989).

Grimes, Shawn T., *Strategy and War Planning in the British Navy, 1887-1918* (Woodbridge, 2012).

Gwyn, Julian, *The Enterprising Admiral: The Personal Fortune of Admiral Sir Peter Warren* (Montreal, Quebec, 1974).

Hamilton, C. I., 'Anglo-French Seapower and the Declaration of Paris', *International History Review*, vol. 4, no. 2 (1982), pp. 166-90.

Haring, Clarence H., *The Buccaneers in the West Indies in the XVII Century* (New York, 1910, repr. Hamden, 1966).

Hattendorf, John B., 'The US Navy and the "Freedom of the Seas", 1775-1917', in Rolf Hobson and Tom Kristiansen (eds.), *Navies in Northern Waters 1721-2000* (London, 2004), pp. 151-74.

Hebb, David D., *Piracy and the English Government, 1616-1642* (Aldershot, 1994).

Hill, Christopher, 'Radical Pirates?', in Margaret Jacob and James Jacob (eds.), *The Origins of Anglo-American Radicalism* (London, 1984), pp. 17-32.

Hill, Richard, *The Prizes of War: The Naval Prize System in the Napoleonic Wars, 1793-1815* (Stroud, Gloucestershire, 1998).

Hinsley, F. H., *Power and the Pursuit of Peace: Theory and Practice in the History of Relations between States* (Cambridge, 1963, repr. Cambridge, 1967).

Hobson, Rolf, 'Prussia, Germany and Maritime Law from Armed Neutrality to Unlimited Submarine Warfare, 1780-1917', in Rolf Hobson and Tom Kristiansen (eds.), *Navies in Northern Waters 1721-2000* (London, 2004), pp. 97-116.

John, A.H., 'The London Assurance Company and the Marine Insurance Market of the Eighteenth Century', *Economica*, new ser., vol. 25, no. 98 (1958), pp. 126-41.

Jones, Donald, *Captain Woodes Roger's Voyage round the World, 1708-1711* (Bristol, 1992).

Keen, M.H., *The Laws of War in the Late Middle Ages* (London and Toronto, 1965).

Kelly, Patrick J., *Tirpitz and the Imperial German Navy* (Bloomington, IN, 2011).

Kelsey, Harry, *Sir Francis Drake: The Queen's Pirate* (New Haven and London, 1998).

Kemp, P. K., *Prize Money: A Survey of the History and Distribution of the Naval Prize Fund* (Aldershot, 1946).

Kemp, P.K., and Christopher Lloyd, *Brethren of the Coast: Buccaneers of the South Sea* (New York, 1961).

Kinkor, Kenneth J., 'Black Men under the Black Flag', in C.R. Pennell (ed.), *Bandits at Sea: A Pirates Reader* (New York and London, 2001), pp. 195-210.

Kulsrud, Carl J., *Maritime Neutrality to 1780: A History of the Main Principles Governing Neutrality and Belligerency to 1780* (Boston, 1936).

Lambert, Andrew, 'Great Britain and Maritime Law from the Declaration of Paris to the Era of Total War', in Rolf Hobson and Tom Kristiansen (eds.), *Navies in Northern Waters 1721-2000* (London, 2004), pp. 11-38.

Lambert, Nicholas A., *Planning Armageddon: British Economic Warfare and the First World War* (Cambridge, MA and London, 2012).

Leeson, Peter T., *The Invisible Hook: The Hidden Economics of Pirates* (Princeton and Oxford, 2009).

〔邦語訳　ピーター・T・リーソン　山形浩生訳『海賊の経済学――見えざるフックの秘密』（NTT出版、2011年）〕

Lemnitzer, Jan Martin, *Power, Law and the End of Privateering* (Basingstoke, 2014).

Little, Bryan, *Crusoe's Captain: Being the Life of Woodes Rogers, Seaman, Trader, Colonial Governor* (London, 1960).

Lloyd, Christopher, *The Nation and the Navy: A History of Naval Life and Policy* (London, 1954).

———, *English Corsairs on the Barbary Coast* (London, 1981).

Loades, David M., *England's Maritime Empire: Seapower, Commerce and Policy, 1490-1690* (Harlow, 2000).

Lydon, James G., *Pirates, Privateers and Profits* (Upper Saddle River, NJ, 1970).

Macleod, Murdo J., 'Spain and America: the Atlantic Trade, 1492-1720', in Leslie Bethell (ed.), *The Cambridge History of Latin America, Volume I Colonial Latin America* (Cambridge, 1984), pp. 341-88.

Mahan, Alfred T., *The Influence of Sea Power upon the French Revolution and Empire, 1793-1812* (London, 1893, repr. Cambridge, 2010).

Marsden, Reginald G., 'The Vice-Admirals of the Coast', *English Historical Review*, vol. 22, no. 87 (1907), pp. 468-77.

———'Early Prize Jurisdiction and Prize Law in England', *English Historical Review*, vol. 24, no. 96 (1909), pp. 675-97.

———, 'Early Prize Jurisdiction and Prize Law in England: Part II', *English Historical Review*, vol. 25, no. 98 (1910), pp. 243-63.

Marsden, R.G. (ed.), *Documents relating to Law and Custom of the Sea*, vol. I A.D. 1205-1648 ([London], 1915).

Marzagalli, Silvia, 'American Shipping and Trade in Warfare, or the Benefits of European Conflicts for Neutral Merchants: The Experience of the Revolutionary and Napoleonic Wars, 1793-1815', *Kyoto Sangyo University Economic Review*, no. 1 (2014), pp. 1-29.

Mathew, David, 'The Cornish and Welsh Pirates in the Reign of Elizabeth', *English Historical Review*, vol. 39, no. 155, (1924), pp. 337-48.

McCarthy, Matthew, *Privateering, Piracy and British Policy in Spanish America, 1810-1830* (Woodbridge, 2013).

Meyer, W.R., 'English Privateering in the War of 1688 to 1697', *Mariner's Mirror*, vol. 67, no. 3 (1981), pp. 259-72.

———, 'English Privateering in the War of the Spanish Succession 1702-1713', *Mariner's Mirror*, vol. 69, no. 4 (1983), pp. 435-46.

Neff, Stephen C., 'Britain and the Neutrals in the French Revolutionary Wars: The Debate Over Reprisals and Third Parties', in Koen Stapelbroek (ed.), *Trade and War: The Neutrality of Commerce in the Inter-State System* (Helsinki, 2011), pp. 229-50.

Pares, Richard, *Colonial Blockade and Neutral Rights, 1739-1763* (Oxford, 1938).

Parrillo, Nicholas, 'The De-Privatization of American Warfare: How the U.S. Government Used, Regulated, and Ultimately Abandoned Privateering in the Nineteenth Century', *Yale Law School, Faculty Scholarship Series*. Paper 605 (2007), pp. 1-95.

Pawson, Michael and David Buisseret, *Port Royal, Jamaica* (Kingston, Jamaica, 2000).

Pérotin-Dumon, Anne, 'The Pirate and the Emperor: Power and the Law on the Seas, 1450-1850', in James D. Tracy (ed.), *The Political Economy of Merchant Empires: State Power and World Trade, 1350-1750* (Cambridge, 1991), pp. 196-227.

Petrie, Donald A., *The Prize Game: Lawful Looting on the High Seas in the Days of Fighting Sail* (Annapolis, ML, 1999).

Pistono, Stephen P., 'Henry IV and the English Privateers', *English Historical Review*, vol. 90, no. 355 (1975), pp. 322-30.

Polónia, Amélia, 'Self-Organised Networks in the First Global Age: The Jesuits in Japan', *Bulletin of the Institute for World Affairs, Kyoto Sangyo University*, no. 28 (2013), pp. 133-58.

Rediker, Marcus, *Between the Devil and the Deep Blue Sea: Merchant Seamen, Pirates and the Anglo-American Maritime World, 1700-1750* (Cambridge, 1987, repr. Cambridge, 1993).

———, *Villains of All Nations: Atlantic Pirates in the Golden Age* (Boston, 2004). 〔邦語訳　マーカス・レディカー　和田光弘・小島崇・森丈夫・笠井俊和訳『海賊たちの黄金時代――アトランティック・ヒストリーの世界』（ミネルヴァ書房、２０１４年）〕

Ritchie, Robert C., *Captain Kidd and the War against the Pirates* (Cambridge, MA, and London, 1986).

———, 'Government Measures against Piracy and Privateering in the Atlantic Area, 1750-1850', in David J. Starkey, E.S. van Eyck van Heslinga, J.A. de Moor (eds.), *Pirates and Privateers: New Perspectives on the War on Trade in the Eighteenth and Nineteenth Centuries* (Exeter, 1997), pp. 10-28.

Rodger, N.A.M., *The Wooden World: An Anatomy of the Georgian Navy* (New York and London, 1986).

———, 'Guns and Sails in the First Phase of English Colonization, 1500-1650', in Nicholas Canny (ed.), *The Oxford History of the British Empire. Vol. I: The Origins of Empire, British Overseas Enterprise to the Close of the Seventeenth Century* (Oxford, 1998), pp. 79-98.

———, 'George, Lord Anson, 1697-1762', in Peter Le Fevre, and Richard Harding (eds.), *Precursors of Nelson: British Admirals of the Eighteenth Century* (London and Mechanicsburg, PA, 2000), pp. 177-99.

———, 'Honour and Duty at Sea, 1660-1815', *Historical Research*, vol. 75, no. 190 (2002), pp. 425-47.

———, 'The New Atlantic: Naval Warfare in the Sixteenth Century', in John B. Hattendorf and Richard W. Unger, *War at Sea in the Middle Ages and the Renaissance* (Woodbridge, 2003), pp. 233-47.

———, 'Queen Elizabeth and the Myth of Sea-Power in English History', *Transactions of the Royal Historical Society*, vol. 14 (2004), pp. 153-74.

———, *The Command of the Ocean: A Naval History

*of Britain, 1649-1815* (London, 2004, repr. London, 2005).

———, 'The Law and Language of Private Naval Warfare', *Mariner's Mirror,* vol. 100, no. 1 (2014), pp. 5-16.

Rodríguez-Salgado, M.J., 'The Anglo-Spanish War: the Final Episode in the "Wars of the Roses"'?, in M.J. Rodríguez-Salgado and Simon Adams (eds.), *England, Spain and the Gran Armada, 1585-1604: Essays from the Anglo-Spanish Conferences, London and Madrid, 1988* (Savage, MD, 1991), pp. 1-44.

Rogers, B. M. H., 'Woodes Rogers's Privateering Voyage of 1708-11', *Mariner's Mirror,* vol. 19, (1933), pp. 196-211.

Rogoziński, Jan, *Honor among Thieves: Captain Kidd, Henry Every, and the Pirate Democracy in the Indian Ocean* (Mechanicsburg, PA, 2000).

Roscoe, Edward S., *A History of the English Prize Court* (London, 1924).

———, *Studies in the History of the Admiralty and Prize Courts* (London, 1932).

Rubin, Alfred P., *The Law of Piracy* (Newport, RI, 1988, repr., Honolulu, 2006).

Røksund, Arne, *The Jeune École: The Strategy of the Weak* (Leiden and Boston, 2007).

Satsuma, Shinsuke, *Britain and Colonial Maritime War in the Early Eighteenth Century: Silver, Seapower and the Atlantic* (Woodbridge, 2013).

———, 'Plunder and Free Trade: British Privateering and Its Abolition in 1856 in Global Perspective', in Atsushi Ota (ed.), *In the Name of the Battle against Piracy: Ideas and Practices in State Monopoly of Maritime Violence in Europe and Asia in the Period of Transition* (Leiden and Boston, 2018), pp. 43-65.

Schnakenbourg, Eric, 'From "Hostile Infection" to "Free Ship, Free Goods" : Changes in French Neutral Trade Legislation (1689-1778)', in Koen Stapelbroek (ed.), *Trade and War: The Neutrality of Commerce in the Inter-State System* (Helsinki, 2011), pp. 95-113.

Seligmann, Matthew S., 'Failing to Prepare for the Great War? The Absence of Grand Strategy in British War

Planning before 1914', *War in History* (2017), pp. 1-24.

Semmel, Bernard, *Liberalism and Naval Strategy: Ideology, Interest, and Sea Power during the Pax Britannica* (Boston, 1986).

Senior, Clive, *A Nation of Pirates: English Piracy in its Heyday* (Newton Abbot, London, Vancouver and New York, 1976).

Sondhaus, Lawrence, *The Great Navy at Sea: A Naval History of the First World War* (Cambridge, 2014).

Spence, Richard, T., *The Privateering Earl: George Clifford, 3rd Earl of Cumberland, 1558–1605* (Stroud, 1995).

Stark, Francis R., *The Abolition of Privateering and the Declaration of Paris* (New York, 1897, repr. Honolulu, HI, 2002).

Starkey, Armstrong, *War in the Age of Enlightenment, 1700–1789* (Westport, CT and London, 2003).

Starkey, David J., *British Privateering Enterprise in the Eighteenth Century* (Exeter, 1990).

Stern, Philip J., *The Company-State: Corporate Sovereignty and the Early Modern Foundations of the British Empire in India* (Oxford and New York, 2011).

Sumida, Jon Tetsuro, *In Defence of Naval Supremacy: Finance, Technology, and British Naval Policy, 1889–1914* (Boston and London, 1989, repr. London and New York, 1993).

Swanson, Carl E., *Predators and Prizes: American Privateering and Imperial Warfare, 1739–1748* (Columbia, SC, 1991).

Taylor, S.A.G., *The Western Design: An Account of Cromwell's Expedition to the Caribbean* (Kingston, Jamaica, 1965, repr. London, 1969).

Thomson, Janice E., *Mercenaries Pirates, and Sovereigns: State-Building and Extraterritorial Violence in Early Modern Europe* (Princeton, NJ, 1994).

Tracy, Nicholas, *Attack on Maritime Trade* (Toronto and Buffalo, 1991).

Walker, Geoffrey J., *Spanish Politics and Imperial Trade, 1700–1789* (Bloomington and London, 1979).

Weir, Gary E., 'Fish, Family, and Profit: Piracy and the Horn of Africa', in Bruce A. Elleman, Andrew Forbes, and David Rosenberg (eds.), *Piracy and Maritime Crime: Historical and Modern Case Studies* (Newport, RI, 2010, repr. Lexington, KY, 2011), pp. 207-21.
Whitfield, Peter, *Sir Francis Drake* (London, 2004).
Williams, Glyndwr, *The Great South Sea: English Voyages and Encounters, 1570-1750* (New Haven, CT and London, 1997).
———, *The Prize of All the Ocean: The Triumph and Tragedy of Anson's Voyage Round the World* (London, 1999, repr. London, 2000).
Williams, Neville, *The Sea Dogs: Privateers, Plunder and Piracy in the Elizabethan Age* (London, 1975).
Wilson, Arthur M., 'The Logwood Trade in the Seventeenth and Eighteenth Centuries', in Donald C. McKay (ed.), *Essays in the History of Modern Europe* (New York and London, 1936), pp. 1-15.
Woodard, Colin, *The Republic of Pirates: Being the True and Surprising Story of the Caribbean Pirates and the Man who Brought Them Down* (Orlando, FL, 2007).
Woodfine, Philip, *Britannia's Glories: The Walpole Ministry and the 1739 War with Spain* (Woodbridge, 1998).
Zacks, Richard, *The Pirate Hunter: The True Story of Captain Kidd* (New York, 2002, repr. London, 2003).
Zahedieh, Nuala, 'Trade, Plunder, and Economic Development in Early English Jamaica, 1655-89', *Economic History Review*, 2nd ser., vol. 39, (1986), pp. 205-22.
———, '"A Frugal, Prudential and Hopeful Trade". Privateering in Jamaica, 1655-89', *Journal of Imperial and Commonwealth History*, vol. 18, (1990), pp. 145-68.

浅田實『東インド会社——巨大商業資本の盛衰』(講談社現代新書、１９８９年)
石橋悠人『経度の発見と大英帝国』(三重大学出版会、２０１０年)

ウィンチ、ドナルド　杉原四郎・本山美彦訳『古典派政治経済学と植民地』（未来社、１９７５年）
太田淳「貿易と暴力――マレー海域の海賊とオランダ人、一七八〇～一八二〇年」、東洋文庫編『東インド会社とアジアの海賊』（勉誠出版、２０１５年）所収、66～１０６頁
大野英二郎『停滞の帝国――近代西洋における中国像の変遷』（国書刊行会、２０１１年）
笠井俊和「海賊の息づく港町ポートロイヤル」、若尾祐司・和田光弘編著『歴史の場――史跡・記念碑・記憶』（ミネルヴァ書房、２０１０年）所収、43～62頁
河合康夫「国際分業論の陥穽――自由貿易と国際的相互依存」、小野塚知二編『第一次世界大戦開戦原因の再検討――国際分業と民衆心理』（岩波書店、２０１４年）所収、１４９～76頁
熊野聰『ヴァイキングの経済学――略奪・贈与・交易』（山川出版社、２００３年）
グリーン、モーリー　秋山晋吾訳『海賊と商人の地中海――マルタ騎士団とギリシア商人の近世海洋史』（ＮＴＴ出版、２０１４年）
合田昌史『マゼラン――世界分割《デマルカシオン》を体現した航海者』（京都大学学術出版会、２００６年）
近藤仁之『ラテンアメリカ銀と近世資本主義』（行路社、２０１１年）
薩摩真介「ウッズ・ロジャーズ総督によるバハマの海賊鎮圧　１７１８―21」、『西洋史論叢』、26号（２００４年）、15～35頁
――、「大西洋世界の中の財政軍事国家ブリテン――ジャマイカにおける私掠奨励政策と水夫流出問題　１７０２―１７１３」『史観』、第１６７冊（２０１２年）、61～79頁
――、「私掠と密輸――九年戦争期のイングランドにおける捕獲物関連制度の改革と議会、王権」、青木康編著『イギリス近世・近代史と議会制統治』（吉田書店、２０１５年）所収、１３９～68頁
シンガー、Ｐ・Ｗ　山崎淳訳『戦争請負会社』（日本放送出版協会、２００４年）
鈴木英明「インド洋西海域における「奴隷船」狩り――19世紀奴隷交易廃絶活動の一断面」、『アフリカ研究』、79号（２０１１年）、13～25頁
玉木俊明『海洋帝国興隆史――ヨーロッパ・海・近代世

界システム』（講談社選書メチエ、２０１４年）
服部春彦『経済史上のフランス革命・ナポレオン時代』（多賀出版、２００９年）
羽田正『東インド会社とアジアの海』（講談社、２００７年）
ピアスン、Ｍ・Ｎ　生田滋訳『ポルトガルとインド——中世グジャラートの商人と支配者』（岩波現代選書、１９８４年）
フィールライト、ジュリー「船乗り、売春婦、剣をふるう暴れ者」、ジョー・スタンリー編著　竹内和世訳『女海賊大全』（東洋書林、２００３年）所収、２３１～63頁
藤田哲雄『帝国主義期イギリス海軍の経済史的分析　１８８５～１９１７年——国家財政と軍事・外交戦略』（日本経済評論社、２０１５年）
藤原辰史『カブラの冬——第一次世界大戦期ドイツの飢饉と民衆』（人文書院、２０１１年）
ブラッドファド、ジェイムズ・Ｃ「フランスとアメリカの私掠船」、デイヴィッド・コーディングリ編　増田義郎・竹内和世訳『図説 海賊大全』（東洋書林、２０００年）所収、３３５～86頁
フリン、デニス　秋田茂・西村雄志編『グローバル化と銀』（山川出版社、２０１０年）
別枝達夫『キャプテン・キッド——権力と海賊の奇妙な関係』（中公新書、１９６５年）
ホント、イシュトファン　田中秀夫監訳　大倉正雄・渡辺恵一訳者代表『貿易の嫉妬——国際競争と国民国家の歴史的展望』（昭和堂、２００９年）
マークス、ジェニファー・Ｇ「海賊周航」、デイヴィッド・コーディングリ編　増田義郎・竹内和世訳『図説 海賊大全』（東洋書林、２０００年）所収、２８５～３３４頁
増田義郎『略奪の海　カリブ——もうひとつのラテン・アメリカ史』（岩波新書、１９８９年）
皆川三郎『海洋国民の自叙伝——英国船員の日記』（泰文堂、１９９４年）
村上衛『海の近代中国——福建人の活動とイギリス・清朝』（名古屋大学出版会、２０１３年）
矢吹啓「20世紀初頭の英国海軍史における修正主義——フィッシャー期、１９０４—１９１９年」、『歴史学研究』、８５１号（２００９年）、15～23頁
——、「ドイツの脅威——イギリス海軍から見た英

独建艦競争　1898―1918年」、三宅正樹・石津朋之・新谷卓・中島浩貴編著『ドイツ史と戦争――「軍事史」と「戦争史」』（彩流社、2011年）所収、255～83頁
山内進『掠奪の法観念史――中・近世ヨーロッパの人・戦争・法』（東京大学出版会、1993年）
山内譲『瀬戸内の海賊――村上武吉の戦い』（講談社選書メチエ、2005年）
山田吉彦『海のテロリズム――工作船・海賊・密航船レポート』（PHP新書、2003年）

# 註

## [序章]

1 National Maritime Museum, AGC 7/7, Sir John Jennings to [?], 28 July 1710. なお、本書での史料引用文中の［ ］内は著者による補足である。

2 山内、1993年、22〜3頁、第一章第三節

3 なお、海賊行為や海賊の法的概念の変遷を詳細に検討したルビンによれば、イングランドでは、‘pirate’に相当するラテン語の‘pirata’はすでに十三世紀はじめには史料に登場していたが、その頃はまだ「犯罪者」という含意はなかったという。英語の法律用語として‘pirate’の語が現れるのは十五世紀半ば頃からであるが、その時も所有権をめぐる民事事件の文脈で用いられており、それが刑事上の犯罪行為に関する文脈で用いられ始めるのは、ようやく十六世紀に入ってからのことであった。Rubin, 1988/2006, pp. 32-8.

4 「報復的拿捕」について、より詳しくは、Keen, 1965, ch. XII を参照のこと。

5 Cordingly (ed.) 1996; Earle, 2004.

6 増田、1989年

7 Hill, 1998.

8 Tracy, 1991.

9 Thomson, 1994, ch.1, esp., pp. 7-9.

10 De Souza, 1999/2002, pp. 17-9; De Souza, 2014, pp. 25-6.

11 もちろん、世界各地の歴史上の掠奪行為の中にも、現代の我々がイメージする犯罪行為としての海賊行為に近いものも存在する。たとえば、一八四二年のアヘン戦争終結後の清朝の南シナ海沿岸で発生した、福建省や広東省沿岸部の一部住民による掠奪がその例である。これはアヘン戦争後の欧米船の沿海貿易への参入や対外貿易の特定地域への集中により、そこから排除された小港の住民の一部（さらには一部の欧米人）が小型船を用いて、アヘン貿易に従事する外国船などを襲うようになったものである。これらの掠奪者は清朝政府から見ても犯罪者であり、清朝政府はイギリス海軍を利用してこれら掠奪者の鎮圧にあたった。村上、2013年、第三章

12 熊野、2003年、第一章、第六章

13 太田、２０１５年；Antony, 2007, pp. 44-5.

14 山内、２００５年、６～10頁

15 Rubin, 1988/2006, pp. 245-58. 同様のことはヨーロッパにおいても見られなかったわけではない。たとえば、Rubin, 1988/2006, p. 202を見よ。また、このような「海賊」の呼称の政治的含意を指摘した論考として、Pérotin-Dumon, 1991がある。ただし、先述のようにヨーロッパの近世以降の掠奪の歴史を見る上では、掠奪を切り分けていった法制度の構築過程とその役割にも目を向けることは不可欠である。

16 玉木、２０１４年、29～35頁

17 Kulsrud, 1936, p. 58.

18 Crump, 1931, ch. VI.

19 Benton, 2010/2011, pp. 145-7, 159-60.

20 山内、１９９３年、１６８、１８６～７頁

[第1章]

1 Appleby, 2009, pp. 21-5; Appleby, 2007, pp. 43-4; Pistono, 1975, pp. 322-30; Ford, 1979, pp. 63-78.

2 Appleby, 2009, pp. 27-41, 47, 51, 59-62; Andrews, 1975, pp. 201-2.

3 Appleby, 2009, pp. 113-24, 139-40, 173-4, 190-1, 220-2.

4 Earle, 2004, pp. 18-20; Mathew, 1924, pp. 337-41; Williams, 1975, pp. 153-60, 162; Appleby, 2009, pp. 83-5, 93-4, 124-5, 146-7, 151-8, 179, 222-3; Andrews, 1975, pp. 202-3.

5 Marsden, 1915, pp. xiii-xiv, xx-xxi, xxix-xxx; Appleby, 2009, pp. 44, 57, 140-1; Roscoe, 1924, pp. 10-2; Marsden, 1909, p. 687.

6 Appleby, 2009, pp. 44, 58-9, 73, 195; Andrews, 1964, ch. 2; Andrews, 1975, pp. 215-6.

7 Appleby, 2009, p. 36; Marsden, 1907, p. 474; Marsden, 1909, pp. 684-5; Crump, 1931, pp. 12-4, 18-20.

8 Appleby, 2009, pp. 20, 90-1, 98-9, 110-1, 121, 158-61; Williams, 1975, pp. 150, 152; Marsden, 1909, p. 688; Andrews, 1975, p. 207.

9 Loades, 2000, pp. 43, 83; Williams, 1975, p. 149.

10 Appleby, 2009, pp. 91, 97, 99-100, 161-4.

11 Mathew, 1924, pp. 347-8; Andrews, 1975, p. 217.

12 合田、２００６年、16、27〜31頁

13 近藤、２０１１年、66〜8頁、フリン、２０１０年、48頁

14 Macleod, 1984, pp. 350-1, 367; Walker, 1979, p. 4; 近藤、２０１１年、72、83〜4頁

15 Appleby, 2009, pp. 116-8, 121-2; Andrews, 1967, pp. 5-6.

16 *Ibid.*, p. 6; Andrews, 1984, p. 356.

17 Andrews, 1964, pp. 11-2; Andrews, 1975, pp. 204-6; Andrews, 1984, pp. 101-2, 118; Williams, 1975, pp. 19-21, 25; Appleby, 2009, pp. 102-3.

18 Whitfield, 2004, pp. 19-21; Andrews, 1984, pp. 104-5, 116-7, 119-24; Williams, 1975, pp. 19-21, 32-6, 41, 43-5.

19 Whitfield, 2004, pp. 22-4; Williams, 1975, pp. 47-54, 56-7, 60-1; Andrews, 1984, pp. 125-7.

20 *Ibid.*, pp. 127-9, 137, 225-6; Williams, 1975, p. 84.

21 Whitfield, 2004, pp. 29, 31-6; Williams, 1975, pp. 86-8, 90-4; Andrews, 1984, pp. 129-32; Kelsey, 1998, pp. 44-67; Gerhard, 1960/1990, p. 72.

22 Appleby, 2009, pp. 132-3.

23 Whitfield, 2004, pp. 38, 42-3; Andrews, 1967, pp. 49-55; Andrews, 1984, pp. 138-45; Williams, 1975, pp. 113-9; Kelsey, 1998, pp. 75-82.

24 ドレイクの世界周航中の記述は主に、Kelsey, 1998, chs. 5-7; Whitfield, 2004, chs. 2-3; Williams, 1975, pp. 119-31, 134-40; Andrews, 1984, pp. 147-52, 154-8に拠った。

25 Whitfield, 2004, pp. 79-81; Williams, 1975, pp. 140, 146-7; Andrews, 1984, pp. 158-9; Kelsey, 1998, pp. 208-11, 214-8.

26 Andrews, 1964, pp. 8-9; Brigden, 2000/2002, pp. 282-5; Kelsey, 1998, pp. 238-9.

27 Rodríguez-Salgado, 1991, pp. 17, 19.

28 Whitfield, 2004, pp. 94-5, 98-9, 102; Kelsey, 1998, pp. 240-83; Andrews, 1967, ch. 6.

29 Whitfield, 2004, pp. 105, 108-10; Kelsey, 1998, pp. 286-300; Williams, 1975, pp. 169, 171-3; Andrews, 1967, pp. 116-24.

30 Whitfield, 2004, pp. 118, 122; Kelsey, 1998, pp. 325-8; Andrews, 1967, pp. 130-1.

31 Whitfield, 2004, pp. 128, 130-3, 135-8; Kelsey,

1998, chs. 12-3; Appleby, 2009, pp. 210-1; Andrews, 1967, ch. 9.

32 Loades, 2000, pp. 121-2.

33 Andrews, 1964, pp. 32-40.

34 以下のエリザベス期の私掠活動の三分類とその特徴については、とくに断りがない限りAndrews, 1964, chs. 4-6に拠っている。

35 Spence, 1995, pp. 60, 209-12. chs. 4, 6, 9-10.

36 Andrews, 1964, pp. 20-1.

37 *Ibid.*, pp. 104-9; Appleby, 2009, pp. 212-3; Spence, 1995, p. 144.

38 Andrews, 1964, pp. 41-2, 44-5.

39 *Ibid.*, pp. 127-34.

40 *Ibid.*, pp. 79-80, 100, 102, 135, 137-40, 147-9.

41 *Ibid.*, p. 44.

42 *Ibid.*, pp. 229-32; Andrews, 1984, pp. 251-3.

43 Rodger, 2004, pp. 153-74; Satsuma, 2013.

[第二章]

1 Senior, 1976, pp. 9-10, 15-6.

2 *Ibid.*, p. 43.

3 *Ibid.*, pp. 134-8; Earle, 2004, pp. 57-8.

4 Senior, 1976, pp. 30-2, 48-50, 62-70, 151; Appleby, 2007, pp. 44-50; Earle, 2004, pp. 58-61.

5 Senior, 1976, pp. 73-7, 98-101, 141-6; Lloyd, 1981, pp. 40-2; Earle, 2004, pp. 60-4.

6 Earle, 2004, ch. 3.

7 Hebb, 1994, pp. 139-40, 273.

8 Rodger, 2003, p. 239; Rodger, 2014, pp. 10-1; グリーン、２０１４年、第二章、三章

9 もっともイングランドの商船自体はすでに十六世紀から地中海に進出しており、世紀中葉の一時的撤退を経た後、一五七三年より進出を再開していた。Fusaro, 2015, pp. 43-8.

10 Appleby, 2009, pp. 240-4; Senior, 1976, pp. 49, 78-84, 87; Marsden, 1910, p. 246.

11 Senior, 1976, pp. 87-94, 96, 101-2, 105; Lloyd, 1981, pp. 48-53; Bak, 2006.

12 Lloyd, 1981, pp. 93-5.

13 Senior, 1976, pp. 105-7; Lloyd, 1981, pp. 18, 31-2; Bak, 2006, pp. 79-82; Hebb, 1994, pp. 14-5, 147-8.

14 Earle, 2004, ch. 4, esp. pp. 56-8.

15 Haring, 1910/1966, pp. 57-8, 66; Camus, 1997, pp. 28-9.
16 Haring, 1910/1966, pp. 62-3, 75-6, 78-9.
17 Earle, 2004, pp. 101-3; Bromley, 1987, pp. 5, 12-3.
18 Hill, 1984, pp. 25-6; Rogoziński, 2000, pp. 180-3.
19 Haring, 1910/1966, pp. 58-65, ch. IV, pp. 122-4; Camus, 1997, pp. 31-8, 58, 63, 75.
20 Camus, 1997, pp. 73-4; Earle, 1981, pp. 45-6; Taylor, 1965/1969, chs. 1-6.
21 Pawson & Buisseret, 2000, pp. 25-30, 57; Haring, 1910/1966, pp. 86-7, 96-7; Earle, 1981, p. 47; Cruikshank, 1935, pp. 9-17; Taylor, 1965/1969, chs. 7, 10, 15-6.
22 Rodger, 2014, p. 8; Haring, 1910/1966, pp. 100, 104-12, 120-2, 127-8, 131-4; Earle, 1981, pp. 25, 48, 49-52.
23 Pawson & Buisseret, 2000, ch.8. この時期のポート・ロイヤルの様子を描いた日本語の論考としては、笠井、２０１０年がある。
24 Zahedieh, 1990, p. 152.
25 Pawson & Buisseret, 2000, pp. 38-9, 88-90.
26 Exquemelin, 1678/2000, p. 119. なお、アレクサンドル・エクスキュムランは一般的には「アレクサンダー・エスケメリン」と表記されるが、本書ではフランス語の読みに従う。
27 Cruikshank, 1935, pp. 1-4.
28 Earle, 1981, pp. 58-9; Cruikshank, 1935, p. 66.
29 Haring, 1910/1966, pp. 140-58; Earle, 1981, chs. 5-6, esp. pp. 53, 59-60, 91-6; Pawson & Buisseret, 2000, pp. 34-5; Cruikshank, 1935, pp. 82-95, 102-3.
30 Earle, 1981, chs. 8-9; Cruikshank, 1935, pp. 104-21.
31 Earle, 1981, pp. 97-8, 147-54, 155-6; Haring, 1910/1966, pp. 158-60; Pawson & Buisseret, 2000, p. 36; Cruikshank, 1935, pp. 129-47.
32 Earle, 1981, pp. 160-4, chs. 14-6, 18, pp. 237-44; Cruikshank, 1935, ch. VI.
33 Haring, 1910/1966, pp. 160, 196-8, 205; Pawson & Buisseret, 2000, pp. 37, 41-2; Earle, 1981, pp. 101-2, 150, 159-60, 170-1, 247-53, 261; Cruikshank, 1935, pp. 162-3, 201-2, 214-21, 224-5.

34 Zahedieh, 1986, esp., pp. 220-1; Zahedieh, 1990.

35 Pawson & Buisseret, 2000, pp. 39-43, 104; Earle, 1981, pp. 146, 259-61; Cruikshank, 1935, pp. 236-7, 241-3, 360-3, 371; *ODNB*, Nuala Zahedieh, 'Morgan, Sir Henry（*c.*1635–1688）'; Zahedieh, 1990, pp. 156-7; Haring, 1910/1966, pp. 212-3, 229-30, 232-3.

36 *Ibid.*, pp. 216-22, 232-41, 250-1; Earle, 1981, pp. 146-7, 258.

37 Gerhard, 1960/1990, pp. 146, 148-66, 171-94; Williams, 1997, ch. III; Kemp & Lloyd, 1961, chs. 3-4, 6-9.

38 Haring, 1910/1966, pp. 241-8, 262-6.

39 Rodger, 1998, pp. 96-7.

40 *Ibid.*, pp. 82-6, 90-1, 95-6; Rodger, 2004/2005, p. 217; Ehrman, 1953, pp. 19-21.

41 Appleby, 2005, pp. 64-6; Capp, 1989/2001, pp. 6-8; Ehrman, 1953, pp. 30-2.

42 Pawson & Buisseret, 2000, pp. 57-8.

43 薩摩、２０１２年

[第三章]

1 ピアスン、１９８４年、21～9、１４６～7頁、羽田、２００７年、36～40、98～9頁、マークス、２０００年、291、293頁；Stern, 2011, pp. 187-91.

2 羽田、２００７年、54～7、66～7、１２１～２頁；Polónia, 2013, pp. 140-1.

3 この時期のオランダを含むヨーロッパ諸国の東インド会社の活動については、羽田、２００７年、71～2頁、第二章、および、浅田、１９８９年、第一章、第二章を参照のこと。

4 Stern, 2011, p. 6.

5 ピアスン、１９８４年、65～6頁

6 Fox, 2008, pp. 70-1; Rogoziński, 2000, pp. 29-30, 33-4.

7 Ritchie, 1986, pp. 37-8, 113-6; Rogoziński, 2000, pp. 12, 42-4, 57-61, 159-60; マークス、２０００年、２９７～9頁

8 Ritchie, 1986, pp. 36-7.

9 エヴリの活動については主に以下の文献に拠った。Fox, 2008、および、Baer, 2007, ch. 4.

10 Fox, 2008, p. 9.

11 *Ibid.*, pp. 101–2.

12 *Ibid.*, pp. 92–8; Ritchie, 1986, pp. 95, 130–3.

13 キッドについての現在もっとも信頼できる文献は、Ritchie, 1986である。本章での記述も主にこの本、および、Zacks, 2002/2003, chs. 2, 4, 6–9, 20に依拠している。また、Baer, 2007も一部参考にした。Cochran, 1965には有益な情報も含まれているが、誤りも多いので注意が必要である。キッドについて日本語で読める文献として、別枝、1965年もある。

14 バーロウの日記には以下の題名での翻訳もある。その中でも彼はキッドとの遭遇に言及している。皆川三郎『海洋国民の自叙伝――英国船員の日記』（泰文堂、1994年）、63～4頁

15 Ritchie, 1986, pp. 208–9; Rogoziński, 2000, pp. 133–4.

16 Cochran, pp. 198–203.

17 Thomson, 1994, pp. 17–20, 68.

18 Rogoziński, 2000, pp. 147–9, 154.

19 *Ibid.*, pp. 149–54; Ritchie, 1986, pp. 158–9.

[第四章]

1 Rediker, 2004, pp. 9, 29–30, 33–6; Cordingly, 1996/1997, p. 202.

2 Cordingly, 2011, pp. 125–30; Woodard, 2007, pp. 101–3, 141–3.

3 TNA: CO5/1265, no. 73, 'The Report of Captn Mathew Musson humbly offer'd to the Rt Honble the Lords Commrs of Trade and Plantations', 5 July 1717, f.146.

4 Wilson, 1936, pp. 3–9.

5 Rediker, 2004, pp. 23–4, 43; Rediker, 1987/1993, pp. 281–2; Davis, 1962, pp. 136–7; Earle, 2004, pp. 166–7.

6 Rediker, 2004, pp. 49–55; Kinkor, 2001, p. 200; Earle, 2004, pp. 170–1.

7 Johnson, 1724. この本は以下の題名で日本語にも翻訳されている。チャールズ・ジョンソン　朝比奈一郎訳『イギリス海賊史（上）・（下）』（リブロポート、1983年）。

8 Bialuschewski, 2004; Woodard, 2007, pp. 325–6.

9 Johnson, 1724, pp. 117–22, 130–3.

10 フィールライト、２００３年、２４０頁
11 Cordingly, 2011, pp. 192-3; *ODNB*, David Cordingly, 'Bonny, Anne (1698–1782)'.
12 Rediker, 2004, p. 112.
13 Cordingly, 2001/2007, chs. 4-5.
14 Rediker, 2004, pp. 65-70, 73-4.
15 Rediker, 2004, pp. 21-6; Rediker, 1987/1993, pp. 285-6.
16 Rediker, 2004, pp. 48-9, 172; Earle, 2004, pp. 167-8, 198, 207-8; Cordingly, 1996/1997, pp. 122-3.
17 Leeson, 2009, pp. 37-42.
18 Rediker, 2004, p. 163.
19 Cordingly, 1996/1997, pp. 106-9, 114-22, 129-30, 161-5; Rediker, 2004, pp. 14-5, 86-7; Earle, 2004, pp. 175-6.
20 *Ibid.*, p. 161; Woodard, 2007, pp. 257-8.
21 Rogoziński, 2000, pp. 203-4.
22 Cordingly, 1996/1997, pp. 109-11.
23 Rediker, 2004, pp. 6-7, 35-6.
24 TNA: CO23/1, no. 12 (i), Mr. Gale to Col. Thomas Pitt, Jr., 1 Nov. 1718.
25 Earle, 2004, pp. 146-7; Rediker, 2004, p. 128; Ritchie, 1997, p. 12.
26 この時期の海賊鎮圧については、薩摩、２００４年、および Bialuschewski, 2009 などを参照のこと。
27 Earle, 2004, pp. 147-8; Cordingly, 1996/1997, pp. 203-4; Baer, 2007, pp. 164-8; Ritchie, 1986, pp. 140-1, 152-4.
28 薩摩、２００４年、17頁
29 Earle, 2004, p. 189.
30 薩摩、２００４年、21～４頁
31 Earle, 2004, pp. 148-50, 185-8; Cordingly, 1996/1997, p. 206.
32 Earle, 2004, pp. 193-4; Woodard, 2007, pp. 291-6.
33 *Ibid.*, pp. 240-2, 256, 274-7, 298-301.
34 Johnson, 1724, p. 213.
35 Earle, 2004, pp. 195-8; Cordingly, 1996/1997, pp. 209, 210-6; Baer, 2007, ch. 7, esp. pp. 218-22.
36 Chet, 2014.
37 McCarthy, 2013.
38 Black, 2009, p. 193; ブラッドファド、２０００年、３７３～５、３５７～８頁

[第五章]

1 Bromley, 1987, pp. 215–8; Starkey, 1990, pp. 257–9; Lydon, 1970, pp. 132-3.

2 Starkey, 1990, pp. 253, 274-5; Meyer, 1981, p. 270; Meyer, 1983, pp. 445-6.

3 ホント、２００９年、「序文」、とくに４〜５、40〜１頁

4 Swanson, 1991, pp. 16–20.

5 *Reasons Humbly Offered to the Right Honourable the Lords Spiritual and Temporal Assembled in Parliament, to Induce the Speedy Passing an Act for Further Encouraging Privateers...* [London?, 1695?]

6 Defoe, *Defoe's Review*, vol. III no. 126, 22 Oct. 1706, pp. 501–2.

7 Starkey, 1990, pp. 249–50, 271–3, 276, 278.

8 *Ibid.*, pp. 77, 277–8, 280–1; Lydon, 1970, pp. 207–9.

9 Starkey, 1990, pp. 22-6, 86-7; Pares, 1938, pp. 19–24.

10 本章でのロジャーズの航海の記述は、主にCordingly, 2011, chs. 2-6; Jones, 1992; Little, 1960, chs. 1, 3-11、およびロジャーズの航海記であるWoodes Rogers, *A Cruising Voyage round the World...* (London, 1712) に拠った（なお、この航海記には日本語訳もある。ロジャーズ、２００４年）。加えて、Rogers, 1933, pp. 196-211も一部参考にした。また、Beattie, 2015, ch. ４にもこの航海に関するいくつかの新しい知見が含まれている。

11 Rogers, 1712, pp. v-x; Beattie, 2015, pp. 191-2.

12 Starkey, 1990, pp. 66-7.

13 *Ibid.*, pp. 67-73.

14 ただし、ビーティーは船長としてだけではなく、航海士としてのダンピアの技量も疑問視している。Beattie, 2015, pp. 52-5.

15 Rogers, 1712, p. 125.

16 Little, 1960, ch. 12; Cordingly, 2011, pp. 239-48.

17 Little, 1960, p. 148.

18 Starkey, 1990, pp. 25-6; Pares, 1938, pp. 108-9.

19 Jones, 1992, pp. 19-20; Beattie, 2015, p. 91.

20 Pares, 1938, pp. 5-6.

21 薩摩、２０１５年、１６２頁

22 Starkey, 1990, pp. 73-6.

23 Jones, 1992, pp. 19-23; Little, 1960, pp. 149-50;

Rogers, 1933, pp. 202-3, 209-10; Beattie, 2015, pp. 92-6.

24 Cordingly, 2011, pp. 103-4, 114-6.

［第六章］

1 Starkey, 1990, pp. 254, 257.

2 Hill, 1998, pp. 201-2.

3 Rodger, 1986, pp. 128-9.

4 Starkey, 1990, p. 257.

5 Hill, 1998, pp. 195-6; 鈴木、２０１１年、17～8頁

6 Kemp, 1946, p. 19; Lloyd, 1954, p. 140.

7 ウォレンの活動については主に、Gwyn, 1974, ch. 2、および、*ODNB*, Julian Gwyn, 'Warren, Sir Peter (1703/4–1752)'を参照した。

8 Rodger, 1986, pp. 252-4, 314-6; Rodger, 2002, pp. 428-9, 438-9.

9 Hill, 1998, p. 230; Rodger, 1986, pp. 135-7.

10 Firth, 1908, pp. ix-x.

11 *Ibid.*, p. 158.

12 Kemp, 1946, p. 28.

13 Dancy, 2015, pp. 38-9, ch. 4; Rodger, 2004/2005, pp. 395-7.

14 Kemp, 1946, p. 19; Tracy, 1991, pp. 21-2; Dancy, 2015, p. 98.

15 Green, 1989, pp. 109-11, 122-3, 132-3, 142-6, 168.

16 Satsuma, 2013.

17 航海の記述については特に断りがない限り、Williams, 1999/2000、および *A Voyage Round the World*, 1748 に拠った。また、アンソンの経歴については、Rodger, 2000, pp. 177-99 も参照のこと。

18 Woodfine, 1998, pp. 1-2.

19 石橋、２０１０年、第1章

20 *A Voyage Round the World*, 1748, p. 300.

21 Starkey, 2003, pp. 205-6; 大野、２０１１年、２０７～10頁

22 *A Voyage Round the World*, 1748, pp. 371-2.

23 Allen, 2002, pp. 204-31.

24 Baugh, 1965, pp. 6-7.

［第七章］

1 この章の内容の1部は、以前発表した拙稿 'Plunder and Free Trade: British Privateering and Its

Abolition in 1856 in Global Perspective', in Atsushi Ota (ed.), *In the Name of the Battle against Piracy: Ideas and Practices in State Monopoly of Maritime Violence in Europe and Asia in the Period of Transition* (Leiden & Boston, 2018) を下敷きにし、それを発展させたものである。

2 戦時に敵国との経済的紐帯が維持された他の例としては、海上保険が挙げられる。十八世紀のイギリスの海上保険は時に敵国の商船も対象としたため、イギリス側に拿捕されたフランス船の船主にイギリスの保険業者が保険金を支払うという事例も発生した。もちろんイギリスでも敵国商船の保険を請け負うことを問題視する向きもあり、オーストリア継承戦争末期の一七四八年には、これを禁ずる法律が制定された。しかし、この法律は終戦後失効し、以後一七九三年まで更新されなかった。Tracy, 1991, pp. 55-6; John, 1958, esp. p. 136.

3 薩摩、２０１５年、１４６～7頁；Clark, 1921, p. 529.

4 Bourguignon, 1987, pp. 126-9.

5 Marsden, 1909, p. 678.

6 Semmel, 1986, pp. 13-4; Lambert, 2004, p. 12.

7 Schnakenbourg, 2011, pp. 96-7; Kulsrud, 1936, pp. 82, 111-3, 137.

8 Tracy, 1991, p. 33; Kulsrud, 1936, pp. 91-2, ch. 3, esp. pp. 131-2.

9 Tracy, 1991, pp. 34-5; Hill, 1998, pp. 23-4; Kulsrud, 1936, ch. 6.

10 Petrie, 1999, pp. 147-51.

11 Hill, 1998, pp. 10, 25-6; Kulsrud, 1936, ch. 4.

12 Hill, 1998, pp. 34-5; Neff, 2011, p. 230; Kulsrud, 1936, ch. 5, esp. pp. 231-5.

13 「一七五六年の規則」や「継続航海の原則」の詳細については、Pares, 1938, pp. 180-224、および、Kulsrud, 1936, ch. 2 を参照のこと。

14 Schnakenbourg, 2011, pp. 102-4, 107; Neff, 2011, pp. 232-4; Tracy, 1991, pp. 65-7; Starkey, 1990, pp. 162-3; Stark, 1897/2002, pp. 74-5; Bruijn, 2004, pp. 48-9.

15 Davis & Engerman, 2012/2016, pp. 57-91; Stark, 1897/2002, pp. 76-7; Tracy, 1991, pp. 67-9; Bruijn, 2004, pp. 50-3.

16 Stark, 1897/2002, pp. 78-86; Tracy, 1991, pp. 71-6, 78-82; Neff, 2011, pp. 235-6, 240-2; Mahan, 1893/2010, pp. 275, 283-4, 298-9; Davis & Engerman, 2006/2012, pp. 30-2, 34-7; Hill, 1998, pp. 45-51; 服部、２００９年、２２６～９頁；Rodger, 2004/2005, pp. 551-2, 558-9.
17 Marzagalli, 2014, pp. 1-29.
18 DeConde, 1966.
19 Tracy, 1991, pp. 72, 76-8; Black, 2009, esp. ch.4.
20 Davis & Engerman, 2006/2012, pp. 80, 102.
21 Coogan, 1981, p. 20.
22 Stark, 1897/2002, pp. 13-8; Best, 1980, pp. 35-6, 53-7.
23 ルソー（桑原・前川訳）、１９５４年、24頁
24 Best, 1980, pp. 57-9.
25 Stark, 1897/2002, pp. 21-2; Best, 1980, pp. 64-70.
26 Tracy, 1991, pp. 82-3; Hattendorf, 2004, pp. 163, 166; Hobson, 2004, pp. 101-2; Savage (ed.), 1934, p. 162.
27 ウィンチ、１９７５年、二～三章、85～8頁；Semmel, 1986, pp. 51-2, 68.
28 Hinsley, 1963/1967, pp. 96-7. 同様の主張はすでに十八世紀末にカントも行っている。カント、１９８５年、61、70～1頁；Starkey, 2003, pp. 13-4; Hinsley, 1963/1967, pp. 76-9.
29 Semmel, 1986, pp. 52-3; Cain, 1979, p. 241.
30 Lemnitzer, 2014, p. 11; Hamilton, 1982, p. 174.
31 Lemnitzer, 2014, pp. 17-23; Hamilton, 1982, pp. 167, 169-74.
32 Lemnitzer, 2014, pp. 21, 36-9, 40-3; Hamilton, 1982, pp. 171-2, 174-5.
33 Lemnitzer, 2014, pp. 43-60; Hobson, 2004, p. 104.
34 Lemnitzer, 2014, pp. 62-70.
35 *Ibid.*, 2014, pp. 66-9, 92-3. 初期の加盟国の一覧は、Thomson, 1994, pp. 74-5を参照のこと。
36 Tracy, 1991, p. 87.
37 Stark, 1897/2002, pp. 153-5.
38 Lemnitzer, 2014, p. 71; Semmel, 1986, pp. 57-9.
39 Lemnitzer, 2014, pp. 80-91; Hobson, 2004, pp. 104-6.
40 Lemnitzer, 2014, chs. 5-6.
41 *Ibid.*, pp. 150-3; Semmel, 1986, pp. 65-7.

42 Abbenhuis, 2014, pp. 90-5, 102-3.

43 Lemnitzer, 2014, ch. 7, esp. pp. 158-9, 164-9; Stark, 1897/2002, pp. 157-9; Best, 1980, pp. 150-3.

[終章]

1 矢吹、２０１１年、２５８～60頁；Sondhaus, 2014, p. 13.

2 Best, 1980, pp. 131-2, 140-1, 212-3.

3 Coogan, 1981, pp. 25-9; Lambert, 2004, p. 21; Hattendorf, 2004, p. 168.

4 Coogan, 1981, pp. 75-6.

5 Black, 2017, pp. 43-4, 46-9; Sondhaus, 2014, pp. 13-22; Kelly, 2011, pp. 331-2; 矢吹、２０１１年、２６１～74頁。もっとも、近年の修正主義研究が示すように、フィッシャーは大型戦艦の建造にだけ注力していたわけではなく、帝国防衛のための快速の巡洋戦艦も重視し、また本国防衛のため水雷艇や潜水艦にも関心を示していたことには留意すべきである。Sumida, 1989/1993, ch. 2; 矢吹、２００９年、17頁

6 Coogan, 1981, pp. 56-61, 72-4, 90, 92, 94-5; Tracy, 1991, pp. 101-3; Semmel, 1986, pp. 101-5, 155-7.

7 Coogan, 1981, pp. 90-2, 96-101; Tracy, 1991, p. 103.

8 Coogan, 1981, pp. 114-7.

9 *Ibid.*, pp. 125-36; Tracy, 1991, pp. 104-5; Abbenhuis, 2014, pp. 229-30; Best, 1980, pp. 247-9; Semmel, 1986, pp. 108-11, 114-8; 藤田、２０１５年、14～25、34～6、２２４～５頁

10 河合、２０１４年、１５４～６頁

11 Best, 1980, pp. 221-4; Røksund, 2007, pp. 37-47.

12 Black, 2017, pp. 60-4, 67-9; Sondhaus, 2014, pp. 116-9; Grimes, 2012, pp. 222-3.

13 第一次大戦における英海軍の封鎖の性質や目的をめぐっては、歴史家の間で激しい論争が繰り広げられている。その一方の極がニコラス・ランバートである。彼によればフィッシャーを中心とする海軍省が計画していたのは、イギリスの海軍力や海運力の優位を生かした急激な経済封鎖により、ドイツの貿易や産業、金融システムを崩壊させる「経済戦争」であったという。Lambert, 2012. 対照的にセリグマンは、イギリスは結果的には「経済封鎖」に傾斜して

いったものの、封鎖の元来の目的は、戦時禁制品の統制を通じて経済を圧迫することでドイツ国内に海軍による対応を求める世論を喚起し、ドイツ外洋艦隊をおびき出して艦隊決戦に持ち込むことであったと主張している。Seligmann, 2017, pp. 1-24.

14 Coogan, 1981, pp. 155-7, 160-8, 172-4, 194-7; Best, 1980, pp. 250-1; Lambert, 2004, pp. 32-3; Lambert, 2012, pp. 216-31, 296-300.

15 Coogan, 1981, p. 221; Sondhaus, 2014, p. 140.

16 「青年学派」については、Røksund, 2007 を参照のこと。

17 Best, 1980, pp. 252-3; Sondhaus, 2014, pp. 148-50; Davis & Engerman, 2006/2012, pp. 171-3.

18 Lambert, 2012, pp. 362-70; 藤原、２０１１年、20〜３頁；Sondhaus, 2014, pp. 138-9.

19 *Ibid.*, pp. 228, 239, 242-6; Davis & Engerman, 2006/2012, pp. 177-80, 184.

20 Hattendorf, 2004, pp. 170-1; Black, 2017, pp. 70-5; Davis & Engerman, 2006/2012, pp. 177, 185-8, 190, 193-4.

21 Parrillo, 2007, pp. 90-2; Kemp, 1946, pp. 29-32; Roscoe, 1924, p. 80; Roscoe, 1932, pp. 60-1.

22 シンガー、２００４年

23 山田、２００３年、第Ⅱ部；Weir, 2010/2011, pp. 207-21.

24 Cullen, 2010, pp. 187-212.

# あとがき

一通の封書を講談社の山崎比呂志さんから頂いたのは、二〇一三年の夏のことであったと記憶している。「海賊についての本を書きませんか」、そのような文面を読んだ時には、すでにあまたある海賊の本を新たに出してもという思いも頭をよぎったが、同時にひとつ思い浮かんだこともあった。それは、二〇〇六年から英国エクセター大学に留学した筆者が、指導教員であった海軍史家のN・A・M・ロジャー教授（現在はオクスフォード大学オールソウルズ・カレッジに所属）と、博士論文のテーマについて最初の面談をした時の記憶である。

留学前、日本では近世カリブ海の海賊や私掠行為の研究をしていた筆者は、海軍史家に師事するということもあって、海軍による捕獲物拿捕を新たな研究テーマにしようと考えていた。そのことを告げたときロジャー教授は、これまで海賊と私掠行為のことをやってきたのだから、それらと海軍の拿捕をあわせて、海上における利益獲得的行為として扱ってみてはどうか、おおよそそのような趣旨のことを述べられた。実際には博士論文はその後、違う方向に発展し、本書でも言及した「海戦支持の言説」が、十八世紀初頭のイギリスの政治や外交政策にいかなる影響を与えたのかを探るというものに落ち着いた。そのため最初の案は実現しなかったのだが、本書の依頼があった時に思い出したのはこの時のことであった。海賊だけでなく私掠者や海軍も含めた掠奪行為の本であれば、今でも新たに書く意味があるのではないか、そう思ったのである。

もちろん本書の内容は、三世紀以上にわたる長期の時間と幅広い地域を扱うものであるため、一部は自身の実証研究を踏まえているものの、その多くは先行研究に拠っている。そのため本書は自身の実証研究の内容を分かりやすく開陳したものというよりも、広義での掠奪行為に関するこれまでの研究を、最新の研究成果も踏まえつつ、筆者なりの問題意識や観点から統合したものということになる。しかし先にも述べたように、海賊、私掠者、海軍の三者すべての掠奪行為をあわせて扱った書物は、管見の限り日本はもちろんのこと海外でも見当たらない。その点では何がしかの新しい知見を付け加えられたのではないかと期待している。

本書は、途中で構想が膨らんだこともあり、お話を頂いてから刊行まで実に五年以上もかかってしまった。当初は新書として書き始めたものであったが、内容の専門性の度合いや分量の関係もあり、媒体も選書へと変わった。その間の筆者を取り巻く状況は、研究環境を含め様々な面で厳しいものであった。しかし、どうにか完成までたどり着くことができたのは、多くの人々の助けと励ましのおかげである。ここですべてのお名前を挙げることはできないが、何人かの方々にあらためてお礼を述べたい。留学から帰国後、日本で日の目を見ずに苦しい状況が続いていた筆者がどうにか研究を続けることができたのは、絶えず温かい励ましやご助言を与えてくださったイギリスや日本の先生方のおかげである。前者では、N・A・M・ロジャー（N.A.M. Rodger）先生、ジェレミー・ブラック（Jeremy Black）先生、故ビル・スペック（Bill Speck）先生、ハリー・ディキンソン（Harry Dickinson）先生に、後者ではとくに、金澤周作先生、玉木俊明先生、そして松園伸先生に御礼を申し上げたい。また、本書のお話を頂いた時に勤務していた同朋大学の佐藤誠先生をはじめとする、同大学文学部の諸先生方にもお世話になった。加えて、留学中に苦楽をともにした研究仲間にも、この場を借りて感謝を述べたい。とくに近現代のイギリス海軍史に造詣が深い矢吹啓さんには、筆者の専門外である十九世紀後半から二十世紀前半の部分の記述について、貴重なご助言やご指摘をいただいた。ここであらためて御礼を申し上げる。もちろん、誤りが残っているとすればそれはすべて筆者の責任である。最後に、本書の企画を持ってきてくださった講談社の山崎比呂志さん、そしてその後の編集作業を担当してくださった青山遊さんにも感謝の言葉を述べたい。この本がこうして世に出ることができたのも、お二人のおかげである。

　ようやく一つの航海（ロジャーズやアンソンの世界周航よりも長い期間の航海！）が終わった。しかし、旅の疲れを癒す間もなく次の航海に出なければならない。願わくばそれがまた無事に終わり、新たな捕獲物《プライズ》をもたらさんことを！

二〇一八年五月　広島・西条にて

薩摩真介（さつま・しんすけ）

一九七六年、京都府生まれ。エクセター大学人文社会科学研究科歴史学専攻博士課程修了。Ph.D.（History）（エクセター大学）。現在、広島大学大学院総合科学研究科准教授。専門は近世・近代イギリス史、植民地時代アメリカ史、大西洋史。主な著書に、Britain and Colonial Maritime War in the Early Eighteenth Century（Boydell & Brewer）、『海のイギリス史』（共著、昭和堂）などがある。

# 〈海賊《かいぞく》〉の大英帝国《だいえいていこく》

## 掠奪《りゃくだつ》と交易《こうえき》の四百年史《よんひゃくねんし》

二〇一八年一一月 九日 第一刷発行

著者 薩《さつ》摩《ま》真《しん》介《すけ》



発行者 渡瀬昌彦
発行所 株式会社 講談社
東京都文京区音羽二丁目一二―二一 〒一一二―八〇〇一
電話（編集）〇三―三九四五―四九六三
（販売）〇三―五三九五―四四一五
（業務）〇三―五三九五―三六一五
装幀者 奥定泰之
本文データ制作 講談社デジタル製作
本文印刷 慶昌堂印刷株式会社
カバー・表紙印刷 半七写真印刷工業株式会社
製本所 大口製本印刷株式会社



ISBN978-4-06-513732-1 Printed in Japan
N.D.C.233 317p 19cm

# 講談社選書メチエ　刊行の辞

書物からまったく離れて生きるのはむずかしいことです。百年ばかり昔、アンドレ・ジッドは自分にむかって「すべての書物を捨てるべし」と命じながら、パリからアフリカへ旅立ちました。旅の荷は軽くなかったようです。ひそかに書物をたずさえていたからでした。ジッドのように意地を張らず、書物とともに世界を旅して、いらなくなったら捨てていけばいいのではないでしょうか。

現代は、星の数ほどにも本の書き手が見あたります。読み手と書き手がこれほど近づきあっている時代はありません。きのうの読者が、一夜あければ著者となって、あらたな読者にめぐりあう。その読者のなかから、またあらたな著者が生まれるのです。この循環の過程で読書の質も変わっていきます。人は書き手になることで熟練の読み手になるものです。

選書メチエはこのような時代にふさわしい書物の刊行をめざしています。

フランス語でメチエは、経験によって身につく技術のことをいいます。道具を駆使しておこなう仕事のことでもあります。また、生活と直接に結びついた専門的な技能を指すこともあります。

いま地球の環境はますます複雑な変化を見せ、予測困難な状況が刻々あらわれています。

そのなかで、読者それぞれの「メチエ」を活かす一助として、本選書が役立つことを願っています。

一九九四年二月　　野間佐和子